Romane von gestern – heute gelesen

Band 1 1900–1918

Herausgegeben von

Marcel Reich-Ranicki

S. Fischer

Umschlaggestaltung: Buchholz/Hinsch/Walch
Satz: Fotosatz Otto Gutfreund, Darmstadt
Druck und Einband: Clausen & Bosse, Leck
Printed in Germany 1989
ISBN 3-10-062910-8

Inhalt

Anhang

Vorwort

Vielerlei zeugt von der Kultur eines Volkes. Am deutlichsten indes läßt sie sich von seinem Verhältnis zur Tradition ablesen. Dieses jedoch ist stets, zumal in Deutschland, auf doppelte Weise gefährdet: Es wird von zwei fundamentalen Tendenzen bedroht, die zwar unterschiedlichen Ursprungs sind und auch in entgegengesetzter Richtung wirken, sich aber auffallend ähneln und letztlich zum gleichen fatalen Ergebnis führen. Von Traditionalismus ist die Rede und von seinem feindlichen Partner, der Traditionslosigkeit.
Der Traditionalismus verneigt sich ehrerbietig vor dem Geist vergangener Epochen, die Traditionslosigkeit hingegen verweigert sich ihm ostentativ. Jener verklärt, was diese verwirft. Was der Traditionalismus feierlich auf einen Sockel hebt und mit einer Aureole umgibt, möchte die Traditionslosigkeit am liebsten vom Tisch fegen. Schlimmer noch: Was der eine um jeden Preis zu verherrlichen sucht, will die andere nicht einmal zur Kenntnis nehmen.
Denn für den Traditionalismus sind die überlieferten Werte zu hoch, als daß man es wagen dürfte, sie anzuzweifeln. Für die Traditionslosigkeit sind diese Werte zu belanglos, als daß es sich lohnen würde, sie in Frage zu stellen. Beide erreichen somit dasselbe: Sie entziehen die Kultur der Vergangenheit der Diskussion und der Kritik und also der Gegenwart. Was immer sie anstreben mögen – beide verdrängen und verlieren den Gegenstand ihrer Betrachtung aus dem Blickfeld. Und während sich hinter dem Traditionalismus nichts anderes verbirgt als Stumpfsinn und Denkfaulheit, ist Traditionslosigkeit Barbarei und Vandalismus: Dieser will das Über-

lieferte mumifizieren, jene ignorieren – und beide tragen kräftig dazu bei, es zu ruinieren.
Wie ist es heutzutage? Haben die entgegengesetzten Tendenzen unseres Kulturlebens mittlerweile ihr Gewicht eingebüßt? Gewiß, allerlei Schwankungen und Veränderungen sind unverkennbar. Der Traditionalismus, der in Deutschland schon soviel Unheil angerichtet hat, ist jetzt nicht in Mode. Und doch wären wir leichtsinnig, wollten wir uns schmeicheln, die tief verwurzelte Neigung, die Werke der Vergangenheit für unantastbar zu halten und ihnen womöglich eine nahezu mythische Autorität zuzusprechen, sei überwunden.
Für die Engländer ist es selbstverständlich, daß jede Generation sich aufs neue überlegt – und bisweilen durchaus respektlos –, was die Dramen Shakespeares nun wirklich taugen. Niemand kommt dort auf den Gedanken, die zu Recht immer wieder beliebte Frage »How good is Hamlet?« könnte dem Ansehen des größten britischen Dichters oder gar der Nation schaden. Kann man es sich vorstellen, daß bei uns jemand die Qualität des Goetheschen »Faust« oder etwa der Verse Hölderlins skeptisch und mißtrauisch prüft? Natürlich kann man es sich vorstellen. Aber geschieht es denn? Allerdings ist zur Zeit die Gegenrichtung noch bedenklicher – jene Traditionslosigkeit nämlich, die als Reaktion auf das unkritische und weihevolle Verhältnis zur Kultur der Vergangenheit sehr bald das Kind mit dem Bad ausschüttete und also negierte und über Bord warf, was sie meist gar nicht kannte.
Es ist noch nicht sehr lange her, daß in der Bundesrepublik erregte Bilderstürmer das Wort führten und das Ende der Literatur nicht nur verkündeten, und zwar mit Genugtuung, sondern auch noch versuchten, ihr tatsächlich den Todesstoß zu versetzen. 1973 hat ein des Konservatismus so wenig verdächtiger Schriftsteller wie Heinrich Böll es für dringend

nötig gehalten, sich mahnend gegen jene zu wenden, die sich unentwegt bemühten, »die Poesie auf den Abfallhaufen zu verweisen und alle Formen und Ausdrucksarten der Kunst dazu«.

Die Folgen dieser Entwicklung ließen nicht lange auf sich warten und sind bis heute mit bedauerlicher Deutlichkeit zu spüren. Regisseure, die sich als unfähig erwiesen, die Dramen der Klassiker zu inszenieren, fühlten sich berufen, sie mit den Mitteln der Bühne zu denunzieren. Manch eine Aufführung hatte nur den Zweck, den einst von Generationen bewunderten Autor der Lächerlichkeit preiszugeben. Die Zuschauer zogen daraus die Konsequenz: Die Theatersäle blieben leer, und die Opernhäuser hatten großen Zulauf. Hier zeigte sich auch sofort das kaum vergleichbare Verhältnis der deutschen Öffentlichkeit zur literarischen und zur musikalischen Tradition. Undenkbar, daß sich hierzulande ein Dirigent leisten könnte, mit den Partituren Mozarts oder Beethovens so umzuspringen, wie es sich viele Regisseure mit den Texten Goethes oder Schillers erlauben.

Neben dem Theater ist es vor allem die Schule, in der die Traditionslosigkeit in den siebziger Jahren um sich griff und auch noch in den achtziger Jahren einen verheerenden Einfluß ausübte. Es fällt mir nicht leicht, die Lehrer, die ohnehin oft genug als Sündenböcke der Nation herhalten müssen, auf die Anklagebank zu setzen. Doch läßt sich nicht verschweigen, daß sie einst viel zur schädlichen Glorifizierung der Dichter der Vergangenheit beigetragen haben und heute oft die Unkenntnis dieser Dichter verschulden.

Eine junge Lehrerin erzählte mir unlängst, sie lese in ihrer Abiturientenklasse den (übrigens sehr schwachen) Roman eines nicht gerade bedeutenden zeitgenössischen Autors. Ist das so schlimm? Nein, es wird aber schlimm, wenn man erfährt, daß in dieser Klasse noch nie ein Werk von Kleist behandelt wurde. In einer anderen hessischen Schule hatten die

Schüler im Hausaufsatz das Thema zu erörtern: »Wie schreibt man eine Theaterkritik?« Eine etwas extravagante Aufgabe, deren Dringlichkeit mir nicht ganz einleuchtet. Aber gut. Nein, nicht gut. Denn in dieser Klasse (ebenfalls nicht weit vom Abitur) hat man noch nie die Prosa Fontanes oder Thomas Manns gelesen.

Indes ist es nicht meine Absicht, mich hier der üblichen Klage über den Verfall der Bildung anzuschließen. Es soll nur angedeutet werden, was den Herausgeber vor allem veranlaßt hat, die in der »Frankfurter Allgemeinen Zeitung« in der Zeit von 1980 bis 1989 erschienene Serie »Romane von gestern – heute gelesen« zu initiieren und sie nun in drei Bänden vorzulegen. Die hier vereinten Arbeiten sind der deutschen (also der deutschsprachigen) Literatur der Vergangenheit gewidmet, eines noch unfernen und doch schon abgeschlossenen Zeitabschnitts – nämlich von der Jahrhundertwende bis zum Ende des Zweiten Weltkriegs. Der erste Band umfaßt die Jahre von 1900 bis 1918, der zweite von 1918 bis 1933 und schließlich der dritte von 1933 bis 1945. Für die Buchausgabe wurden die Aufsätze von den Autoren korrigiert und bisweilen auch überarbeitet und ergänzt.

Um den Roman geht es, um die reichste und populärste Form der modernen Weltliteratur. Was aber ist ein Roman? Ich werde mich hüten, diese Frage zu beantworten, und zwar aus dem einfachen Grunde, weil es heute – anders als zur Zeit etwa des alten Fontane – eine einigermaßen befriedigende Antwort überhaupt nicht gibt.

Wir wollen uns vielmehr mit dem Hinweis begnügen, daß der außerordentliche Aufstieg dieser Form in der Literatur des zwanzigsten Jahrhunderts, daß ihre ungewöhnliche Beliebtheit ebenso bei den Autoren wie bei den Lesern sehr wahrscheinlich mit einem Umstand zu tun hat, der den Theoretikern viel Sorge bereitet und um den sich das Publikum nicht zu kümmern braucht: Der moderne Roman spottet aller Regeln, Normen und Prinzipien, ihm ist mit keiner Definition beizukommen, er vereint alle denkbaren Elemente der Literatur – epische, lyrische und dramatische, philosophische, essayistische und journalistische und viele andere.

Wir halten uns an den englischen Schriftsteller E. M. Forster, der in der Einführung zu seinen immer noch lesenswerten Vorlesungen über den Roman sagte: »Wie sollen wir nun an den Roman – diesen schwammigen Begriff, diese Prosaerzählung von einer gewissen, aber so ganz unbestimmten Länge – herangehen? Nicht mit irgendeinem umständlichen Apparat. Prinzipien und Systeme mögen anderen Kunstformen gemäß sein, hier aber können sie keine Anwendung finden... Der letzte Prüfstein für einen Roman soll unsere Zuneigung für ihn sein, wie sie auch der Prüfstein für unsere Freunde ist und für alles, was wir nicht genauer definieren können.«

Kurz und gut: Was ein Roman ist, bestimmt in unserem Jahrhundert nur der, der ihn schreibt. Daher schien es mir zulässig, diesen Begriff hier möglichst weit zu fassen und manch ein Buch aufzunehmen, an dessen epischem Charakter nicht gezweifelt werden kann, das aber nur bedingt oder überhaupt nicht als Roman gelten kann.

So ist Thomas Manns »Tod in Venedig« eine Novelle oder eine Erzählung und kein Roman. Haben wir es bei Ricarda Huchs »Großem Krieg in Deutschland« mit einem Roman zu tun oder doch eher mit einer historischen Chronik? Auch in den nächsten Bänden werden einige Bücher behandelt, die man nicht als Romane bezeichnen kann. Die »Politische Novelle« von Bruno Frank verweist schon im Titel auf die Form. Der »Aufstand der Fischer von St. Barbara« der Anna Seghers ist mit Sicherheit nichts anderes als eine Erzählung. Und ob Stefan Zweigs »Triumph und Tragik des Erasmus von Rotterdam« eine Biographie oder ein Roman ist, möchte ich nicht entscheiden.

Was für Werke sind es, die jetzt dem zweiten, dem prüfenden Blick ausgesetzt werden? Meilensteine auf dem Weg der deutschen Literatur in der ersten Hälfte unseres Jahrhunderts? Ja, das mag auf viele zutreffen. Von anderen hingegen muß es heißen, daß sie in dem Ruf stehen oder standen, Meilensteine zu sein – und von manchen, daß man sie gerade heute als Meilensteine erkennen sollte. Auf jeden Fall handelt es sich um Bücher, deren Beurteilung – und was vergessen ist, ist damit ebenfalls beurteilt – einer Revision bedarf.

Ferner sei darauf verwiesen, daß in diesen drei Bänden auch manch ein Buch berücksichtigt wurde, das zwar überaus erfolgreich war oder ist, doch in der Regel von unseren Literaturgeschichten ignoriert wird. Neben Karl Mays »Ardistan und Dschinnistan« findet sich hier »Josefine Mutzenbachers Lebensgeschichte«, die wahrscheinlich aus der Feder von Felix Salten stammt, neben Vicki Baums »Menschen im Hotel« haben wir Heinrich Spoerls »Maulkorb« berücksichtigt. Und auch ein Roman für Kinder wird analysiert: Erich Kästners »Emil und die Detektive«.

Der Rückgriff auf die Werke der Vergangenheit erfolgt hier stets mit dem Blick auf die Gegenwart – und nur von ihr bezieht er seine Rechtfertigung. Man verzeihe mir eine pathetische Formulierung: Nicht den Staub oder die Asche suchen wir in der Literatur von gestern, sondern die Glut, das Feuer. Die Summe der in diesen drei Bänden vereinten Arbeiten ist zu verstehen als Absage an den Traditionalismus, als Protest gegen die Traditionslosigkeit und zugleich als leidenschaftliches Plädoyer für die Tradition.

»Der wahre Leser muß der erweiterte Autor sein« – forderte einst Novalis. Das ist ein kühnes und zugleich ein bescheidenes Wort. Denn es stellt an das Publikum die höchsten Ansprüche, leitet sie aber aus der Einsicht in die begrenzten Möglichkeiten derer ab, die Literatur hervorbringen: Was immer geschrieben wird und wie gelungen es auch sein mag – es bedarf doch, wenn es leben soll, der Ergänzung durch jene, an die sich der Autor wendet. In diesem Sinne ist jeder Roman – und das gilt natürlich auch für Gedichte oder Erzählungen – wenigstens zu einem Teil des Lesers Werk: Er ist das, was er *sich aus ihm macht* und was *er ihm bedeutet*, wobei übrigens schon diese beiden Redewendungen einen doppelten Boden haben – wie gute Romane oder Geschichten.

Die in diesen drei Bänden versammelten Arbeiten lassen erkennen, was deutsche Schriftsteller und Journalisten, Kritiker und Germanisten von heute sich aus den deutschen Romanen von gestern machen und was sie ihnen bedeuten. Einheitlichkeit kann man den Beiträgen nicht nachrühmen. Darauf wurde aber auch nicht im geringsten Wert gelegt. Im Gegenteil: Erwünscht waren möglichst individuelle und persönliche Äußerungen. So reichen diese Beiträge von der wissenschaftlichen Analyse bis zum poetischen Bekenntnis. Sie lassen stets die Mentalität, den Geschmack und das Temperament ihrer Autoren erkennen. Denn wer über andere schreibt, schreibt gleichzeitig über sich selbst.

So ist, wie ich hoffe, ein nicht alltäglicher, ein ungewöhnlicher Romanführer entstanden. Auf jeden Fall war ein unterhaltsames und nützliches Unternehmen geplant. Wem soll es nutzen? Der Literatur von gestern und den Lesern von heute.

Frankfurt am Main
im Januar 1989

Marcel Reich-Ranicki

Gespenster im Kaiserreich

Frank Schirrmacher über Heinrich Mann: *Im Schlaraffenland* (1900)

Ein junger Mann, berauscht und überfordert von der Größe seiner Triumphe, dreht durch. Genauer gesagt: für ein paar falsche Augenblicke, die ihn die Existenz kosten werden, glaubt er, die Regeln begreifen zu können, die ihn nach oben gebracht haben. Er hintergeht seine einflußreiche Geliebte, der er Ruhm, Geld und Glück zu verdanken hat, mit der Geliebten ihres Mannes und wird dafür bestraft. Der Star des Feuilletons, der »beliebteste Dramatiker Deutschlands«, das »verzärtelte Schoßkind der Frauen« verliert über Nacht alles, was er war. »Nur die Hybris«, spricht er am Ende scheinbar einsichtig, »konnte mich so verblenden.«

Die Vermutung aber, es habe ihn tragisch erwischt, im antiken Zusammenhang von Überhebung, Schuld und Verblendung nämlich, ist auch wieder Verblendung. Die Fallhöhe dieser Existenz ist unheilvoll komisch. Er hätte Schullehrer werden sollen, war Modelöwe, Berühmtheit und fast schon Millionär gewesen und wird Angestellter sein. Die Schicksalsenergie der alten Tragödien, dieser sehr komplizierte Mechanismus von Verhängnis, Vorbestimmung und Theaterdonner, produziert nicht mehr den tiefsinnigen Helden, sondern nur noch den ausgestopften sozialen Typus.

Das ist die Fabel in Heinrich Manns zweitem Roman, der 1900 unter dem Titel *Im Schlaraffenland* erschien. »Hier brach das Talent aus, nicht gewollt wie bei dem zu frühen Erstling als ich noch keines hatte« – so lautet eine berühmte Selbsteinschätzung, die Heinrich Mann 1947 im Fragebogen von Karl Lemke gab. Heute wirkt das Buch in vielem ebenso entrückt wie die Gesellschaft, deren Untergang es wahrscheinlich machte. In manchem mag man den Roman als archäologisches Fundstück lesen, als die erste Talentprobe des noch nicht dreißigjährigen Autors; in anderem mag man ihn als hellsichtig zu retten versuchen. Viel eher aber wird man diesem Jugendwerk gerecht, wenn man darin die außerordentliche analytische Kraft seines Autors bewundert.

Seine Darstellung des Schlaraffenlands ist nämlich auch eine bemerkenswerte Analyse, wie Kunst im gesellschaftlichen Fertigungsprozeß künstlich, gleichsam automatisch, hergestellt werden kann. Nicht nur die Kunst, auch der Künstler ist im *Schlaraffenland* Ware und kann beliebig reproduziert werden. Manches spricht dafür, daß Heinrich Mann der erste deutsche Autor gewesen ist, der dies in greller Schärfe dargestellt hat. Der Roman ist natürlich auch eine Satire auf jene Künstler- und Fabrikantensalons, in denen es von Hochstaplern, Eintagsgenies und korrupten Journalisten nur so wimmelte, in denen sich orgiastische Feste mit abergläubischen Séancen und kühlen Börsenspekulationen abwechselten.

Dies alles spielt im Jahre 1893. Andreas Zumsee, Gastwirtssohn aus einem rheinischen Weindorf, gutaussehend, naiv, jung und mit literarischen Ambitionen, will eigentlich in Berlin studieren, um Schulamtskandidat im heimischen Gumplach zu werden. Aber getrieben vom künstlerischen Ehrgeiz, der in Wahrheit ein sozialer Wille zum Erfolg ist, taucht er bald als Außenseiter in den Literaten-Zirkeln auf. Man erkennt das an Kleidung, Sprache und Habitus. Er muß, wie Lucien de Rubempré, Heinrich Manns Vorbild aus Balzacs *Verlorenen Illusionen*, die Zeichensprache und Riten dieser Gesellschaft lernen, um in ihr zu avancieren. Es ist überraschend und gehört zu den Geheimnissen dieses Frühwerks, wie es Heinrich Mann gelingt, den Lern- und Bildungsprozeß seines Helden darzustellen, ohne ihm eine Spur von Reflexion zu gönnen.

Andreas Zumsee denkt nicht und lernt trotzdem. Sein sozialer Status *ist* sein Bewußtsein. So belehrt ihn ein mißglücktes Rendezvous, daß der Eintritt in die Boheme alleine nicht genügt: »Wenn selbst jenes Mädchen, das ein halbes Jahr lang Zeuge seines vertrauten Umganges mit den Mitarbeitern der angesehensten Zeitungen gewesen war, ihm mit solcher empörenden Nichtachtung begegnen konnte, dann mußte seine gesellschaftliche Stellung weniger glänzend sein, als er gewähnt hatte. Dies aber war dasjenige Bewußtsein, das er am wenigsten zu ertragen vermochte.«

Tatsächlich handelt es sich bei seinen Bekanntschaften aus dem Café Hurra um einflußreiche Versager. Diese Kritiker, Redakteure und Schriftsteller schwätzen, trinken, feiern, beobachten. Das ist aber in einem durchaus volkswirtschaftlichen Sinne ihre Arbeit. Zumsee begreift das sofort, schon im ersten Kapitel, das ihn in das Künstlercafé einführt. »Früher hatte er ›geochst‹, ohne an etwas zu denken, jetzt tat er nichts und war dabei von hohem Ehrgeiz beseelt.« Knapper könnte man den Fin-de-siècle-Künstler nicht auf den Begriff bringen: er arbeitet nicht und ist darin der aussterbenden Gattung des Adligen verwandt; aber anders als diesen treibt ihn auch der Ehrgeiz an, von der Welt anerkannt zu werden. Dieser nervöse und schuldbewußte Ehrgeiz ist die Mitgift seiner bürgerlichen Herkunft. Aus beidem entsteht jene Ideologie der Künstler- und Kulturaristokratie, die den Bewußtseinshorizont im *Schlaraffenland* noch in den beiläufigsten Passagen markiert.

Eine Empfehlung aus bürgerlichen Tagen verschafft Zumsee über einen kurzen Umweg den Zutritt zur Gesellschaft des Multimillionärs Türkheimer. Durch halb gezielte Unbeholfenheiten gewinnt er Türkheimers Frau Adelheid zur Geliebten: sie verschafft ihm Garderobe, Geld, Ansehen und, anläßlich der Uraufführung seines Dramas »Die Verkannte«, den Dichterruhm als Modepoet der Saison.

Die parfümierte Welt dieser Gesellschaft, ihr laszives und dennoch bigottes Interieur gibt der junge Heinrich Mann großartig und mit erstaunlicher Perfektion wieder. Die satirischen Übertreibungen, die auf mich aus dem Abstand von fast neunzig Jahren meist gar nicht so übertrieben wirken, entwickeln ganz beiläufig eine Soziologie des Aufsteigers als jungem Künstler. Die Zeitung, bei der sich Zumsee zunächst bewirbt, ist ein Staat im Staate. »Die Ämter waren verteilt genau nach dem Vorbilde des Staates, von den Botschaftern in allen Hauptstädten der Welt bis hinab zu jener Schar von überschüssigen kleinen Beamten, unbezahlten Referendaren, die ihre Bleistifte spitzten und sich die Nägel pflegten … Hoch über dieser unpersönlichen Verwaltungsmaschine aber … thronte der große Jekuser, der Besitzer des ›Nachtkurier‹, ein konstitutioneller Monarch.«

In Wahrheit aber ist alles in dieser Kulturwelt absolutistisch organisiert. »Für uns moderne Literaten«, heißt es einmal, »geht nichts über das Genie der Tat. Napoleon, Bismarck, Türkheimer.« Türkheimer entscheidet nicht nur über Börsenkurse, sondern auch über den Kurswert der Poeten – und zwar unerbittlich. Innerhalb von buchstäblich fünfzehn Minuten schafft seine Macht aus dem linkischen und provinziellen Zumsee den faszinierenden und rätselhaften Mittelpunkt einer neuen Gesellschaft. Bis es ihm gefällt, den Intellektuellen, der sich gegen die Regeln verging, wieder zu stürzen – auch dies in Minuten. Zumsee, sich mit dem Prinzip des Geistes verwechselnd, sagt zuletzt: »Natürlich besiegt der Geist die Macht, aber leise, leise, indem er sie heimlich unterminiert … Ich aber habe überhaupt nicht geheuchelt, ich habe meine Schweinereien ja ganz offenkundig betrieben.«

Heinrich Mann erzählt vom grotesken Aufstieg und Fall des Andreas Zumsee mit rührenden Übertreibungen. Er liebt bei seinen Figuren den Typus, fast schon die Karikatur, sei es als

Banker, sei es als Bohemien, und vielleicht deutet sich in diesem Frühwerk schon eine lebenslange Schwäche des Schriftstellers an. Die extensive Satire löst sich in einigen Kapiteln so sehr von jeder wahrnehmbaren Wirklichkeit, daß sie burlesk sich selber zu genügen droht. Statt zur Sozialsatire wird das *Schlaraffenland* in seinen schlechtesten Passagen zum satirischen Märchen. Noch heute muß man den Verleger Albert Langen rühmen, der dies in seiner, durchaus positiven, Reaktion auf das Manuskript sehr deutlich vorausgesehen hat: »Vielleicht kann man auch zu viel von ›feinen Leuten‹ bekommen, wie vom Fleischextract.«

»Fein« sein: ein abstraktes Verhältnis zur Arbeit haben. Wenn Zumsee am Anfang lernt, daß man nicht arbeitet, so erkennt er im Laufe des Romans, daß selbst die, die arbeiten, nichts wirklich produzieren dürfen. Die Journalisten schreiben nicht, die Künstler arbeiten nicht, das Geld gewinnt man beim Spiel, an der Börse oder durch Geschenke. Bei dem großen Ball der Türkheimers spendiert der Millionär für tausend Mark Frischluft aus Ozonflaschen, und das ist das Bild für alle Tätigkeiten im *Schlaraffenland.* Hier liebt man die Kultur nur deshalb, weil sie erlaubt, in Symbole zu investieren. Es ist eine symbolische Macht, die Zumsee zum Ruhm führt, die ihn zu ruinieren droht und die, wie eines der Kapitel überschrieben ist, »Politik und Volkswirtschaft im Schlaraffenland« kontrolliert. Der Name dieses Symbols lautet Geld oder Kunst. »Talent«, sagt Zumsee, »ist das, womit man Geld verdient.«

Daß man Kultur darstellen könne, indem man den Geldverkehr ihrer Individuen studiert, gehört zu den Einsichten Heinrich Manns, die er bei Balzac formuliert fand. Aber wenn er später schrieb, daß seine literarische Biographie mit dem *Schlaraffenland* begonnen habe (und nicht mit dem sechs Jahre zuvor erschienenen Roman *In einer Familie* oder den späteren Novellen), dann deshalb, weil er jetzt erst die

Technik der französischen Realisten zum erstenmal wirklich beherrschte. Der Provinzjunge, der in die große Welt gerät und in ihr fast umkommt, war von ihnen in die Weltliteratur eingeführt worden – als Julien Sorel von Stendhal, als Lucien de Rubempré von Balzac. Heinrich Mann parodiert seine Vorbilder an einigen exponierten Stellen. So denkt sich Andreas, der den Schriftsteller Köpf anreden will, einige schöne Sätze aus. »›Sie haben an der Entwicklung eines Ihnen völlig Unbekannten gleich anfangs so freundlichen Anteil genommen, daß ich, von neuen Zweifeln bedrängt, es nochmals wage, Sie um Ihren Rat und Ihre Hilfe zu bitten.‹ Als die Periode fertig war, fand er sie albern. So sprach man nicht, besonders nicht in Berlin.« Sondern, so ließe sich hinzufügen, so spricht man in den Paris-Romanen Balzacs, wo Andreas Zumsee diese Sätze irgendwann einmal gelesen haben muß.

Fast alle Figuren dieses Romans richten ihr Leben nach dem literarischen Klischee ein: sie sprechen unbewußt im literarischen Zitat oder nehmen als lebendes Bild klassische Grundmuster ein. Aber was nun außerordentlich irritiert, ist, daß Heinrich Mann selber im Zentrum dieses Romans dem ideologischen Klischee verfällt. Keinem sollte entgehen, daß diese weit vorangetrieben künstlerische Analyse der wilhelminischen Kultur sich unglaubhaft macht, indem sie, mehr oder minder deutlich, die Karikatur des mächtigen, kulturbeflissenen Juden einführt. Anspielungen darauf, daß Juden in diesem Roman eine besonders unangenehme Rolle spielen, gibt es zuhauf; und auch wenn es die Kritik gerne übersehen hat, so sind die Türkheimers selber als Juden gekennzeichnet. Das muß im Erscheinungszeitraum des Romans, wo auch schwache antisemitische Signale spontan registriert und interpretiert wurden, bemerkt worden sein und entsprechend gewirkt haben. Daß nämlich die Juden alles manipulieren und das Schlaraffenland für sie jenes ist, wo Milch und Honig fließen – das ist, so scheint mir, ohne Zweifel *eine* Lesart zu sein, die dieser Roman anbietet.

Der Roman wird von zwei Auftritten Zumsees eingerahmt, in denen er Konsul Türkheimer mit der typischen antisemitischen Häme und unter Beifall seines Publikums parodiert. Frau Türkheimer sagt an der entscheidenden Stelle, sie sei »evangelisch«, aber nur, um ihren Übertritt zum Katholizismus vorzuschlagen. Diese Anspielungen auf den Religionswechsel werden in der letzten Szene des Romans schließlich überdeutlich auf den Begriff gebracht: »Ich begreife nicht, wie Liebling in Frau Türkheimers Wagen kommt«, murmelte Andreas. »Ist er nicht Zionist?« bemerkte Köpf. »Nun, dann ist es sein Beruf, die Unglücklichen und Verlassenen unter seinem Volke zu trösten.«

Klaus Schröter hat in seiner verdienstvollen Studie über Heinrich Mann schon vor Jahren auf den Jugendantisemitismus des Dichters hingewiesen. Im *Schlaraffenland* wird nur halbdeutlich ausgesprochen, daß Juden den ekelhaften Kultur- und Finanzbetrieb der Schlaraffen kontrollieren. Doch dieser Ton ist im ausgehenden Jahrhundert natürlich besonders deutlich zu hören. Und die Insinuation genügt, um dem Roman jene analytische Kraft zu nehmen, die aus ihm ein großes zeitkritisches Werk gemacht hätte.

Das *Schlaraffenland* scheint mir auch nach fast neunzig Jahren dort am beständigsten zu sein, wo es sich selbst, das eigene Genre, Literatur, Kunst und Kultur, kritisiert. Heine, Poe, Baudelaire, Nietzsche und Verlaine blicken als Büsten von der Decke von Zumsees Speisesaal herab. »Er verehrte sie alle; einige nach gewissenhafter Prüfung, andere auf Treu und Glauben, ohne sie zu kennen.« Daß Kunst und Literatur die Legitimationskrise des aufsteigenden Börsenpublikums beheben könnten, wurde schon vor Heinrich Mann gesehen. Sehr deutlich von Fontane, in *Frau Jenny Treibel* etwa, die in Anspielungen auch im *Schlaraffenland* auftaucht.

In Heinrich Manns Roman freilich ist es nicht mehr die Poesie, die einer Gründungsgeneration zu Empfindungen verhilft, sondern das Theater, das einer Nachgründungsgesellschaft die Konflikte simuliert, die sie noch glaubt unterdrücken zu können. Kein Zufall, daß in dem von den Schlaraffen hysterisch begrüßten Stück *Rache* Hauptmanns *Weber* parodiert werden. Die Gesellschaft, so lautet seine Botschaft siebzehn Jahre vor Ende des Kaiserreichs, löst ihre Krisen, indem sie sie ästhetisiert. Das gilt auch für Andreas Zumsee. Aus Langeweile, nach unzähligen Erfolgen, verführt er die Mätresse von Türkheimer. Er wird bestraft, indem man ihn zum kleinen Redakteur in einer Türkheimerschen Zeitung macht und ihm die Ehe mit der Mätresse aufzwingt.

Aber ist das wirklich die »Demütigung«, die viele Interpreten zu erkennen glauben? Mir scheint, daß Zumsee mit diesem Los ganz gut zurechtkommt. Als der Schriftsteller Köpf ihm einen Roman anbietet, der in Wirklichkeit der Roman von Zumsees Leben ist (und also der Roman Heinrich Manns), lehnt er ihn ab, »weil das deutsche Volk entschieden lieber darauf verzichten wird«. Der Bürger, um mit Adorno zu sprechen, lebt fort wie ein Unheil drohendes Gespenst: der gescheiterte Zumsee überdauert als phantasieloser Redakteur.

Das unausmeßbare Erzählwerk

Siegfried Lenz über Thomas Mann: *Buddenbrooks* (1901)

Schwer ist es, bei abermaliger Lektüre der *Buddenbrooks* zu vergessen, was man mittlerweile über diesen Roman gelesen hat. Er ist ja ausgefragt nach allen Regeln der Kunst: die mythologischen und genealogischen, die philosophischen und religiösen und selbst die – als Formprinzip bedeutsamen – musikologischen Aspekte sind weithin erkannt und in einer Sekundär-Literatur ohnegleichen dargestellt. Hingebungsvoll bloßgelegt sind auch die mannigfachen Einflüsse und Abhängigkeiten: Was der Autor Schopenhauers Lebensphilosophie verdankt, wieviel er dem spezifisch deutschen Charakter von Wagners Musik abgewinnt, wieweit er Nietzsche verpflichtet ist und Lübeck als geistiger Lebensform, alles ist aufgedeckt und ausgelegt, und zwar so umfänglich, daß Unsicherheiten im »Verstehen« kaum noch vorkommen dürften.

Ich muß zugeben, dies Vorwissen, mit dem uns eine außergewöhnliche Thomas-Mann-Forschung versieht, erweist sich zunächst beim Wiederlesen der *Buddenbrooks* nicht unbedingt als Vorteil. Man fühlt sich belastet, fühlt sich dirigiert. Vielfach ausgeflaggt ist der Pfad der Erkenntnis. Was Scharfsinn und Sitzfleisch analytisch an den Tag brachten, läßt kaum noch etwas übrig für eigenes Bemerken. Sacht stellt sich sogar das Gefühl ein, daß man nicht allein, sondern gleichzeitig mit den anderen liest, die beständig ihre Vorschläge machen, wie Personen und Szenen, Haltungen und Bekenntnisse zu werten sind. Es fehlt nur wenig zu der Befürchtung, daß ein unbefangenes Originalerlebnis kaum noch möglich ist.

Doch es zeigt sich schon bald, wie unbegründet Befürchtungen dieser Art bei den *Buddenbrooks* sind. Auf einmal wird man gewahr, daß man nur noch Leser ist, der, wünschenswert befreit von einengendem Vorwissen, zum Leben erweckt, was der Autor ihm angeboten hat. Vergessen sind die Befangenheiten, die Direktiven. Die interpretatorischen Meisterstücke zwingen nicht mehr zu einer Hab-acht-Lektüre. Verschlagen in die rollenbewußte Welt der Buddenbrooks, kehrt überraschend die Leser-Unschuld zurück. Das Original siegt über all seine Deutungen, wieder einmal.
Mir zumindest ist es so ergangen, als ich die *Buddenbrooks* wiederlas, dies für einen Mittzwanziger einfach erstaunliche Werk über den »Verfall einer Familie«. Ich erkannte sie zwar sogleich wieder, die vier Generationen der lübischen Kaufmannsfamilie, es stellte sich sogar die alte Vertrautheit mit ihren wechselnden Lagen, Eigenarten und Redeweisen her, doch das verminderte weder die Spannung, noch schränkte es die Teilnahme ein. Man lauscht von neuem und sorgt sich, ist ergriffen und amüsiert und wehmütig, ganz so, als gehe man mit Personen von höchster Gegenwärtigkeit um.
Seltsam, daß uns die Geschichte, die erzählt wird, nicht als historisches Geschehen vorkommt, obwohl der detailsüchtige Autor immer wieder Jahreszahlen nennt, längst Vergangenes beschwört. Wie von selbst stellen sich eine verblüffende Nähe und das Gefühl ein, an überzeitlichen Ereignissen teilzuhaben. Man ahnt schicksalhafte Gesetzmäßigkeiten. Die Unerschöpflichkeit eines Gleichnisses wird deutlich.
Bei dem Versuch, die Familiengeschichte knapp wiederzugeben, merkt man alsbald, daß sie inhaltlich kaum etwas Außerordentliches enthält. Mit dem Recht der »Naivität«, das jeder Leser für sich beanspruchen darf, kann man durchaus sagen: Es wird die Geschichte der Getreidefirma Johann Buddenbrook zu Lübeck erzählt, und zwar vom Augenblick

ihrer großen Blüte bis zum Erlöschen. Imponierend der Beginn: wir werden in eine Zeit glückhafter Kaufmannschaft versetzt, deren Standesbewußtsein sich in einem ruhigen Repräsentationsbedürfnis ausdrückt. Solange ein umsichtiger und lebensfroher Patriarch wie Johann sen. die Geschicke der Firma lenkt, ist jede Krisenstimmung unbekannt, der Traum von Dauer scheint erfüllbar. Das frisch bezogene, stattliche Haus in der Mengstraße, ein steinerner Beweis der Reputation, führt jedermann vor Augen, daß es mit der Firma aufs glänzendste bergauf geht.

Doch schon des alten Johann Sohn, der Konsul, zeigt eine aufschlußreiche, eine signalhafte Empfindsamkeit, als er an die Vorbesitzer des Hauses erinnert, die, ehemals nicht weniger reputierlich und selbstgewiß als die Buddenbrooks, eines Tages verarmten, davonzogen, starben. »Traurig«, sagt der Konsul mit Blick auf die Vorgänger, »dieses Sinken der Firma in den letzten zwanzig Jahren« – und damit fühl ich mich als Leser schon vorbereitet auf bevorstehendes Unglück bei den Buddenbrooks. Noch ist das große resignierende Bibelwort »Alles hat seine Zeit« nicht gefallen, doch das Unabwendbare ist bereits angekündigt, zumindest für den Leser, den Thomas Mann fast immer mehr über die handelnden Personen wissen läßt, als diese über sich selbst wissen.

Es kann sein, daß man sich durch dieses Zugeständnis des Autors in besondere Spannung versetzt und zu besonderer Teilnahme stimuliert fühlt. Als Leser, der dem Autor freiwillig folgt, hat man unwillkürlich seine eigenen Wünsche, man hofft und bangt, man möchte korrigierend ins Geschehen eingreifen, hier begünstigen, dort verhindern. Und wie bei der ersten Lektüre wünschte ich mir auch diesmal, die Handelnden aufklären zu können über ihre Lage und ihre Entscheidungen.

Mein leidenschaftliches Leserinteresse weckte tatsächlich

das Bedürfnis, einige dieser ehrbaren Leute, die doch sonst eine »fast religiöse Achtung vor Tatsachen« hatten, auf die Zeichen und Symbole des Niedergangs aufmerksam zu machen. Warnen wollte ich sie vor Bankrotteuren, frommen Erbschleichern; sie, die Erfahrenen, Gewitzten, hätte ich gern auf die Krisenhaftigkeit des Wirtschaftslebens hingewiesen, und ein fast schmerzhafter Wunsch, sie vom Verkauf des Stammhauses abzuhalten, ließ sich nicht unterdrücken. Auch wenn man das Gesetz der Notwendigkeit erkennt: als Leser hadert man mit ihm, man wehrt sich wohl gegen die Gelassenheit, mit der der Untergang der Familie erzählt wird.

Aber gerade die ist die angemessene Erzählhaltung, um vorbestimmte Schicksale darzustellen. Wie sorgfältig, wie diskret und subtil wird mir beigebracht, daß mit dem Verschwinden der mitunter derben Kaufmannstugenden des Alten ein vorbestimmtes Schicksal seinen Lauf genommen hat. Die religiösen Neigungen des Konsuls, seine Ämterlast, seine Art zu denken, lassen bereits von fern her Gefährdung ahnen; bei seinem Tod sind dann auch die geschäftlichen Schwierigkeiten offenkundig.

Die schlichteste Art, das Erlöschen einer Dynastie zu begründen, besteht wohl darin, das biographische Argument anzuwenden. Thomas Mann mutet es uns nicht zu. Er zeigt vielmehr, wie verschiedenartig die Symptome des Verfalls sein können und daß sie erst in ihrer Bündelung zum Niedergang führen, und damit, scheint mir, bestätigt er eine Erfahrung, die immer noch gilt. Tony Buddenbrooks unglückliche Heiraten, die Aussteiger-Eskapaden ihres hypochondrischen Bruders Christian, die glückhaft aufsteigenden Rivalen Hagenström, denen sogar »der Ochse kalbt«, die Fixierung auf bedenkliche Traditionen: in allem zeigen sich die Symptome des Verfalls. Es wurde mir erst nach wiederholter Lektüre klar, wie ein umsichtig kalkulierender Kunstverstand alle

Charaktere und Ereignisse zum Dienst an seiner Beweisführung bringt.

Doch die Geltung der Buddenbrooks wird auch durch etwas bedroht, das man – zumal für eine Firma dieser Qualität – einen prekären Gewinn nennen kann, ich meine die intellektuelle Verfeinerung. Mit dem Abstieg geht tatsächlich ein eigentümlicher Aufstieg einher, der sich zum Beispiel in einer Offenheit für die Kunst und in einer besonderen Sensibilität für die eigene Existenz andeutet; freilich zeigt dieser Aufstieg auch Selbstzweifel und zunehmend »Störungen der Magennerven«. Klar, daß man hier Verlust und Gewinn unter dem Blickwinkel der Dekadenzlehre sehen muß.

Empfänglichkeit für Eleganz und Kunst steht nun einmal im Gegensatz zu, sagen wir, backenbärtiger Kreditwürdigkeit, jedenfalls für eine Gesellschaft, die die bürgerliche Tugend des Geldverdienens in der Nähe einer »protestantischen Ethik« sieht. Der Senator Buddenbrook, heimgesucht durch Mißerfolge und Enttäuschungen, ein Mann, der die unerschütterlichen Grundsätze seiner Vorfahren außer acht gelassen hat, sagt einmal bekenntnishaft: »Meine Stimmung ist nicht unter Null, weil ich Mißerfolg habe. Umgekehrt. Das ist mein Glaube, und darum trifft es auch zu.« Allein die Anfälligkeit für solche Stimmungen, die sich wohl nicht vereinbaren lassen mit dem Selbstbewußtsein resoluter Kaufmannschaft, spricht für »Degeneration« und verweist auf den Unterschied zur festgefügten Welt der Firmengründer. Der Senator hat den Verfall eingestanden, sein Eingeständnis kommt denn auch einer Unterwerfung gleich.

Auch wenn man weiß, mit welcher Genauigkeit Thomas Mann nicht nur materielle Daten aus der Familiengeschichte sammelte und sie in den Roman einbrachte, ist man doch immer wieder tief beeindruckt von der abstrahierten Wahrheit einer Erfahrung, einer Entwicklung, die ja von einem Mann formuliert wurde, der sich mit dreiundzwanzig an die

Buddenbrooks setzte. Da hat nichts seinen Erkenntniswert eingebüßt.
Beim Wiederlesen berührte mich dieses »Stück Seelengeschichte des europäischen Bürgertums« nicht weniger als bei meiner ersten Lektüre, und zwar, weil es dem Autor auch gelungen ist, Wahrheiten des menschlichen Herzens aufzudekken, die nie überholt sein werden, einfach, weil sie archetypischen Rang haben. Ich brauche nur an Tony Buddenbrook zu denken, an meine Lieblingsfigur – Leserbegeisterung erlaubt es wohl, von einer Lieblingsfigur zu reden –, und der klassische Konflikt Pflicht–Neigung ist personifiziert. Immer wird sie mein Mitleid finden, immer wird sie mich ratlos machen mit ihrem Gehorsam gegenüber einer Tradition, die sie zwingt, eine Heirat grundsätzlich als »Partie« aufzufassen, und wenn nicht dies, so doch – wie bei ihrer zweiten Ehe – als Wiederherstellung der Familienehre. Ohne Frage, was Thomas Mann so gelassen enthüllt, ist das Erbarmungslose in den Konventionen der bürgerlichen Welt.
Es überrascht nicht, daß der letzte männliche Buddenbrook, der kleine Hanno, seinen Namen kaum noch zu Recht trägt: Während man hofft, aus ihm einen »starken und praktisch gesinnten Mann« zu machen, mit »kräftigen Trieben nach außen, nach Macht und Eroberung«, flüchtet sich das Kind, einem frühen Erlösungsbedürfnis folgend, in die exklusive Welt der Kunst. Von seiner Mutter eingeweiht, wird er der Musik »als einer außerordentlich ernsten, wichtigen und tiefsinnigen Sache gewahr«. Süchtig nach rauschhaften Offenbarungen, zart und ständig von Krankheit bedroht, gibt er zu erkennen, daß er kein »echter Buddenbrook« ist, jedenfalls, daß er nicht zum Firmenchef in schwieriger Zeit taugt. Tatsächlich wird die Musik von seinem Vater als »feindliche Macht« empfunden. Versteht man sie als eine Wendung nach innen, so erscheint sie als ein schwerwiegendes Symptom des Verfalls.

Welche Erlebnisse diese Macht zuläßt: Kein anderer Autor, glaube ich, hat das mit ähnlicher Meisterschaft demonstriert wie Thomas Mann. Bewundernswert, welch einen endgültigen Ausdruck er zum Beispiel für das Meistersinger-Vorspiel findet; da gehen Epik und Musik eine Verbindung ein, so blühend, so kontrapunktisch, so gesteigert, daß man ein »Gesamtkunstwerk« zu erleben glaubt. An diesem Eindruck hat sich nichts geändert.

Gefragt habe ich mich, ob die Musik für den kleinen Hanno nicht noch etwas anderes bedeutet als eine Flucht ins Glück. Mitunter nämlich hat man das Gefühl, als schärfe das Kunsterlebnis seinen Blick fürs Leben, als fördere es seine Erkenntnisfähigkeit. Das Ergebnis sind Entdeckungen, die zur Trauer Anlaß geben; ich brauche nur an den Augenblick zu denken, in dem der Junge erkennt, daß die Repräsentationsbemühungen seines Vaters Schauspielerei sind: die Rolle, nicht der Mensch. Was übriggeblieben ist von solidem, herrscherlichem Geschäftssinn und mit sich selbst übereinstimmenden Gründungsvätern, sind geliehene Haltungen, kalkulierte Auftritte. Der Prozeß der »Entbürgerlichung« ist überdeutlich.

Unvergeßlich, über Jahre hin, ist mir Hannos Sterben geblieben, das heißt die Schilderung seiner Krankheit, seines Todes. Es gibt ja etliche und sehr unterschiedliche Sterbeszenen in den *Buddenbrooks*; wir werden Zeugen eines sanften, fast möchte man sagen: repräsentativen Patriarchentodes ebenso wie eines plötzlichen und lakonischen Endes, doch kein Sterben hat mich so bewegt wie das von Hanno.

Angekündigt wird es mit dem Satz: »Mit dem Typhus ist es folgendermaßen bestellt«; und dann erfährt man in stilisierter Klinikssprache alle Manifestationen dieser Krankheit, für sich, gewissermaßen hinter Hannos Zimmertür. Auch wenn erwiesen ist, welch ein Konversationslexikon Thomas Mann hier zu Rate gezogen hat, er läßt die Krankheit so erscheinen, daß man sie sogleich als »Gewand des Todes« begreift, ohne daß Hannos Name zunächst erwähnt wird. Das letzte Verhängnis beweist noch einmal das unerhörte kompositorische Vermögen des Autors.

Je mehr man sich über die wiederholte Lektüre der *Buddenbrooks* ausläßt, desto spürbarer wird ein eigenartiges Ungenügen: man merkt, daß man nicht gerecht werden kann gegenüber einem Buch, das einen solchen Reichtum an Motiven, solch eine Vielzahl an Aspekten birgt. Was müßte nicht alles erwähnt und gewendet, hervorgehoben und bewertet werden. Kein Wort bisher über das Wesen der Parodie und die Funktion des Leitmotivs, nichts über die Mythologie des Hauses und die romantischen Neigungen des Bürgertums. Es ist wohl schon so, daß man dieses welthaltige Erzählwerk als Leser nur annäherungsweise ausmessen kann. Doch ist das nicht schon genug? Und spricht es nicht für sich, daß man nach der Lektüre der *Buddenbrooks* sogleich beschließt, den Roman irgendwann ganz gewiß wiederzulesen?

Eine anständige Frau

Ulrich Weinzierl über Arthur Schnitzler:
Frau Berta Garlan (1901)

Paris, Jahrhundertwende. Valencienne, die Gattin des pontevedrinischen Gesandten aus Lehárs *Lustiger Witwe*, trällert ebenso unbekümmert wie unglaubwürdig: »Ich bin eine anständ'ge Frau/und nehm's mit der Ehe genau.« Die begnadet frivole Diva Fritzi Massary hingegen machte sich auf die Operettenverlogenheit einen anderen moralischen Reim und sang: »Das heißt, es weiß keiner genau,/wohin ich eigentlich ziele,/ob ich mit dem Feuer nur spiele.«

Auch Arthur Schnitzlers Berta Garlan ist eine »anständige Frau«, sie sagt es selbst, immer wieder, gleichsam als Leitmotiv und fixe Idee ihrer traurigen Witwenexistenz, und die Beschwörung klingt verdächtig nach Fluch. Einst hat man ihr, die anno 1901 das Licht der literarischen Welt erblickte, Titel und Charakter einer »österreichischen Madame Bovary« verliehen. War das zu hoch gegriffen? Wahrscheinlich schon, zumal der Dichter solch ehrgeizigen Vergleich gewiß nicht beabsichtigte. Allzu bescheiden wurde der Text – mit immerhin 256 Seiten der ersten Buchausgabe – innerhalb der Gesammelten Werke den Erzählungen und Novellen zugeordnet, obwohl ihn Leser, Kritik und Verlag durchwegs als Roman verstanden und interpretiert hatten.

»Langsam schritt sie den Hügel hinab« – so einschmeichelnd melodiös hebt diese scheinbar einfache, alltägliche Geschichte an. Frau Berta Garlan, Anfang Dreißig, hat gerade – gemeinsam mit ihrem Buben – den üblichen Friedhofsbesuch absolviert, am Grabe des verblichenen Gemahls Blumen niedergelegt. Drei Jahre ist er nun tot, drei Jahre sind sie verheiratet gewesen. Es war keine Liebesehe, Ver-

nunft und Dankbarkeit haben sie den Bund mit dem »etwas unbeholfenen Mann, der vor der Zeit alterte«, schließen lassen. Aus Wien ist sie dem Versicherungsbeamten in die Kleinstadt nahe der Donau gefolgt und dort auch nach seinem Tod geblieben, geborgen in der wohltemperiert spießigen Umgebung der Familie des Schwagers. Durch Klavierstunden bessert sie ihr bescheidenes Einkommen auf; Hoffen und Sehnen, erotische Wünsche sind längst entschwunden, es scheint sogar, als seien sie ihr allzeit fremd gewesen. »Wissen Sie, was ich für einen Eindruck habe?« insinuiert der Provinz-Don Juan Klingemann: »Daß Ihnen die Musik alles ersetzen muß.« Selbstverständlich weist Berta die schamlosen Avancen errötend zurück, schließlich ist sie ehrsame Witib und Mutter, eine anständige Frau eben.
Andererseits fühlt sie sich magisch zu einem merkwürdigen Paar hingezogen – zum väterlichen Herrn Rupius, den ein unheilbares Leiden an den Rollstuhl fesselt, und zur schönen Anna Rupius, die des öfteren verreist; wie man munkelt, um ihren Liebhaber zu treffen. Und als Berta in der Zeitung einen Bericht über den »königlich bayerischen Kammervirtuosen« Emil Lindbach entdeckt, da wird ihr plötzlich das Herz ganz schwer, und ihre Ruh' ist hin. Denn Emil, der strahlende Kollege am Konservatorium, war Bertas große, einzige Jugendliebe. Dem Geiger hatte sie ihre zärtliche Zuneigung und noch mehr geschenkt, jedoch nicht alles: Eine Tochter aus halbwegs gutem Haus tut dergleichen nicht. Tugendhaft trotz stürmischem Drängen, bewahrt sie ihre Jungfräulichkeit, die sie dann einem Mann opferte, den sie keinen Augenblick geliebt hatte. Unaufhaltsam gewinnt das uneingelöste Glücksversprechen der Vergangenheit Macht über Bertas Denken und Fühlen: Versäumtes will nachgeholt werden, ehe es endgültig zu spät ist.
Sie begleitet ihre neue, weltläufige Freundin Anna nach Wien und genießt es, Großstadtluft zu atmen, im Gedränge

der Straßen Blicke des Wohlgefallens und Begehrens auf sich zu ziehen. Wie unter Diktat schreibt sie Emil einen Brief, er antwortet prompt, man verabredet sich. Das Wiedersehen im Kunsthistorischen Museum endet – nach einer Zwischenstation im Chambre séparée – in einer Absteige. Naturgemäß denkt Emil nicht daran, sich an das »liebe Kind«, wie er Berta hartnäckig bezeichnet, emotional zu binden. Doch erst als er sie schriftlich auffordert, sie möge es sich so einrichten, »etwa alle vier bis sechs Wochen auf einen Tag und eine Nacht nach Wien zu kommen«, erwacht sie aus ihren romantischen Illusionen.

Das stolze Bewußtsein, ausgebrochen zu sein, endlich einen Geliebten in des Wortes umfassendem Sinn zu haben, weicht der Angst, hervorgerufen von vermeintlicher Schuld. Mußte sie für ihr Abenteuer nicht bestraft werden? Aber nicht sie trifft die Rache der beleidigten Konvention, sondern Anna Rupius, die vor ihren Augen an den Folgen einer Abtreibung stirbt. »Und sie ahnte das ungeheure Unrecht in der Welt, daß die Sehnsucht nach Wonne ebenso in die Frau gelegt ward, als in den Mann; und daß es bei den Frauen Sünde wird und Sühne fordert, wenn die Sehnsucht nach Wonne nicht zugleich die Sehnsucht nach dem Kinde ist.« Berta hat ihre Lektion gelernt – sie wird nicht rückfällig werden, sie wird ihren »Roman«, der nur Episode war, vergessen und in der kleinen Stadt still wie eh und je ihr Dasein beschließen.

»Es wäre möglich, daß der Schluß als etwas zu lehrhaft oder gar moralisierend empfunden werden könnte«, vermutete der Autor nachträglich und anscheinend keineswegs ohne Grund: Noch 1950 bemängelte Ernst Jandl in seiner Dissertation am Finale einen »seltsam irrationalen Hauch«. Zweifellos wirkt *Frau Berta Garlan* bei flüchtiger Betrachtung nicht völlig frei von Sentimentalität à la Stefan Zweig, und so manches, was in Kakanien Problem war und Anlaß zur Tragödie, ist mit der Epoche verweht.

Zeitgenössische Rezensenten hatten das Unspektakuläre der Handlung kritisiert, ferner den »psychologischen Pointillismus« und daß die »Banalität des Lebens hier nur mit elegischer Gleichmütigkeit ausgefüttert« sei, was den Erfolg des Bandes beim Publikum allerdings nicht im geringsten minderte: Bis 1908 erzielte er sieben Auflagen. Wirklich angesprochen von diesem wehmütigen Lebensgemälde fühlten sich vor dem Weltkrieg indes offenbar bloß zwei kundige Leser. Hugo von Hofmannsthal fand es »wunderschön, so reif, reich und leicht, voll Ruhe und Fülle, in zarten Farben, voll Luft, *sehr* schön«. Und im Dezember 1903 las er es »mit noch viel intensiverem Vergnügen als das erstemal, ja mit ungetrübtem Genuß. (...) So viel Kraft und Wärme, Übersicht, Tact, Weltgefühl und Herzenskenntnis« seien darin verborgen.

Den Psychoanalytiker Theodor Reik wiederum faszinierte einsichtigerweise vor allem jener Tagtraum, dem sich Berta im Zug bei der Rückkehr von ihrem ersten Wien-Ausflug überläßt. Der unerbittlichen Logik des Unbewußten vertrauend, sezierte Reik in seiner weithin unterschätzten Studie *Arthur Schnitzler als Psycholog* (1913) Realitätspartikel, Projektionen sowie ins Symbolhafte entwischte sexuelle Phantasien, und flugs gab sich Emils erhobener Violinbogen als erigierter Penis zu erkennen, und das Klavierspiel als durchaus unbefriedigender Koitusersatz. Kein Wunder übrigens, daß der Freud-Schüler beglückende Übereinstimmung zwischen der Theorie des Meisters und dichterischer Praxis feststellen konnte. Wie wir heute wissen, hat Schnitzler während der Arbeit an *Frau Berta Garlan* ausgerechnet *Die Traumdeutung* studiert.

In der Tat bedarf es freilich – so zeigt das Beispiel Hofmannsthals – einer zweiten Lektüre, um die kunstvolle Kompositionstechnik auf dem Weg zum durchgängigen inneren Monolog (den Schnitzler in der gleichfalls 1900 entstandenen Skandalnovelle *Leutnant Gustl* virtuos einsetzen sollte) und das subtile Spiel von Überblendungen und Spiegelungen vollends zu würdigen. Nicht zu vergessen die atmosphärischen Valeurs, mit denen der jeweilige genius loci beschworen wird. Was jedoch nach wie vor am meisten verblüfft, ist der Grad der Einfühlung in die Psyche der Hauptfigur. Bereits 1894 hatte Lou Andreas-Salomé Schnitzler gegenüber gemeint, in seinen Dichtungen sei der Mann stets »der Uninteressantere«, welcher Befund sicher auch auf *Frau Berta Garlan* zutrifft. Die Ursache dafür liegt wohl nicht zuletzt im Biographischen: Hinter Berta Garlan verbirgt sich nämlich recht unzulänglich Franziska Reich, Schnitzlers eigene Jugendliebe Fanny. Über Jahre hinweg himmelte er das exakt gleichaltrige Mädchen an, die frühen Diarien strotzen geradezu von schwarz auf weiß festgehaltenem Küssen und Kosen, von schwärmerischen Beteuerungen und pubertären Bekenntnissen. Doch auch für die beiden Bürgerkinder war das Wasser viel zu tief; und weil sie zusammen nicht kommen konnten, kamen sie einander abhanden.

Das angebetete Fännchen heiratete den ältlichen Versicherungsdirektor Simon Lawner und zog mit ihm ins schlesische Bielitz. Ein Sohn wurde geboren, dessen Vater bald darauf starb.

Am 15. Mai 1899, seinem siebenunddreißigsten Geburtstag, erhält der berühmte Dramatiker Arthur Schnitzler einen »Brief von Fännchen, mit Handarbeit«. Zu Pfingsten trifft er sie vereinbarungsgemäß in der Secession und ist, wie er im Tagebuch notiert, »von ihrem jüdeln u. plappern unangenehm berührt«. Abends lädt er Fännchen in den Riedhof ein – »sie sehr zärtlich – ›so wird ein Wunsch erfüllt.‹« Ähnlich lakonisch lautet die Eintragung vom nächsten Tag: Schnitzler holt Frau Fanny Lawner vom Volkstheater ab und führt sie ins Hotel Victoria: »anfangs ging sie mir auf die Nerven, dann siegte der Trieb!« Und am 27. Mai heißt es: »Fännchen abgeschrieben«, wobei man den Dativ auch als Akkusativ deuten darf. Im Juni folgt noch »ein ganz netter Brief« von Fännchen, dessen Quintessenz der Adressat in die Worte faßt: »Einsam einsam einsam.« Mit der Niederschrift von *Frau Berta Garlan*, unter dem vorläufigen Titel »Jugendliebe«, beginnt Schnitzler zu Neujahr 1900 und vollendet das Manuskript am Ostermontag, als ihn abermals eine Nachricht von Fanny erreicht. Sie kündigt, wie es Berta Garlan tat, ihre Übersiedlung nach Wien an.

Niemand wird behaupten, Schnitzler habe sich in dieser Beziehung besonders zartfühlend oder als Gentleman betragen, im Gegenteil. Anna Rupius spricht es aus: »›Ah, meine liebe Berta, wir sind ja gewiß keine Engel, wie Sie nun aus eigener Erfahrung wissen, aber die Männer sind infam, solang...‹, es war, als zögerte sie, den Satz zu enden, ›solang sie Männer sind.‹« Dafür hat er seiner Fanny jene Menschenwürde, die er in ihrem Leben mißachtete, in der Literatur mit Zins und Zinseszinsen zurückgegeben: durch Sympathie in des Begriffs buchstäblicher Bedeutung.

Vom »Garlanisieren«, wie er es nannte, hielt er trotzdem wenig: »Man soll erotische Rückstände nicht aufarbeiten.« Es ist wie mit Heines »alten, bösen Liedern«. Verwelkte Leidenschaft muß im Meer des Vergessens bestattet werden: »Denn solchem großen Sarge / Gebührt ein großes Grab.« In diesen Sarg aber, seine *Frau Berta Garlan*, legte Arthur Schnitzler Fannys große Liebe und auch ihren Schmerz hinein.

Sich morden vor Entzücken

Hans Bender über Emil Strauß:
Freund Hein (1902)

Einer der Deutschlehrer sagte, Emil Strauß könnte uns als Vorbild dienen für unsere Sprache und den Stil unserer Aufsätze. Wir waren damals, im Jahre 1936, Untersekundaner in einer Internatsschule im Schwarzwald. Ich weiß nicht, ob meine Mitschüler diese Empfehlung beherzigt haben; und wie schwer wäre es, von heute her, nachzuweisen, wie die Empfehlung sich hätte auswirken können. Mein Freund Heinz Schöffler, der in der Parallelklasse den Typus des literarisch interessierten Gymnasiasten vertrat, und ich, wir hatten solche Empfehlungen eigentlich nicht nötig: aus eigenem Antrieb lasen wir die Werke unserer Klassiker und die Bücher von Gegenwartsautoren. Mit dem Hinweis auf Emil Strauß waren wir sogar einverstanden. Er galt damals – so ist es festgehalten in einem Nachschlagewerk jener Jahre – als »ein unbestrittener Meister deutscher Prosa, den erst das neue Deutschland gebührend würdigte«. Rudolf Borchardt, Moritz Heimann, Josef Hofmiller und Hermann Hesse hatten Emil Strauß schon vorher superlativistisch gerühmt: »... eine schönere, gesündere Prosa schreibt heute niemand.«

Damals, 1936, stand Emil Strauß im Zenit seiner Schätzung. Sein 70. Geburtstag wurde gefeiert. Freiburg im Breisgau, wo er wohnte, verlieh ihm die Ehrenbürgerschaft. Im gleichen Jahr wurde er mit der Goethe-Medaille für Kunst und Wissenschaft und dem Erwin-von-Steinbach-Preis ausgezeichnet. Immer wieder sah man seine Photographie. Sein Verlag Albert Langen/Georg Müller verschenkte auf lindgrünen Postkarten Porträt-Photographien seiner Autoren: Paul

Alverdes, Hermann Claudius, Friedrich Griese, Hanns Johst, Erwin Guido Kolbenheyer … Kein Gesicht blickte strenger als das von Emil Strauß. Sein Kopf, wie gemeißelt: gefurchte Stirn, gerade Nase, ein sorgsam gestutzter Knebel- und Spitzbart, und Augen, die einen anblickten, als könnten sie ins Gewissen dringen. Wenn der Verlag seine Bücher im Prospekt anführte, standen dahinter jeweils die respektheischenden Zahlen ihrer Auflagen: *Der nackte Mann*, 95. Tausend; *Der Engelwirt*, 101. Tausend; *Freund Hein*, 71. Tausend; *Kreuzungen*, 82. Tausend; *Das Riesenspielzeug*, 20. Tausend. Sein Roman *Lebenstanz*, der erst 1940 erschien, erreichte eine Auflage von 180 Tausend Exemplaren.

Alle Auflagenhöhen jedoch hatte seine Novelle *Der Schleier* überboten. Neben drei anderen Titeln war sie für nur 80 Pfennige in der Reihe *Die kleine Bücherei* zu haben. Man verglich sie gern mit dem *Opfergang* von Rudolf G. Binding, erschienen als Inselbändchen. Beide Novellen behandelten das Thema Ehebruch. Beide endeten in einer noblen Versöhnung. *Der Schleier* war Lektüre für ältere Leute. Ich war erst siebzehn und zog allen anderen Büchern von Emil Strauß *Freund Hein* vor. Mit seinem Protagonisten konnte ich mich identifizieren. Seine Leiden waren meine Leiden. Wie ihn die Liebe zur Musik, so erfüllte mich die Liebe zur Literatur. Wie ihm vergifteten mir die Mathematik und die ihr verwandten Fächer Physik und Chemie das Leben als Schüler. »Die spitzen Rechtecke erregten ihm ein körperliches Unbehagen, als hätte er mit den Splittern einer Fensterscheibe zu spielen.« Heiner Lindner war jedoch mutiger als ich. Er entzog sich den Leiden, die ihm die Folter des Gymnasiums zufügte: Er beging Selbstmord. An einem schönen Sommermorgen schoß er sich eine Kugel ins kleine Herz. Die Tat fiel ihm weniger schwer, weil ein Hölderlin-Gedicht ihm den Abschied vom Leben vorgesprochen hatte: »O Begeisterung, so finden/wir in dir ein selig Grab/tief in deine Wogen schwinden/still frohlockend wir hinab ...«

Der Raum, in dem die Lebensgeschichte Heiner Lindners spielte, wirkte mit, daß ich *Freund Hein* anderen Büchern, die ich damals las, vorzog. Der kleine Roman war »badisch« temperiert. Karlsruhe, unsere Residenzstadt, war als Schauplatz zu erkennen. Die Menschen sprachen darin wie bei uns daheim. Sie sagten Wörter, die ich im Aufsatz nicht hätte hinschreiben dürfen und die man einem norddeutschen Leser übersetzen müßte. So nannte Lene ihren kleinen Gespielen, wenn sie ihn necken wollte: »Röhrle«, »Hospe« oder »Brigant«; und er sprach sie, um seine Zärtlichkeit zu verstecken, an: »du, Krott« oder »du, Krapp«. Heiner Lindner lebte zudem in einer Welt, die ich als Internatsschüler verloren hatte. Heimweh plagte mich. Er hatte Eltern, die ihn liebten; ein Nachbarmädchen, das wie eine Klette an ihm hing; und einen Freund, den Karl Notwang, der sich ihm in Blutsbrüderschaft verbunden hatte und der ihm weit voraus war an Lebenserfahrung, erst recht an Mut, aufzumucken gegen die Tyrannei der Lehrer.

Freund Hein war schon damals kein Buch der Gegenwartsliteratur. 1902 war es zum erstenmal erschienen; zwei, drei Jahre vorher, neben anderen Geschichten und Novellen, geschrieben und umgeschrieben worden. In seinem Buch *Ludens* (1955) hat Emil Strauß sich an das Klima der Entstehungszeit erinnert. Nach Erlebnissen in Brasilien hatte er sich in die selbstgewählte Isolation des Guggenbühl am Bodensee zurückgezogen. Es galt, schrieb er, die »Unausgeglichenheit« des Temperaments, der Kunstanschauung, der Sprache zu zügeln – und ganz ein eigener zu werden. »Erdgeruch, Naturlaut und echte Farbe« einzufangen, war einer seiner Vorsätze. Das Klima der Jahrhundertwende und ihrer literarischen Programme sind zu erkennen: Naturalismus, Impressionismus, Neuromantik, Jugendstil. Die Prosazeilen des Romans werden unterbrochen durch Gedicht- oder Liedstrophen. Das Vokabular wird kostbar und coloriert, wenn der kleine Held Heiner Musik hört, die andere nicht hören; oder wenn er in Träume fällt, die mit Jugendstil-Ornamentik sich umranken lassen: »Er hatte kein Gewand mehr an und fühlte die Luft kühl, körperlich und feucht wie Wasser, seinen Leib umspülen, wunderte sich über das Wellenspiel und -glänzen und wie er doch nicht naß würde. Er sank und kam hinab auf einen runden Rasenplatz, dessen weiches Grün von wilden Astern, Zeitlosen und Margeriten durchwirkt und rings von einer dreifachen Birkenreihe umgeben war. Die Birken waren hoch und schlank, und das herbstliche Laub der schmalen Kronen hing wie goldene Girlanden um die silbernen Säulen der Stämme hernieder; wie eine Kuppel von blaßblaudurchsichtigem Edelstein wölbte sich der Himmel darüber, und die Sonne glänzte als Schlußstein von der Mitte des Gewölbes herab.«

Ich habe *Freund Hein* damals nicht literarhistorisch gewertet; ich war empfänglich gerade für diese Stimmungen. Damals kamen mir auch die Romane von Friedrich Huch in die Hände: *Geschwister*, *Wandlungen*, *Mao*. Noch mehr narkotisiert haben mich die frühen Bücher Hermann Hesses: *Hermann Lauscher*, *Peter Camenzind*, *Demian* und *Unterm Rad*. In seinem Protagonisten, Hans Giebenrath, konnte ich mich ebenso spiegeln wie in Heiner Lindner. Und wie hätten mich damals die Leiden des Hanno Buddenbrook gepackt und die Verwirrungen des Zöglings Törless! Es gab jedoch niemanden in meiner Umgebung, der die verbotenen Bücher besaß oder von ihnen gesprochen hätte.

Was einem Jungen wie Heiner Lindner das Leben auf dem Gymnasium zur Qual machte und ihn zum Selbstmord trieb, war zu meiner Schulzeit nicht überwunden. Das »Leistungsethos« der Gründerjahre war nicht nur tradiert worden; Autorität, Macht, Pflicht, Dienst, Karriere, Männlichkeit gehörten zu den Erziehungsgeboten des Dritten Reiches, erst recht zur Programmatik seiner Jugendorganisationen. Ein Junge, der mehr für Musik und Literatur schwärmte als für Sport und Geländespiel, wurde als komische Figur belächelt und roh beiseite gestoßen.

Mustergültig, wie ein Bildungsroman, beginnt die Lebensgeschichte mit der Geburt des kleinen Erdenwurms. Er sperrt das zahnlose Mündchen auf und gibt die ersten Laute von sich. Der Vater beugt sich übers Kinderbett und sagt: »Der Bub blickt einem durch und durch; der muß ein Staatsanwalt werden!« Das heißt: etwas Ordentliches, und etwas mehr als der Vater, der es nur zum Rechtsanwalt gebracht hat. »Walt« will ihn der Vater sogar nennen, in Anspielung auf das Ziel, das er dem Kind gesetzt hat, »während die Mutter« – heißt es umständlich – »von dem Taufnamen Heinrich nur soweit abging, daß sie an der stadtüblich gedehnten, dreisilbigen Aussprache die letzte Silbe sparte und Heiner sagte«.

Kein Kind kann behüteter aufwachsen als der kleine Heiner Lindner; im Elternhaus und im Garten, der es umgibt: »Da saß er dann in einem dichten Gebüsch und konnte nicht müde werden, auf die vielen Stimmen zu lauschen, die mit dem goldenen Sonnenlicht in sein grünes Kämmerchen hineindrangen. Das Zwitschern und Singen der Rotkehlchen und Finken, die Flötentöne der Amseln von den hohen Bäumen herab, das Murmeln und Plätschern des Springbrunnens im Goldfischbassin, benachbartes Klavier- und Geigenspiel und Sang, die oft so wohlklingenden fernen Rufe: ›Kaafet Sie a Hoppli!‹ oder ›Kaafet Sie a Brombeer!‹ der durch die Straßen ziehenden Verkäuferinnen, die wogenden Glockenklänge hoch in den Lüften und was da sonst noch tönen mochte, gedämpft, wirr durcheinander wie die lichtdurchspielten grünen Zweige, das umfloß und tränkte ihn mit einem süßen Wohlsein...« Einer der Goldfische wird

mit seinem nassen Maul dem kleinen Heiner nach dem Ohr schnappen. Er wird erschrecken, ins Wasser fallen, aber das Bassin ist nicht tief. Die Mutter wird nicht schimpfen, daß seine Kleider naß sind. Sie lacht. Alles geht gut aus – bis zum Ende.
Noch eindringlicher die Szene bald darauf: Der Vater steht mit dem kleinen »Walt« am Bahnhof. Die Großmutter soll zu Besuch kommen. Unvermittelt stößt die Lokomotive einen Pfiff aus. Der kleine Heiner erschrickt. Schweißbedeckt klammert er sich an die Hand des Vaters. Auch dieser Schock wird gleich darauf verscheucht. Der allwissende Autor gibt die Erläuterung hinzu: »Diese ungewöhnliche Empfindlichkeit des Gehörs machte die Eltern zwar aufmerksam, erschien ihnen aber, zumal da sie sich nur bei ganz seltenen Zufällen so heftig äußerte, weder bedeutsam noch bedenklich: ›So etwas verwächst sich‹, hieß es; ›er ist halt ein zartes Kind, aber zarte Kinder werden oft uralt! Kaiser Wilhelm war auch so ein Sorgenkind.‹« So wird im Hintergrund das Zeitalter gestrichelt: die Gründerjahre. Nicht satirisch, wie bei Thomas und Heinrich Mann, bei Wedekind, Döblin, Thoma und den anderen, sondern als schönes, sonnenüberglänztes Idyll fern der Hauptstadt Berlin. Der kleine Heiner darf auf einem Schimmel reiten, und im Jahr nach dem »Feldzug« bekommt er vom Christkind eine Uniform »mit richtig männlich gebauten Hosen mit Stegen dran«, »ein eisernes Kreuz um einen vergoldeten Friedenskreuzer« und einem Schleppsäbel, den er »rasseln« lassen kann.
Sonst ist die großherzoglich-badische Residenzstadt erfüllt von Musik. Da gibt es ein Schloß und eine Kaserne, eine Kirche und ein Theater, »wo Musik und ähnliches zu hören ist«. Der kleine Heiner will ein »Soldatenbub« sein. Er hält einem Musiker der Regimentskapelle, die auf dem Marktplatz einen Marsch schmettert, das Notenblatt. Er läuft den Burschen, die auf der Mundharmonika Volkslieder blasen,

in die Dörfer nach. Zu Hause spielt die Mutter manchmal auf dem Klavier; nicht Arien oder Potpourris aus *Tristan und Isolde* oder *Lohengrin*, sondern – und es galt damals schon als altmodisch – aus *Norma*, *Zampa*, *Montecchi e Capuletti*.

Der Großvater – da decken sich Autobiographie und Roman – war in der Mitte des vorigen Jahrhunderts Hofkapellmeister in Karlsruhe gewesen. Im Hause der Lindners gibt es ein dunkles, spinnverwebtes Zimmer, in dem seine Hinterlassenschaften aufbewahrt werden: Partituren fremder und eigener Kompositionen. Auch der Vater Heiners hat die Begabung für Musik geerbt. Er hätte ein Geigenvirtuose werden können; doch Beruf und Karriere waren ihm wichtiger.

Das Nachbarmädchen Lene spielt eine Hauptrolle. Ein »ungarstig, bubenhaftes Wesen«, das aus dem ärmeren Haus von nebenan einen »dienstmädchenhaften Geschmack« mitbringt, immer wieder Heiner »durch irgendeine Roheit« verschreckt, aber ihn dann doch ganz gewinnt mit ihrer Anhänglichkeit und mit gleicher Gewalt durch Geschichten und Verse, die sie vorträgt, und die dem Heiner eine zusätzliche Welt erschließen. Die »Wonnen der Gewöhnlichkeit« (Thomas Mann) erfährt der kleine Heiner draußen vor der Stadt, in den Feldern und Wäldern der Rheinebene. Da »lüpfen« ihn Mägde und Knechte auf den Erntewagen, und das Stadtkind ist selig, unter so einfachen Leuten zu sein, mit ihnen zu singen und zu lachen.

Keine Szene ist rührender als Heiners letzter Gang in die Ebene. Schon bereit, aus dem Leben zu scheiden, begegnet er im Wald drei Kindern, die, weil man ihrem Vater die Hand amputiert hat, Beeren pflücken, um für den Haushalt daheim ein paar Kreuzer hinzuzuverdienen. Heiner kauft ihnen die gefüllten Eimerchen ab und schenkt sie den Kindern zurück. Sie wollen, von so viel Großmut verwirrt, die Gabe nicht annehmen. Heiner kauft die Eimerchen zum zweiten Mal, verschenkt sie wieder, und die Kinder dürfen es ihm danken, indem sie Lieder singen und einen Reigen tanzen, den Heiner auf seiner Okarina begleitet.

Lene ist zur Helene herangewachsen. Das ungebändigte Mädchen, das noch an Goethes *Mignon* oder Mörikes *Peregrina* erinnerte, hat sich nach ihrer Internatszeit in Genf und einem Kuraufenthalt in Bad Kissingen zum »Gesellschaftsdämchen«, zur »Modepuppe« oder, echt badisch, zu einem »Affen« gemausert. Sie wurde »nicht müde«, heißt es, »von dem glänzenden Badeleben zu erzählen, von Kurpromenaden, Ausflügen, Reunions, von Bekanntschaften und Kurmachern, von künftigen Bällen und Gesellschaften«. Sie durchschwebt nicht nur Heiners Träume; auch in einer realen Kutsche gleitet sie vorbei, ohne die Verzweiflung zu fühlen, die ihren Freund Heiner eben dem Tod entgegentreibt.

Die Gegenfigur ist Karl Notwang. Der männliche, vital gescheite *revolté* wendet – in welchem Schülerroman wäre es anders? – gerade dem schüchternen, sensiblen, zarten Heiner seine Freundschaft zu. Karl Notwang übertrumpft nicht nur alle Mitschüler an Wissen; auch durch seine Lebenserfahrung und seine Begeisterung für Kunst, Musik und Literatur. Heiner Lindner, noch angetan von Wilhelm Raabes Erzählungen, steckt er an – und es war damals, als Strauß *Freund Hein* schrieb, noch ungewöhnlich – mit seinem Enthusiasmus für Hölderlin; verführt also ihn unbewußt, die Tat, die in ihm schlummert, auszuführen: »Er (Hölderlin) ist halt doch der Schönste und Beste; ich könnte mich morden vor Entzücken!« Karl Notwang artikuliert die Anklage gegen die Eltern und die Erzieher, aber auch die Verteidigung des Mitschülers und seiner Tat: »Der Teufel hole euch alle mit eurem besten Wissen und Gewissen, wenn ihr nicht einen Funken von Gefühl habt für die Unantastbarkeit der reinen Natur!«

Die Lehrer und Professoren, die Heiner schlechte Noten erteilen, ihn zweimal nicht versetzen, ihm nie ein menschliches Gesicht zeigen, sind weder zu »Tyrannen« stilisiert noch als »Steißtrommler« karikiert. Sie haben keine Spitznamen. Keiner läßt sich vergleichen mit den Lehrern in *Frühlings Erwachen*, die »Fliegentod« und »Sonnenstich« heißen; oder mit dem »furchtbaren« und »schrecklichen« Direktor Wulicke in den *Buddenbrooks*. Es sind rechtschaffene Typen, durchschnittlich, Vater Lindner verwandt; in ihrer Normalität und ihrem Eifer, die humanistisch fundierten Maximen vom »Lebenszweck« und »Schulzweck« zu vertreten. Ihre Normalität ist kaum überzeichnet. Die Umwelt ist blank, heil und schön. Heiner ist weder krank noch verweichlicht, auch keiner homoerotischen Verführung ausgesetzt. Bevor er sich die Kugel ins Herz schießt, notiert er unter dem Hölderlin-Gedicht in Karl Notwangs Büchlein sorgfältig die Adresse, wo man seinen Leichnam abliefern soll!

Was sich Emil Strauß als junger Autor vorgenommen hat, »Erdgeruch, Naturlaut und echte Farbe« durch Beschreibung zu erwecken, ist ihm geglückt. Er tut nur des Guten manchmal zuviel. Die Prosa gerät dann altdeutsch-manieriert. Bisweilen gibt der Verfasser Kommentare hinzu. Sie wirken doppelt überanstrengt, weil sie dem kleinen Heiner durch den Kopf ziehen sollen wie dieser lange, umständliche Satz: »Da er noch nicht Erfahrung genug haben konnte, um zu wissen, daß eine ängstliche Liebe angesichts der unsicheren und noch so vieler Wege fähigen Entwicklung eines Kindes leichtlich irgendeinem Anzeichen zuviel Gewicht beizulegen oder gar falsche Deutung zu geben geneigt sei, so bezweifelte er die Richtigkeit und die Notwendigkeit des väterlichen Winkes keinen Augenblick, nahm ihn ganz so ernst und schwer, wie er gegeben war, und brachte diesen neuen Druck durch verstärkten Fleiß und Pflichteifer ins Gleichgewicht, so daß es ihm gelang, im Sommer glatt nach Obersekunda versetzt zu werden.«

Man kann nachlesen, wie Germanisten und Rezensenten Emil Strauß damals, als er im Zenit seines Ruhmes stand, eingeordnet und bewertet haben. Eine Zusammenfassung steht in den Einzeldarstellungen *Die Dichter unserer Zeit* (4. Auflage, Stuttgart 1938) von Franz Lennartz: »Seine Helden, die das Leid bis zum letzten auskosten müssen, um entweder zu unterliegen oder es durch sittliche Größe zu bezwingen, verkörpern ein schicksalswilliges Menschentum, das mit der Bewährung von der Welt, mit dem Ringen um die Vollendung des Ich in die Gemeinschaft hineinwächst.« Das Fazit mag für andere Emil-Strauß-Helden zutreffen; nicht für Heiner Lindner. Er wächst aus der Gemeinschaft heraus. Sein selbstgewählter Tod ist die Absage an sie. Karl Notwang behält am Ende recht. Tatsächlich jedoch ist die Haltung des Autors so eindeutig nicht. Er schwankt. Die gesellschaftskritische Note erteilt er nur widerwillig. Die Wohltemperiertheit der Umwelt Heiner Lindners verrät es. Auch deshalb kommt es, wie Jean Améry in gedämpfter Bewunderung meinte, zu dieser »feinen Poesie«. Hermann Hesse war entschiedener in seiner Antihaltung gegen die Unterdrücker Hans Giebenraths in *Unterm Rad*.

Kein Zweifel an der immerwährenden Aktualität des *Freund Hein*. Sie galt vor und nach der Gründerzeit, und sie läßt sich herüberholen in unsere Gegenwart. Wörter wie »Leistungszwang« oder »Leistungsdruck«, erst recht die Selbstmord-Statistiken junger Menschen machen auf vergleichbare Zwänge und Verweigerungen aufmerksam. Die Gegenwartsliteratur verwendet für das gleiche Thema einen krasseren Realismus. (Bernward Vespers Roman-Fragment *Die Reise* ließe sich kontrastierend dem Buch aus der Jahrhundertwende entgegenhalten.) Als Beispiel einer »Schülertragödie« behält *Freund Hein* seinen Wert; als literarhistorisches und menschliches Dokument, in dem Emil Strauß seine eigenen Kindheits- und Jugendjahre eingefangen hat. Seine Leser von früher haben das Buch nie vergessen. Es verdient, daß es nach einer so langen Pause wieder ediert und gelesen wird, zum zweiten oder zum ersten Mal.

Wenn ihr uns stecht, bluten wir nicht

Peter Härtling über Karl Emil Franzos: *Der Pojaz* (1905)

Im Juli 1893 beendete Karl Emil Franzos, zu seiner Zeit ein anerkannter und erfolgreicher Schriftsteller, den Roman *Der Pojaz*. Er war davon überzeugt, daß dieses Buch alles übertraf, was er bis dahin geschrieben hatte, und dennoch entschloß er sich, es nicht zu veröffentlichen. Es erschien erst ein Jahr nach seinem Tod, 1905, nachdem seine Schwester das Manuskript im Nachlaß gefunden hatte.

Nicht daß er ein skrupulöser Schreiber gewesen wäre. Er publizierte in rascher Folge, redigierte Zeitschriften, hatte Einfluß als Kritiker. Was ließ ihn zögern? Fürchtete er, der keine Auseinandersetzung gescheut, Mißverständnisse ertragen hatte, mit einem Male die Konfrontation?

Wahrscheinlich wollte er, indem er den *Pojaz* als Vermächtnis zurückhielt, auch sich schützen und sich nicht von neuem mit den »äußeren Feinden und inneren Gegnern des Judentums« anlegen. Franzos war ganz bewußt ein Jude aus dem Osten. Nur dachte er nicht daran, das Elend und die religiöse Enge des Gettos in märchenhaften Bildern zu beschönigen. Er betrachtete sich als Aufklärer. Er schrieb über eine für uns untergegangene Welt, die erst vom Rassismus bedrängt, dann vom Nazismus vernichtet wurde, und er setzte sich mit Phänomenen auseinander, die uns, so ist zu befürchten, auf andere Weise weiterbeschäftigen werden: Rassenverfolgung, Vorurteile, Gettoisierung von Minderheiten.

Er tat dies anders als die meisten seiner schreibenden jüdischen Zeitgenossen. Mit dem *Pojaz* begehrt er gegen die sanfte Ergebenheit des »Schloimale« von Mendele Mocher

Sforim auf, und dem gleichmütigen Humor des »Tewje« von Scholem Alechem antwortet er mit lebensgefährlichem Witz. Er setzt seine Ungeduld gegen den Langmut der Rabbiner, er möchte nicht sein Jetzt der Ewigkeit verpfänden.

In der Widersetzlichkeit des *Pojaz* schießen die Erfahrungen seines Lebens zusammen. Franzos wurde 1848 in Rußland, im Gouvernement Podolien, geboren. Kindheit und Jugend verbrachte er in einer ostgalizischen Kleinstadt. Mit neunzehn Jahren verließ er die Gegend, die er sich im Grunde erst schreibend zur Heimat machte. Er studierte in Graz und Wien Jura und war sich der Gegensätze, aus denen er lebte und dachte, schon bald bewußt. Nachdem er als einer der Wortführer der fortschrittlichen Burschenschaften aufgefallen war, stand er 1871 in einem Gesinnungsprozeß vor Gericht. Dennoch bewarb er sich um eine Stelle im Staatsdienst, wurde aber aus politischen und konfessionellen Gründen abgewiesen. Er begann zu schreiben, redigierte in Wien ein Feuilleton, reiste als Korrespondent fünf Jahre durch Europa und Kleinasien, war von 1877 bis 1886, wieder in Wien, Redakteur der *Neuen Illustrierten Zeitung* und ließ sich 1887 in Berlin nieder. Bereits 1877 hatte er *Die Juden von Barnow* veröffentlicht, mit diesen Erzählungen sein Thema gefunden. Ohne Schonung, aber voller Zuneigung zu den Geschundenen, schilderte er das Gettoleben – als das entstellte Produkt einer zweifachen Unterdrückung: der durch die herrschende Mehrheit und der durch den Glauben.

Die Geschichten machten ihn berühmt, auch berüchtigt. Orthodoxe und Reaktionäre fielen über ihn her, schmähten ihn. Seine Integrität setzte sich durch. Mit einer umfassenden Studie über das *Ghetto des Ostens* (1883) und dem Roman *Ein Kampf ums Recht* (1882) fuhr er unbeirrt in seiner Aufklärung fort. Sie erreichte allerdings nur wenige. Der Wilhelminische Bürger war mit seinem unaufhaltsamen Auf-

stieg beschäftigt und ließ sich durch »exotische« Einwürfe nicht beirren. Und die assimilierten Juden wollten ohnehin nicht an ihre Herkunft erinnert werden.
So überlistete der ausgezeichnete Literaturkenner Franzos seine Leser. Wenn ihnen schon die jüdischen Rebellen gleichgültig waren, sollten sie von einem der ihren aufgerührt werden. Der jüdische Aufklärer Franzos entdeckte den deutschen Aufklärer Büchner. 1879 edierte er dessen sämtliche Werke, unter denen zum ersten Mal das Fragment des *Wozzek* zu lesen war. Dem war eine geradezu detektivische Arbeit vorausgegangen. Büchners Erben hatten zu Franzos Vertrauen gefaßt und ihm alle vorhandenen Handschriften zur Verfügung gestellt. Mit Schrecken sah er, daß im Manuskript des *Wozzek* die Schrift verblichen und so gut wie unleserlich war. Er präparierte die einzelnen Blätter mit destilliertem Wasser und Schwefelammoniak, entzifferte Satz für Satz und ordnete, nach seiner Vorstellung, die Szenen. Seine Edition war ein Markstein, an dem sich die Literaturwissenschaft lange und zu Recht rieb. Erst 1920 bekam Georg Witkowski das Manuskript erneut in die Hände, korrigierte nicht nur viele Fehler, sondern auch den von Franzos falsch gelesenen Titel. Aus *Wozzek*, wie ihn noch Alban Berg nannte, wurde *Woyzek*.
Franzos muß den Umgang mit Büchner als eine Art von Verschwörung empfunden haben. Er ließ den großen Toten für sich reden. Auch Woyzek ist ein Miserabler, eine Gettogestalt, und sein gekrümmter Schatten fällt auf den Pojaz. Der hätte ihn spielen können.
Da Franzos sich dem Pojaz mitgegeben hat, ist es aufschlußreich, die Kinder- und Jugendjahre des Autors mit denen seines Geschöpfes zu vergleichen. Er bricht mit ihm auf und aus. Er teilt mit ihm seinen Idealismus, und beide fühlen sie sich durch ihn geschützt. Es ist ein Idealismus, der sich fortwährend an der Wirklichkeit prüft. Bitter färbt er den Satz

ein, den der sterbende Pojaz für sich beansprucht, Shylocks Satz: »Wenn ihr uns stecht, bluten wir nicht.«
Franzos wurde aus einem Zufall, der ein Notfall war, in Rußland geboren. Die Zeit schrieb gleich an der ersten Zeile seines Lebens mit. Die Revolution von 1848 hatte in Wellen auch Polen erreicht, und in Ostgalizien traf der Haß diesmal nicht die Juden, vielmehr die wenigen Deutschen und Österreicher, die für Macht und Besitz standen. Franzos' Vater, »Bezirksarzt in kaiserlich-königlichen Diensten«, war zwar Jude, hatte sich aber, wie der Sohn noch nach fünfzig Jahren stolz erklärt, »immer als eifriger Deutscher betätigt«. Nun sieht der Eifrige sich und seine Familie bedroht und schickt seine schwangere Frau vorsorglich über die Grenze, zu einem »befreundeten deutschen Förster«, dem er einmal das Leben gerettet hatte und der ihm seitdem »treu anhing«.
Das Geburtshaus wird gleichsam zum ideologischen Ort. Der Jude wird, was ihn auszeichnet, bei Deutschen geboren. Nach Eichmann und Auschwitz ist diese Liebe zum »deutschen Geist« nicht mehr zu verstehen. Für Franzos bedeutete sie Emanzipation. Und so wurde er auch erzogen. Der Vater prägt dem wißbegierigen Buben ein: »Du bist deiner Nationalität nach kein Pole, kein Ruthene, kein Jude, du bist ein Deutscher«, und fügt hinzu: »Deinem Glauben nach bist du Jude.« Aus dieser vertrackten, die Identität aufhebenden Dialektik wird er sich nie ganz lösen können.
Wer ist er? Der Vater macht das Kind wissentlich »fremd«, entzieht es dem Getto und seiner bewußtlosen Gläubigkeit, bereitet es auf den Westen vor. Der Junge soll so bald wie möglich fortgehen, er soll »anders« werden, das heißt: nicht verfolgbar, sondern unanfechtbar, wie es, zum Beispiel, der Menuchim Joseph Roths wird. Es war, wir wissen es, eine schreckliche Täuschung.
Der kleine Franzos muß lernen, lernen. Er muß fleißiger und gescheiter sein als die polnischen oder russischen Kinder. Er

soll weiterkommen. Sein Vater schickt ihn nicht in die Talmud-Schule, sondern zu den Dominikanern, den »Deutschen«. Hebräisch wird ihm in Privatstunden beigebracht. Sender Glatteis, der Pojaz also, dessen Vater ein »Schnorrer«, ein wandernder Bettler und Moritatensänger war, hat solche Vergünstigungen nicht. Er kann nicht wie der Sohn des Doktors »straflos zu den Dominikanern gehn«, denn der Doktor war »zwar auch ein Jude, aber zugleich ein ›Deutsch‹, ein angesehener Mann«.

Sender muß sich »seinen« Lehrer suchen, einen, der ihn nicht mit dem Talmud traktiert, sondern übers Theater Bescheid weiß. Das Theater ist die erhoffte Welt, seit man ihn als Knirps zum »Pojaz«, zum Komödianten, erklärt hatte, seit er gehört hat, daß es Spiele gibt, in denen Juden edel und allen überlegen sind, wie der weise Nathan. Bloß sind diese Stücke deutsch, also muß er deutsch üben. Sender findet einen Lehrer, der freilich wenig vom Theater, um so mehr aber vom Leben weiß. Es ist der ehemalige Wiener Legionär Heinrich Wild, den die Revolution nach Galizien verschlagen hat. In Frage und Antwort wird die Geschichte kraus und groß. Sender erfährt, daß der Mensch sich über sein Elend erheben kann, daß der Geist die Enge sprengt und daß nichts den Menschen so adelt wie die Toleranz.

Die Bildung, die Franzos am Gymnasium in Czernowitz erfuhr, lädt er in Fragmenten seinem Pojaz auf, einem der »ärmsten Menschen der Erde«. Er macht ihn zu einem Sendboten der Aufklärung, zu einem naiven Adepten Lessings. Auf der Suche nach dem guten Geist verabschieden sie sich vom »Schtettl«. Und beide, der Schöpfer und sein Geschöpf, erfahren sogleich ihre Begrenzung.

Der Jude Franzos, der sich für einen Deutschen hält, bekommt für die Universität kein Stipendium, da er nicht getauft ist. Der Pojaz wiederum, der sich für einen Schauspieler hält, soll nichts sein als Jude. Der Rabbi will ihm den

»schlechten Traum« austreiben, ihn ans Getto binden. Eine Braut wird für ihn ausgesucht, ein buckliges Mädchen für einen Narren.
Die Phantasie seines Erfinders befreit ihn. Sender Glatteis ist unterwegs, spielt den Shylock und den Nathan, wird durch sie mehr, als er sein wollte, und der Sohn des Doktors wird Schriftsteller in Wien und Berlin. Aber je weiter sie sich vom Schtettl entfernen, um so mehr verstehen sie sich als Juden; als aufgeklärte, die die »starre düstere Glaubenswelt« des Gettos im Osten ebenso verabscheuen wie die sich verleugnende Anpassung im Westen. Hier wie dort würden sie sich aufgeben müssen. Sie nehmen die mühselig errungene Freiheit als dauernde Herausforderung auf sich.
Franzos läßt seinen Pojaz als jungen Schauspieler sterben. Ein Leben wie ein wunderbar ausholender, doch unvollendeter Satz. Die Geschichte setzte ihn anders fort, als Franzos, der unverbesserliche Aufklärer, hoffte. Aber er wurde auch weitergeschrieben von einem, der sich als zweiter Pojaz sah, den Roman verwirklichte: In seiner Autobiographie *Da geht ein Mensch* erzählt der aus Ostgalizien stammende Schauspieler Alexander Granach, wie er Senders Traum folgte, ein jiddischer Wanderschauspieler, den Max Reinhardt in sein Theater holte.
Ihn hatte die Botschaft des Pojaz erreicht: »Mit siebzehn Jahren lag ich auf der Erde und lernte aus dem Roman von Karl Emil Franzos den Shylock kennen. Ich lag da und heulte über das Unrecht, das diesem Menschen widerfahren war. Damals beschloß ich, mein ganzes Leben daranzusetzen, um einmal der Welt dieses Unrecht ins Gesicht schleudern zu können.«
Der Enthusiasmus Granachs bleibt berechtigt. Das Buch fesselt nämlich nicht allein mit seinem Wirklichkeitssinn, seiner thematischen Inständigkeit – seine Sprache hat eine schlichte Kraft und mitunter ein Pathos, das nicht verdrießt,

da es keine falschen Töne kennt. Man spürt die Nähe Fontanes, sein trockenes Parlando, das hier, vor allem in den Dialogen, »östlich« eingefärbt ist.
Jost Hermand vergleicht in dem Nachwort, das er, engagiert und aus bemerkenswerter Kenntnis, für die Neuausgabe des Romans schrieb, den *Pojaz* mit dem *Anton Reiser* von Karl Philipp Moritz, sogar mit Goethes *Wilhelm Meisters theatralischer Sendung*: Das Buch brauche solche Vergleiche nicht zu scheuen. Es sei zwar »nicht so vielschichtig, aber dafür um so dramatischer, aufwühlender«. Das ist es. Und dazu ein Entwicklungsroman gegen das übliche Muster.
Der Pojaz strebt nicht, wie Anton Reiser, ins bürgerliche Leben, erhöht nicht, wie der Bürgersohn Wilhelm, durch Heirat seinen Stand. Er entwickelt sich allein aus einem Widerstand, den er sich »Stück für Stück« auslegt und mit dem er sich unentwegt »aufs Spiel« setzt. Schon das geprügelte Kind weiß, was es sein könnte. Es wagt den Sprung aus dem Pojaz in den Nathan und vollbringt dabei keineswegs bloß ein Kunststück. Sender Glatteis meistert mehr als Wilhelm. Er bleibt bei sich, obwohl er sich verläßt.
Sicher, wir begegnen dem Pojaz heute anders als die Leser vor 1933. Jene, die sich aus dem Getto befreiten, und jene, die im Getto blieben, die Aufgeklärten und die Frommen, wurden in den Konzentrationslagern ermordet. Der »deutsche Geist«, dem Franzos und sein Pojaz sich als emanzipatorischer Kraft anvertrauen, wich dem »deutschen Ungeist«, diesem zerstörerischen Zwilling. Die Ideale der Aufklärung verstummten unter den Parolen des Totschlags. Den Pojaz wird es so nicht mehr geben können. Doch ohne seine Aufbrüche und Hoffnungen kämen wir nicht aus.

Dampfheizung mit Blut

Manfred Bieler über Heinrich Mann: *Professor Unrat oder Das Ende eines Tyrannen* (1905)

Eine Zeitungsnotiz, während der Pause im Florentiner Teatro Alfieri gelesen, gab Heinrich Mann 1904 den Anstoß: »In meinem Kopf lief der Roman ab, so schnell, daß ich nicht einmal bis in das Theater-Café gelangt wäre. Ich blieb versteinert sitzen.« 1905 erschien das Buch, und der Anfang bestätigt die Präzision des Einfalls: »Da er Raat hieß, nannte ihn die ganze Stadt Unrat.«

Der sechsundfünfzigjährige Gymnasialprofessor mit der zuckenden Schulter, dem schiefen Blick und dem fettigen Maurerhut ist der Tyrann der Sekunda. Wie er in der Klasse eine Bande von Empörern sieht, so sehen die Schüler in ihm ein gemeingefährliches Vieh, das man leider nicht totschlagen darf. Seit Generationen macht sich die Spannung in Sticheleien und drakonischen Strafen Luft. Dem scheinbar harmlosen Gebrauch des Spitznamens folgt der Karzer, die verweigerte Versetzung oder der Abbruch künftiger Karrieren.

Den besonderen Zorn des Professors erregt der nach Heinescher Manier dichtende Konsulsohn Lohmann, in dem der Autor sein Alter ego zu erkennen gibt. Lohmann ist deswegen »nicht zu fassen«, weil er darauf verzichtet, das Wort »Unrat« beweisbar zu verwenden; ihm ist es gleichgültig, ob er das »Ziel der Klasse« erreicht. Unrats Vorsatz, »*diesen* Schüler zu beseitigen, vor *diesem* Ansteckungsstoff die menschliche Gesellschaft zu behüten«, entspringt daher dem Bewußtsein ebenbürtiger Gegnerschaft. Gerade aber durch Lohmanns »Huldigung an die hehre Künstlerin Fräulein Rosa Fröhlich« wird Unrat in die Kneipe zum Blauen Engel gezogen, in die »Dampfheizung mit Blut«, in den Bann der schönen Barfußtänzerin mit dem Kodderjargon.

Verglichen mit Heinrich Manns vorangegangenen Romanen, wirkt der epische Gestus des *Professor Unrat* neu. Die karikaturistische Behandlung des *Schlaraffenlands*, die hysterische Renaissance der *Göttinnen* und die subtile Larmoyanz bei der *Jagd nach Liebe* haben stilistisch ausgedient. An deren Stelle tritt die Logik des traumhaften Erzählens mit aller Folgerichtigkeit und allem Widersinn der Träume.

Professor Unrat, der in freien Stunden über die Partikeln bei Homer arbeitet und die eigene Rede gern mit Flickworten spickt (immer mal wieder, traun fürwahr, aufgemerkt nun also), stürmt den Blauen Engel, um seine Schüler vor dem Laster zu bewahren. Doch bald verfällt er selbst dem Tingeltangel-Flittchen und begreift es als eine ihm fremde, gleichrangige Macht. Beide, der Despot der Sekunda wie die Sängerin des Liedes »Wail iesch so klain uhnd so uhnschuhldiesch bin«, betrachten das Publikum, »die Affen mit Eichenlaub«, und den Rest der Welt in so harmonischer Verachtung, daß den Schülern Unrats, Rosas Verehrern, nur der Rückzug bleibt.

Lohmann, »überhaupt der letzte«, den die Barfußtänzerin je erhören würde, durchschaut früh die Verwandlung des Tyrannen in den Anarchisten. Unrat, vom Alleinherrscher der Klasse zum Alleinherrscher von Künstlerkabuff und Künstlerbett aufgestiegen, entgegnet dem mahnenden Vorhalt des Gymnasialdirektors schon mit Würde: »Der humanistisch Gebildete darf des sittlichen Aberglaubens der niederen Stände billig entraten.« Der gerichtliche Nachweis, daß einer der Sekundaner längst vor seinem Lehrer das erotische »Ziel der Klasse« bei Rosa erreicht hatte, behindert Unrats Hochzeit mit der Barfußtänzerin ebensowenig wie deren uneheliches Kind.

Mit Hilfe seiner Frau verwirklicht der entlassene Professor einen Traum. Der Tyrann, »von Panik erfaßt, führt den Pöbel in den Palast, führt ihn zum Mordbrennen an«. In Unrats Villa vorm Tor werden Glücksspiele arrangiert, um die »vermögenden Pfahlbürger«, ehemalige Sekundaner, in den Bankrott zu treiben. Intime Feste finden statt, Orgien, deren Folgen die einst rebellischen Existenzen moralisch auslöschen. Rosas Seitensprünge, von Unrat anfangs schweren Herzens geduldet, später gebilligt und gefördert, ruinieren Verlobungen und Ehen jener Pennäler, die vormals »nicht zu fassen« waren. Täglich verwundet Unrat die Liebe zu Rosa, um dem Haß auf die früheren Empörer zu frönen; dies wird sein Verhängnis angesichts des einzigen wahren Gegners. Als Unrat ihn beim Tête-à-tête mit Rosa ertappt und ihm die Brieftasche entreißt, ruft Lohmann »ganz bürgerlich« nach der Polizei.

»Die Stadt war in Jubel, weil Unrats Verhaftung beschlossen war. Endlich! Der Druck ihres eigenen Lasters ward von ihr genommen, da die Gelegenheit dazu entfernt ward.« Heinrich Mann hat sich im *Professor Unrat*, wie später im *Untertan*, von einem Alptraum befreit. Daß ein solches Abnabeln oft zu erstaunlichen Resultaten führt, ist nicht nur den Eingeweihten geläufig. Heinrich Manns eigene Verstrickung, bereits an der Figur des Schülers Lohmann deutlich, wird durch einen Brief des Autors vom 25. Juli 1905 an die Freundin Inés Schmied zusätzlich bestätigt. Dort heißt es von Unrat: »Er hat doch einige Ähnlichkeit (erschrick nicht!) mit mir.«

Trotz der Kürze und Banalität dringt das Zitat in eine Lebenstiefe, in der manche Wegzeichen sichtbar werden. Heinrich Mann, der seit je den Ruf des Radikaldemokraten und satirischen Querschnittlähmers der Wilhelminischen Epoche genoß, entfaltete seine frühe publizistische Tätigkeit vor allem als kaisertreuer, Juden und Sozialisten verachtender

Herausgeber der Monatsschrift *Das Zwanzigste Jahrhundert, Blätter für deutsche Art und Wohlfahrt.*

Um dieser Anmerkung den Ruch der Denunziation zu nehmen: Antisemiten und Antikommunisten waren um die Jahrhundertwende viele europäische Intellektuelle, besonders aber jene, die sich durch die belletristische Philosophie Paul Bourgets zur Gleichung Geld = Plutokrat = Jude = Sozialist inspirieren ließen. Zu ihnen zählten beide Brüder Mann. Daß Heinrich lange vor seinem Bruder von dieser Richtung Abschied nahm, ist unbestritten. Ebenso eindeutig ist jedoch, daß der Fünfundzwanzigjährige selber ein Unrat war. Darauf hinzuweisen, erscheint in Zeiten, in denen deutsche Lebensläufe nach Pimpfenprüfungen und Fahrtenmessern durchsucht werden, zumindest statthaft.

Im Gegensatz zum Bruder Thomas, der sich verhältnismäßig früh »eine Verfassung« im privaten wie künstlerischen Sinn gab, gewann Heinrich Mann nur selten biographische Konstitution oder literarisches Gleichgewicht. Auf den meisten Lebensstufen wie in fast jedem Werk, auch im *Professor Unrat*, dem vielleicht gelungensten, offenbarte er den eklatanten Unterschied zwischen höchstem Anspruch und fragwürdiger Verwirklichung.

Dies schreibt jemand, dem Heinrich Mann einst Abgott war, will sagen: Er schreibt nicht im Ton des Vorwurfs, sondern der Selbstkritik. Der nun Abtrünnige war einst mit der Herzogin von Assy verheiratet, bis er sich wegen unüberwindlicher Abneigung gegen Großweibssucht von ihr scheiden ließ; er schwärmte für den *Untertan*, bis ihm die Schießbudenfigur Diederich Heßling zum Halse heraushing; er bewunderte den Volkskönig Henri Quatre, bis er über den drolligen Pomp, die verschwendeten Adjektive und die majestätische Syntax schallend lachen mußte.

Habent sua fata libelli, wird gern zitiert, doch der Anfang der Zeile wird gern unterschlagen. *Pro captu lectoris* beginnt der Vers des Terentianus Maurus. Das aber heißt: *Wie der Leser sie faßt.* Nicht nur Bücher, auch Leser haben ihr Schicksal.

Wer die Rezeption Heinrich Manns durch die ostdeutsche Kulturpolitik und Literaturwissenschaft aus unmittelbarer Nähe erlebte, der weiß, daß sie ihren Höhepunkt während des ersten Jahrzehnts nach Gründung der DDR erreichte. Der berühmte Autor, im kalifornischen Santa Monica ansässig, von Millionen Sowjetbürgern angeblich begeistert gelesen, mit dem DDR-Nationalpreis 1. Klasse ausgezeichnet, hatte kurz vor seinem Tode eingewilligt, die Berufung zum Präsidenten der Ostberliner Akademie der Künste anzunehmen. Kurz vor seinem Tode, das bedeutete bald nach einem der schönsten Sätze deutscher Literatur, jenem Satz, mit dem der Roman *Der Atem* endet: »Die Welt schlief gelähmt wie in Nächten ihrer ausgebrochenen Katastrophen, wenn auch wir müde sind und das Wort niederlegen.«

Gab es einen besseren Beweis für die kulturelle Anziehungskraft der DDR als die Zusage dieses Autors zu einem öffentlichen Amt?

Auch dort, auch im Heinrich-Mann-Archiv, ticken die Uhren inzwischen anders. Eine unbefangene Redeweise hat sich in den Nachworten zur Gesamtausgabe durchgesetzt. Warum sollte heutzutage noch verschwiegen werden, daß der bewunderte Autor einst »mit alldeutschen geopolitischen und rassistischen Argumenten« für den imperialistischen Krieg geworben hat? Auch so bleibt der »sozialistische Humanist« unser, meinen die ostdeutschen Germanisten, und zwar mit einigem Recht, während er von ihren westdeutschen Kollegen unter dem Vorwand literarischer Glanzleistungen, in Wahrheit aber wegen seines Antifaschismus, seiner Emigration und seiner politischen Nachkriegsaspiration in den Olymp gejubelt wird. Der Versuch, Heinrich Mann in die Bundesrepublik »heimzuholen«, erinnert

von fern an die böhmakelnde Wiedereingemeindung der Sudetengebiete durch Peter Alexander. Wann und wer sagt endlich den hiesigen Institutsleitern und Seminaristen, daß der Schriftsteller Heinrich Mann hierzulande überhaupt nicht gelesen, aber völlig überschätzt wird?
Ist denn die Magie seines Satzbaus das traumhafte Murmeln, Zischen und Rieseln dieser »Dampfheizung mit Blut« etwas anderes als schwacher Expressionismus? Sind die »kleinen Ferkel«, die »Rosengirlanden um Schoß und Schenkel«, die »Rotztulpen« und die Korsettbänder im *Professor Unrat* wirklich Artistik, Fanatismus des Ausdrucks, Virtuosentum großen Stils? Ist diese karikaturistische Potenz tatsächlich »phantastisch, aber sicher, haarscharf, aber irreal, figural fit, aber unpsychologisch«, wie Benn dem Autor an dessen sechzigstem Geburtstag so widerspruchsvoll attestierte? Ist Heinrich Manns Potenz nicht vielmehr jener »sanfte Wahn«, den die Barfußtänzerin ihrem »Unrat« unterstellt?
Die Verfilmung des Romans hat derlei Erwägungen bewußt vernachlässigt. Wird sie deshalb so oft »genial verfälschend« genannt? Dann wünschte man sich mehr solcher Verfälschungen und ähnlich geniale.
Sollte irgendwann die Wirkungsgeschichte Heinrich Manns geschrieben werden (und wozu wäre die Germanistik oder die Volksvernehmungsindustrie nicht fähig?), so wird sie zu der Feststellung kommen, daß sein größter Erfolg *Der blaue Engel* hieß. Heinrich Mann hatte es sofort erkannt. »Mein Kopf und die Beine von Marlene Dietrich«, sagte er und behielt recht damit.
Schlimm genug ist es, von einem Autor zu sagen: Ich liebe ihn. Schlimmer noch ist es, sich nach Jahren einzugestehen: Ich *habe* ihn geliebt.

Mord durch allmähliche Vergiftung

Gabriele Wohmann über Hermann Hesse:
Unterm Rad (1906)

Es ist nicht weiter undurchschaubar, warum man sich vor dem Wiederlesen einstiger Lieblingsbücher scheut, besonders dann (mit einer Art Schutzschicht aus Anhänglichkeit und Dankbarkeit sie und sich selber absichernd), wenn es sich um Bücher aus ganz frühen, richtig unschuldigen Leselebensaltern handelt. Wer schreibt, weiß betrübt, daß dann die beste, die aufrichtigste Zeit fürs Lesen um ist. Ehemalige Lieblingsautoren nenne ich einfach besser immer weiter so. Es bleibt meistens beim stillen und wohligen Vorsatz, Skepsis eingeschlossen, sich eines verwunschenen angenehmen Tages aber doch zum Wiederlesen aufzuraffen – nur gibt es dieses dazuerhoffte »stille und wohlige« Krankenlager eben auch nicht, und keine gemütliche Rehabilitationszeit, zu der die Lektüre-Rehabilitation so gut passen würde.

Nein, dieser Wehmuts- und Abwehrzustand gibt mir keine Rätsel auf, dieses stets doch nicht verwirklichte Spurensichern hängt mit der Angst vorm Verlust zusammen. Denn da ist ja jeweils eine alte Liebe in Gefahr. Und man selber mit! Als einen so geschützten Lieblingsautor habe ich Hermann Hesse – aber nicht den der späteren Romane – beibehalten, und war mit dieser instinktiven Treue im Recht. Gut, daß ein Anstoß von außen dem mutlosen Abwinken entgegengewirkt hat, und noch besser, daß ich vom Glück der erwachsenen Übereinstimmung mit dem kindlichen Gernhaben überrascht wurde.

Beim Roman *Unterm Rad* bin ich sofort, schon auf der ersten Seite, jedes Mißtrauen gegen Hesse und gegen meine Lese-Identifikation losgewesen. *Unterm Rad* erschien 1906 als Hesses zweiter Roman. Gleich war ich wieder sympathisierend vom Geist dieser Erzählabsicht angesteckt, vor jedem fiktionalen Erlebnis, und das bedeutet, daß mich gewiß auch beim früheren Lesen hauptsächlich Hesses Mentalität zum inneren *Ja* stimuliert hat.

»Herr Joseph Giebenrath, Zwischenhändler und Agent, zeichnete sich durch keinerlei Vorzüge oder Eigenheiten vor seinen Mitbürgern aus. Er besaß gleich ihnen eine breite, gesunde Figur, eine leidliche kommerzielle Begabung, verbunden mit einer aufrichtigen, herzlichen Verehrung des Geldes, ferner ein kleines Wohnhaus mit Gärtchen, ein Familiengrab auf dem Friedhof, eine etwas aufgeklärte und fadenscheinig gewordene Kirchlichkeit, angemessenen Respekt vor Gott und der Obrigkeit und blinde Unterwürfigkeit gegen die ehernen Gebote der bürgerlichen Wohlanständigkeit. Er trank manchen Schoppen, war aber niemals betrunken.«

In sehr raffiniert trügerischer Friedfertigkeit beginnt Hesse seine traurige kurze Biographie des Schülers Hans Giebenrath mit diesem Porträt seines Vaters, eines selbstgerechten Opportunistenprototyps, einer zeitlosen Figur, auf die ich heute so wie damals reagieren kann. Mit Hesses Beistand sozusagen, von seiner Verachtung unterstützt. Aber erst heute weiß ich den Sprechton richtig zu würdigen, nämlich als Kunstgriff der ironischen Distanziertheit, und die geschickt vorgetäuschte Behäbigkeit erkenne ich als Trick.

Wer bei dieser Eingangspassage schon begriffen hat, daß der sogenannte redliche Bürger sich einer Anklage entgegenlesen muß, der Angepaßte, vermeintlich Ordentliche und Brave, wird aber wohl dennoch ohne Groll und einfach Hermann Hesse vertrauend – seinem Ruf und freundlichen Klima –, die Lektüre nicht abbrechen. Einem noch lebenden Schriftsteller verzeiht es sich offenbar viel schwerer, wenn er nicht auch ein bißchen für die Balance von sogenanntem Negativen und sogenanntem Positiven sorgt.

Damit hält Hesse sich überhaupt nicht auf, und wer denkt das denn heute ausgerechnet von ihm, der in so einen pauschalen Gütigkeitsnebel gehüllt wird? Hinter gleichmäßig unaufgeregter Tarnung ist seine Gesellschaftskritik oft geradezu als eine tief pessimistische Gesellschaftsverzweiflung zu erkennen. Die trostlose Geschichte von der gescheiterten Lebens- und Schulkarriere seines armen Hans reflektiert den desperaten Zustand gängigen gesellschaftlichen Hoffens. Dessen Ziel ist, neudeutsch gesagt: leistungsorientiert. Und daß sich eine neudeutsche Vokabel sofort einstellt, beweist Hesses Überzeitlichkeit.

Geschildert wird allerdings eine altmodische Welt, verengt zum Schwarzwaldkleinstadt-Areal mit dem Horizont bis Stuttgart, Heilbronn, bis ins Kloster Maulbronn, eine der Leidensstationen des gequälten Anti-Helden Hans. Eine demnach übertragbare Welt, denn sie hat, nicht nur jetzt beim zweiten Lesen, schon auf mich als Kind, am Ende der Nazizeit so ungefähr, zumindest doch in ihren Figuren und in ihrer Ideologie sehr zeitgenössisch gewirkt. Ich muß wohl meine eigenen stumpfsinnigen Nazimitläuferlehrer in Hans Giebenraths Peinigern wiedererkannt und Solidarität in der Literatur gefunden haben. Ich nahm Hesses Roman als eine hohn- und haßvolle Vergeltungsmaßnahme gegen das Unrecht an Kindern durch Erziehungsstümper höchst bereitwillig auf.

Immer aber, etwa wohl gleichaltrig mit dem Protagonisten, bin ich viel besser dran gewesen als er, ich, geschützt von der allergünstigsten Familienstruktur, aufsässig dem Naturell nach, ich habe ihn bemitleidet und konnte nur dauernd froh sein über seinen großen, nachträglich behütenden Freund, über seinen Erfinder, Hermann Hesse, der schreibend den Widerstandspart für ihn übernommen hatte. So habe ich mich damals schon viel mehr mit der Haltung des Schriftstellers und mit seiner Person identifiziert als mit dem Helden: eine Lese-Beziehung, die durch Kinder- oder Jugendbücher eher nicht entsteht.

Dem sanftmütigen gutartigen Hans, dessen unrebellische Anfälligkeit zum Opfer mich früher aufgeregt hat, schaue ich als erwachsener Leser aber doch noch immer nicht nur wie einer Kunstfigur zu, sondern ich wünsche ihm das Beste, obwohl er doch zum Untergang determiniert ist. Unter den jährlich in der kleinen Stadt sehr knappen Vielversprechenden und Begabten ist es, zum Zeitpunkt seines Schulabschlusses, dieser zartgebaute, passive, halbverwaiste Hans, der, nicht befragt nach eigenen Wünschen, zum Strafvollzug einer Weiterbildung auf Staatskosten ausersehen wird: die gesamte egoistisch-phantasielose Erwachsenenumwelt will es so. Man meint, wenn nach der Peinigung durch das »Landesexamen« die Lerntortur im Stift beginnt, diese Art Stoff zu kennen, Internatsthematik, Schülerleidensjahre, und hat sich doch getäuscht.

Denn wieder benutzt Hesse den Untertreibungskniff, führt, Scheineinverständnis simulierend, in die Irre, indem er die Erziehungsmisere eigentlich nicht kommentiert. Gerade diese Schleichwege, Umwege machen den Reiz der Erzählung aus. Der meistens behutsame Sprechton von einem, dem, wie es scheint, immer das Friedliche, Schöne, Glückliche am Herzen liegt, verschärft den Kontrast zum Schrecklichen. Und das Schreckliche, es geschieht mit Hans, selbst in dessen besseren Momenten, oder dann erst recht, weil wir jeweils die Grenzen schon eng um so einen jeweils *günstigen Augenblick* gezogen sehen, weil wir die straffe Fessel um Geist und Seele und Körper des bejammernswerten Hans unablässig spüren.

Eine Freundschaft im Internat, zart und ein bißchen homoerotisch, von den heterosexuellen Vorgefühlen angstmachend durchsetzt, bringt Glück und Schmerz, bringt wenigstens, auch bei Schmerz, wahre selbständige Emotion in diese von außen bestimmte und lediglich dienende Existenz. Winzig ist die Liebesgeschichte mit einem unzuverlässigen Mädchen aus Heilbronn. Stets ahnen wir, lesend, im voraus, daß der still vor sich hin verlierende Hans auch durch diese Lebensbeigabe erster Gefühle nur weiter fortgetrieben wird auf seinem furchtbar abschüssigen Daseinsgelände, auf diesem Weg, der steil bergauf in die angeblich besseren und verherrlichten Regionen von »Katheder oder Kanzel« geplant war und bergab führt – doch wider traditionelle Erzählübereinkünfte eben nicht auch *steil* bergab, sondern gemäßigt, mit Pseudopausen der Beruhigungen, der mittleren Hoffnungen.

Auch diese Retardierungen, so kann ich heute befinden, weisen Hesse als einen kalkulierenden, herkömmliche Erwartungen nicht artig einlösenden Künstler aus. (Übrigens schaue ich jetzt erst in der alten Ausgabe aus dem S. Fischer Verlag, einem Pappband mit vergilbtem Papier, nach der Jahreszahl und finde nur eine, im Datum einer Tintenschriftwidmung meiner Großmutter, 1922, 11. Juli, aber schon da war *Unterm Rad* in der 109.–118. Auflage.)

Internatserlebnisse! Hans ist, auf eine spezielle Beschreibungsweise, hier gar keine heutige Romanfigur, so wenig wie seine Klostermitschüler in unsere Gegenwart passen würden, denn die themenimmanenten Obszönitäten, denen man inzwischen nur noch wie alten, reichlich lästigen Bekannten zuwinkt, diese ganzen *internen* Knabensauereien fehlen in Hesses Schilderung völlig. Dieser Mangel an indiskretionssüchtiger Absicht, die Schrecken einer Art von kindlich-jugendlicher Haftzeit hervorzuheben, bringt aber nur wieder den Gewinn: in diesem ritualhaften Klosterablauf wäre ja fast noch die Pein einiger Gemeinschaftsexzesse als willkommene Abwechselung erschienen. Daß davon nicht die Rede ist, weil Hesse den Roman noch jenseits der Enthüllungsschwelle schrieb, welche die zeitgenössische Prosa

mittlerweile genommen hat, wirkt sich also wie eine zusätzliche Lebenslähmung aus, von rückwärts betrachtet, und keineswegs als mehr Lieblichkeit, Beschönigung.
Falsche Idyllen, wohin man blickt! Nur in der Landschaft stehen Hügel, Fluß, Fichten zeichenhaft für solche Wunschziele wie Freundschaftlichkeit, Ruhe, Trost, Erlösung. Dem Hans aber wird, mit der eigenen Kindheit und Jugend, auch diese Busch- und Tal-Kulisse verboten. Der Hans muß sich, ratlos heimwehkrank, dem Alter nach mitten in der eigenen Kindheit, in diese eigene Kindheit hineinsehnen, während sein Kopfweh – menetekelartig seit Beginn der Erzählung zunehmend – ihn bedrückt und von den Erwachsenen nicht als Hinweis verstanden wird, während seine physische Schwäche zunimmt, während sein Lernen halluzinatorisch wird und er im Stift nicht mehr mithalten kann, während er in Trancebetrübnissen sich selber verlorengeht, identitätslos nicht nur von den anderen nicht geliebt wird, sondern auch, ein Endstadium der Seele, sich selber nicht mehr zu lieben vermag. Wie Werther könnte er »Wenn wir uns selbst fehlen, fehlt uns doch alles« empfinden. Falls er so etwas Selbständiges überhaupt empfinden könnte, so viel waghalsiges Wertschätzen der eigenen Person. Er hat nie sich selber für wichtig halten dürfen, er mußte nur immer erst wichtig werden: als Instrument, als jemand, der funktioniert, damit er eines von außen kommenden Stolzes würdig sei.
Hesses Prosa ist nicht satirisch, und so bleibt auch der tiefschwarze Humor verhalten unbissig, den ich im nachgereichten Respektaufwand für Hans erblicke: nach einer Phase der Nichtbeachtung, die den zum Schlosserlehrling heruntergekommenen ehemaligen Stiftstipendiaten beleidigt, wird dem Hans doch wieder »Achtung«, Aufmerksamkeit entgegengebracht. Dem toten Hans. Selbstmord oder Unfall – die Erzählung verrät es nicht. Hans ist im Fluß, an seinem Kindheitslieblingsplatz, nach seinem ersten An-

passungsversuch beim sonntäglichen Saufgelage, ertrunken.
Nun erhält er seinen ja von jeher höchst traurigen Status eines Besonderen zurück, allerdings auf die traurigste Weise. Ein Superlativ, mit dem Hesse genauso verfährt wie mit seinem Erzählungsanfang: fast tückisch-listig, vorsichtig, beschaulich, wodurch sich, wie jeweils im Text, die absolute Depression paralysierend über den Stoff breitet. Von den verlegenen, erkenntnisfeindlichen, schwächlichen, verharmlosenden Reaktionen auf diesen biographischen Not-Fall Hans Giebenrath her definiert sich noch einmal, angesichts dieses Todes, das gesamte Existenzpech, aus dem kein Entrinnen war. Der Tod, der ein Mord ist, durch allmähliche Vergiftung.
Oh, der sehr wenig optimistische Hermann Hesse, wie er mir fehlt, an diesem Tag mit einer öffentlichen Lesung und sogenannter Diskussion, wenn wieder die Sehnsüchte der Literaturkonsumenten, abzielend auf die Daseinsrezepte, auszustellen vom Autor, wie alte Rechte der Lesenden postuliert werden! Die Hesse-Verehrermassen, die Gefolgschaft der jungen Leser, die kann ich allerdings gut verstehen. Hesses tiefe Menschenskepsis, seine Verachtung für die Unmoral der seelischen Trägheiten, für die als Tüchtigkeit heuchlerisch maskierte Erwerbs- und Erfolgssucht: sie sind von der Wahrhaftigkeit gekennzeichnet und von der solidarischen Geste, die den Komplizierten, den Sensiblen und Einzelgängern guttut.
Lebte Hesse jetzt und schriebe er gerade an einem Roman, nach der *Unterm Rad*-Methode, dann könnte ich mir sein Sympathisieren mit einem ausgeflippten jungen Helden vorstellen. Oder nicht? Diejenigen, die sich den Leistungsleiden und Wettbewerbsquälereien und Konkurrenzobsessionen der mitläufermäßigen Etablierten verweigern, die besitzen ja aber immerhin diese selbständige Kraft, und sie flüchten, in

auch nichts Vielversprechendes, gewiß, aber immerhin, sie können reagieren. Hans Giebenrath, sich selbst entfremdet und verfolgt, ist lediglich psychosomatisch reaktiv.
Mich selber muß, als ich von *Unterm Rad*, so früh und mitten in das Durcheinander von sonstigem Lesestoff gemischt, in Anspruch genommen war, die allgemein unbeliebte kritische, die angeblich böse blickende Schreibart angezogen haben. Die Verspottungstechnik, hier so still, so sacht, so pseudobehäbig, kann ich jetzt erst richtig schätzen. Aber in jeder Lebenszeit bin ich auf Hesses Seite, wenn über die schrecklichen Resultate der traditionellen Stupidität verhandelt wird, so wie in diesem heute wie damals, wie morgen, übermorgen gültigen kleinen Roman, in dem ein ausnahmehafter Einzelgänger zu schwach ist für seine Isolation. In dem einer ausgerechnet von seinen eigenen Qualitäten bestraft wird, lebenslänglich, also zu lang – und viel zu kurz beim armen, arglosen Hans.

Sadistische Spiele auf dem Dachboden

Walter Jens über Robert Musil: *Die Verwirrungen des Zöglings Törless* (1906)

»Robert Musil ist in Südösterreich geboren, fünfundzwanzig Jahre alt und hat ein Buch geschrieben, das bleiben wird. Er nennt es: *Die Verwirrungen des Zöglings Törless*. Der Wiener Verlag bringt es heraus.« Mit diesen Sätzen begann Alfred Kerr am 21. Dezember 1906 die Analyse eines Buchs, dem er Ruhm und Haß, literarisches Renommee und außerordentliche Gefährdung auf dem Gebiet der Moral voraussagte: »In diesem jungen und wohl bald verrufenen, verzeterten, bespienen Werk, das auf den Index ornatloser Pfaffen gesetzt wird, wenn ein halbes Dutzend Menschen es nur erst gelesen hat, sind Meisterstrecken. Das Starke seines Wertes liegt in der ruhigen, verinnerlichten Gestaltung abseitiger Dinge dieses Lebens, die eben doch in diesem Leben sind. Die unser Hexenprozeßverfahren heute straft. ›Nachtseiten‹ sagt der Feuilletonist; also Nachtseiten.«
Kein Zweifel, da redet ein Kritiker, der sich mit den Intentionen des jungen Talents Robert Musil rückhaltlos identifiziert: Bewundernswert sei es, so Kerr, mit welcher Hellsicht und Kälte der Autor das »unabgesteckte Reich des Schauervollen und Brauchlosen« mit den dazugehörenden Schrekkens-Ritualen, dem Sadismus und Seelen-Terror, veranschaulicht habe: »Nicht alles kann ich nachprüfen. Der Schwerpunkt dieser Dinge liegt mir so fern wie die Menschenfresserei der Südsee: aber ich weiß doch, daß es Menschen in diesem Drange gibt. Ich hab' es bisher nicht geglaubt: jetzt glaub' ich es. *Ecco.*«
Der Schwerpunkt dieser Dinge: Gemeint ist damit die Zerstörung einer scheinbar geordneten, unverrückbaren moralischen Normen folgenden Bürgerwelt, gespiegelt in den sadi-

stischen Spielen einer Reihe von Internatszöglingen aus den oberen Schichten, die sich einem der Ihren gegenüber (einem sozial schlechter Gestellten, der zum Dieb wird) wie Experimentatoren in einem Konzentrationslager aufführen – anno 1906, wohlgemerkt!

Die Verwirrungen des Zöglings Törless – das ist keine Pubertätsgeschichte, kein Pendant zu Wedekinds *Frühlings Erwachen*, Emil Straußens *Freund Hein*, Hesses *Unterm Rad*; hier wird vielmehr, am Beispiel von vier jungen Menschen, des charmanten Sadisten Reiting, des Mystagogen und eleganten Folterers Beineberg, des erniedrigten Opfers Basini und des Registrators Törless, der sich auf die Folterungen einläßt, um, in der Rolle des Musilschen »Monsieur le vivisecteur«, neue, ungeahnte, bis dahin verbotene Erkenntnisse auszukosten…, hier wird die Geschichte eines Quasi-Mords aus der Perspektive des Ästheten geschildert, dem gerade das Grauenhafteste zur Beförderung seines Fühl- und Erkenntnisvermögens zu dienen hat.

Nicht die Faktizität, das krude »Was«, sondern das »Wie«, die gedankliche Bewältigung der sadistischen Spiele auf dem Dachboden, ist für Musil entscheidend: wobei es charakteristisch ist, daß die wirklichen Geschehnisse in der Vorstellung des Helden auf der gleichen Realitätsebene wie Philosopheme oder mathematische Gleichungen liegen. Das Auspeitschen eines Menschen, Kants Philosophie, imaginäre Zahlen: alles hat für den jungen Törless ein und dieselbe Bedeutung. Wirklichkeit und Traum, die Sache und das Nachdenken über die Sache gehören untrennbar zusammen: Nicht nur Reiting und Beineberg – auch Törless ließe sich, vierzig Jahre nach seiner Präsentation durch Robert Musil, auf der Seite philosophierender Scharfrichter denken: angeekelt zwar von einfallslosen Brutalitäten, aber zu gleicher Zeit erfüllt vom Lustgefühl des Ästheten, dem Hochverrat des Geistes am Geist Tribut gezollt zu haben.

Eine hellsichtige Geschichte, der *Törless*, und eine sehr persönliche dazu. Musil kannte sich aus in der von ihm beschriebenen Welt, hatte die Militär-Unterrealschule in Eisenstadt, später die Oberrealschule in Mährisch-Weißkirchen besucht, auch sie eine Militäranstalt: Das Entsetzen der Eingeweihten über die kecke Preisgabe pädagogischer Interna (und familiärer dazu) muß gewaltig gewesen sein, um 1906. Sadomasochistische Exzesse an einer kaiserlich-königlichen Unterrichtsanstalt; die Familie des Autors durch geheime Bezüge zwischen einer Hure namens Božena und Törless' Mutter verunglimpft, und das um so mehr, als der Lebenswandel Hermine Musils in der Tat zu mancherlei Bedenken Anlaß gab, da neben Vater Alfred auch Hausfreund Heinrich, ganz zu schweigen von einem gewissen Matthias oder Eduard, im Domizil der Dichtereltern ein und aus ging.

Die Musil-Forschung, akkurat und detailfroh, wie sie ist, hat manches zutage gefördert, was mit bürgerlichen Moralvorstellungen um 1900 gewiß nicht in Einklang zu bringen ist: Musil, der wegen etlicher Affären der Frau Mama in die Kadettenanstalt geschickt werden mußte, übte subtile Rache, könnte man denken, als er sein erstes Buch mit den Worten abschloß: »Und er prüfte den leise parfümierten Geruch, der aus der Taille seiner Mutter aufstieg.«

Nein, realitätsfern sind die *Verwirrungen des Zöglings Törless* gewiß nicht; es verrät auch einigen Mut, mit welcher Unbekümmertheit Musil, wie Karl Corino gezeigt hat, aus der Wirklichkeit genommene Figuren in den Roman übertrug. Vieles, ließ der Autor wissen, sei nur wenig verändert, besonders Namen: Beineberg hieß in Wahrheit Richard Freiherr von Boineburg-Lengsfeld, Basini hieß Alexander Baksy von Szent Istvan-Baksa, Reiting hieß Jarto Reising von Reisinger, und Törless hieß – Musil.

Und trotzdem, ungeachtet so vieler nachlässiger Verschlüsselungen, kein Skandal. Warum? Nun, der Autor wußte sich zu tarnen und war sorgsam darauf bedacht, nicht, in der Weise Thomas Manns, literarische Porträts zu schaffen, deren Urbilder jedermann schon dank ihres Äußeren auf der Straße erkannte. Aussehen, Gehabe, naturalistische Stimmigkeit des Geschilderten: für Musil ohne Belang!

»Kurze Zeit ehe ich die *Verwirrungen des Zöglings Törless* zu schreiben begann«, heißt es in einer autobiographischen Skizze, »etwa ein Jahr vorher, habe ich diesen ›Stoff verschenkt‹, d.h. alles, was in der Geschichte an ›Milieu‹, an ›Realität‹, an ›Realismus‹ vorkam. Ich war damals bekannt mit zwei begabten ›naturalistischen‹ Dichtern, die heute vergessen sind, weil sie beide sehr jung starben. Ihnen erzählte ich das Ganze, das ich mit angesehen (es war in entscheidenden Dingen anders, als ich es später darstellte), und trug ihnen an, damit zu machen, was sie wollten. Ich selbst war damals ganz unbestimmt ... Als ich ein Jahr später selbst nach dem Stoff griff, geschah es buchstäblich aus Langeweile. Ich war 22 Jahre alt, trotz meiner Jugend schon Ingenieur und fühlte mich in meinem Beruf unzufrieden.«

Dichtung und Wahrheit, wie häufig bei Musil, bunt durcheinandergemischt: Es stimmt, daß der Autor den Stoff an zwei Schriftsteller verschenkte, und es stimmt auch, daß er die Atmosphäre von Eisenstadt und Mährisch-Weißkirchen konsequent verfremdet hat, indem er aus des »Teufels Arschloch« mit seinem Unteroffiziersdrill, seinen widerwärtigen Abtritten und dem ganzen österreichischen Spartaner-Drill (»Fußlappen, alte Stiefel«) eine eher aristokratische Anstalt machte, wo unter den sich blasiert und weltmännisch gebenden Reinen und Feinen der oberen Zehntausend Schöngeisterei, gepaart mit dem ausgeklügelten Reglement der *exercitia terroris*, immerhin in gewissem Ansehen stand.

Musil hatte also recht, wenn er 1906, am Tag des Erscheinens von Kerrs Kritik, in einem Brief verlauten ließ: »Der

Zusammenhang mit dem Institut (von Mährisch-Weißkirchen), in dem ich aufwuchs, ist ein äußerlicher. Die Erinnerung lieferte mir nur das Motiv, und ich bemühte mich, möglichst zu verschleiern. Tatsächlich stimmen auch Äußerlichkeiten nicht überein.« Trotzdem blieb, von den Namen angefangen, Befremdliches genug in dieser Seelenschilderung einer »Anormalität und Abnormität«. Kein Wunder, daß Musil, der übrigens – hier beginnt die *Dichtung* – zur Zeit der Niederschrift seines *Törless* keineswegs so gelangweilt gewesen sein wird, wie er den Leser glauben machen will; schließlich schrieb er damals nicht nur über *Die Beheizung der Wohnräume* oder *Die Kraftmaschinen des Kleingewerbes*, sondern las auch in den Werken zweier Schriftsteller, ohne die der Törless nicht denkbar ist: Ernst Machs und Maurice Maeterlincks – kein Wunder bei so viel Befremdlichkeit in Stoff und Stoffbehandlung, daß die Verlage zögerten, den Erstling (dessen mühevolle Geburt Musil übrigens, wie wir heute wissen, gewaltig übertrieben hat: der »dumme Roman« kam rascher voran, als sein Autor später zugeben wollte) – kein Wunder, ein letztes Mal, daß alle angeschriebenen Verlage zögerten, das Buch in ihr Programm aufzunehmen..., und da kam der unbekannte Schriftsteller, Ingenieur, Doktorand und Belletrist auf einen verwegenen Einfall: Er schickte sein Opus 1 an den ersten Kritiker der Nation – und der las, akzeptierte, verbesserte und brachte derart das Buch unter die Leute.
Freilich, ob Alfred Kerr das Manuskript wirklich Zeile für Zeile durchgearbeitet hat, erscheint selbst dann ein wenig zweifelhaft, wenn man in Rechnung stellt, daß der Rezensent, was das Vermeiden von Sentimentalitäten angeht, nicht gerade ein Meister war. Aber Sätze wie die folgenden hätte er, bei penibler Zeile-für-Zeile-Korrektur, gewiß nicht durchgehen lassen: »In (Törless') Innern war eine Heiterkeit, die er sonst nicht an sich gekannt hatte... Das mußte sich

wohl unter den Einflüssen der letzten Zeit in aller Stille entwickelt haben und pochte nun plötzlich mit gebieterischem Finger an. Ihm war zumute wie einer Mutter, die zum ersten Mal die herrischen Bewegungen ihrer Leibesfrucht fühlt.« Oder auch: »Es war die heimliche, ziellose, auf niemanden bezogene, melancholische Sinnlichkeit des Heranreifenden, welche wie die feuchte, schwarze, keimtragende Erde im Frühjahr ist und wie dunkle unterirdische Gewässer, die nur eines zufälligen Anlasses bedürfen, um durch die Mauern zu brechen.«

Ja, es gibt sprachlich viel Mißlungenes in diesem Erstling (und nicht nur dort: Stilsicherheit à la Thomas Mann ist nie Musils Stärke gewesen): pathetisch vorgetragene Klischees, ein Gemengsel von Poesie und Amtssprache, vages Drumherumreden statt exakter Benennung. Musil selbst kannte die sprachlichen Ungeschicklichkeiten des *Törless* genau – und auch über den oft unbeholfenen Wechsel der Perspektive, übers räsonierende Dreinreden des Autors, über die mangelnde Integration der Szenen »Im Café« oder »Bei Božena« wird er sich – so gut wie Alfred Kerr – im klaren gewesen sein: geschenkt, verehrte Rezensenten, vergessen wir das.

Und, tatsächlich, man *kann* sie vergessen, jene Fülle notierbarer Unstimmigkeiten, wenn man sie mit den Qualitäten des Buches konfrontiert: der ringkompositorischen Struktur (am Anfang und Ende die Bahnhofsszene), der leitmotivischen Handhabung der Schlüsselbegriffe (Garten, Uhr, Spiegel), der exakten, zugleich realistischen und symbolträchtigen Beschreibung der Lokalität: unten die Klassenzimmer, in der Mitte die Schlafräume, oben die geheimnisträchtige Bodenkammer: Aufstieg vom Alltäglich-Normalen in die Zonen des Verboten-Exzentrischen. Der Acheron: angesiedelt in witziger Paradoxie hoch oben auf dem Olymp!

Und dann das Eigentliche: Zum ersten Mal in der Weltliteratur gelingt es einem Schriftsteller – im Alter von fünfundzwanzig Jahren! –, nicht nur den Seelenhaushalt von Jugendlichen zu beschreiben, die bis um 1900 immer nur als halbe Erwachsene dargestellt werden konnten, sondern, was weit schwerer ist, die Denkweise junger Menschen zu analysieren ..., und das nicht in gelehrter Prosa, der Weise Ernst Machs zum Beispiel, der Musils eigentlicher, ihm das Problem »Wie kommen Erkenntnisprozesse zustande?« eröffnender Lehrer gewesen ist, sondern sinnlich, anschaulich und konkret.

Intellektuelle Zustände sehen sich durch eine Prosa »vivifiziert«, vergegenwärtigt, fühlbar gemacht, die das Ziel verfolgt, am Beispiel des Weltverständnisses von Jugendlichen ein dichterisches Modell des Denkens schlechthin zu entwikkeln: »Der Sechzehnjährige«, heißt es in Musils Tagebüchern, »ist eine List. Verhältnismäßig einfaches und darum bildsames Material für die Gestaltung von seelischen Zusammenhängen, die im Erwachsenen durch zuviel anderes kompliziert sind, was hier ausgeschaltet bleibt.«

Das lebendige Denken und das gedankenträchtige Fühlen: das Wechselspiel von Un-, Vor- und Halbbewußtem hier und hoher Rationalität dort auf den poetischen Begriff gebracht zu haben, ist die eigentliche Leistung des Schriftstellers Musil, der sich im *Törless* als genuiner und eigenständiger Partner Sigmund Freuds erwies: nicht, das wäre denn doch zuwenig, wegen der Schilderung des Sadomasochismus in der Adoleszenz, auch nicht allein wegen der Fähigkeit, »die Triebgrundlage des Dritten Reichs« – so Musil im Gespräch – visionär vorauszubeschreiben, sondern wegen der exemplarischen Verdeutlichung von Denkvorgängen, die in direkter Beschreibung, unmittelbar und, durch die Darstellung korrelierender Vorgänge, Naturereignisse und Stimmungen, mittelbar dargestellt werden.

Der junge Törless, ein janusgesichtiges, von verwegenen Erfahrungen und tollkühnen Gedankenaufschwüngen gezeichnetes Ich: Er ist für mich der erste moderne Mensch in der deutschen Literatur: dem Hofmannsthalschen Lord Chandos oder dem Rilkeschen Malte Laurids Brigge oder Thomas Manns Hanno Buddenbrook um ein halbes Jahrhundert voraus. Weshalb? Weil sich bei Musil die unheilige Allianz von Ästhetizismus und Terror, gedanklicher Unbedingtheit und moralischer Neutralität am Beispiel eines Menschen beschrieben sieht, dem jedes Mittel recht ist, das tauglich sein könnte, ihm, dem aus allen Zusammenhängen Herausgenommenen, zu neuer Natürlichkeit und neuem Vertrauen in eine Weltordnung zu verhelfen, in der die Dinge, anders, als er es erfährt, wieder vernünftig und verläßlich benannt werden können. Eine Weltordnung, die, in ihren Tag- und, mehr noch, ihren von Alfred Kerr beschworenen Nachtseiten nur von jenen erfahren werden kann, die »einen Sinn mehr als andere haben«: den Ästheten vom Schlage Törless', wie ihn Robert Musil beschrieb.

Törless, aus dem alles werden kann, ein hellsichtiger Aufklärer am Rande des Abgrunds, aber auch ein Faschist – beides ist möglich, je nachdem, wie die »auf die Schärfe eines Nadelstichs konzentrierte Inkubation«, die bis zur Perversion des Humanen ins Unmenschliche gehen kann, ihren Niederschlag findet. Wo hätte dieser Törless wohl gestanden, 1933 – auf seiten Klaus Manns, als Emigrant in Paris, oder Seit an Seit mit Gottfried Benn in Berlin? Törless – einer, der zu sich selbst gekommen wäre (»Eine Entwicklung war abgeschlossen«), ein für allemal gefeit? Oder einer, der bedroht bliebe, jederzeit bereit, den Teufelspakt (wenn auch mit der gebotenen *reservatio mentalis*) zu erneuern? (»Die Erinnerung, daß... fiebernde Träume um die Seele schleichen, die festen Mauern zernagen und unheimliche Gassen aufreißen – auch diese Erinnerung hatte sich tief in ihn gesenkt.«)

So oder so: Er bleibt Zeitgenosse, der sechzehnjährige, von einem fünfundzwanzigjährigen Schriftsteller beschriebene Zögling. »Das Leben liegt vor ihm«, hat Alfred Kerr 1906 geschrieben – und das gilt auch heute noch von diesem Möglichkeitsmenschen, der in seiner Vielschichtigkeit, seiner Widersprüchlichkeit, seinem Hermaphroditen-Wesen wirklichkeitsmächtiger als seine Zeitgenossen bleibt, die tatsächlich gelebt haben. »Es schien damals, daß er überhaupt keinen Charakter habe«: und trotzdem, achtzig Jahre danach, quicklebendig!

Die Wahrheit ist nackt

Ulrich Weinzierl über [Felix Salten]: *Josefine Mutzenbacher* (1906)

Die Dame ist schon in den Achtzigern, und doch erfreut sie sich, wie in ihren besten Tagen, einer fabelhaft schlechten Reputation. Josefine Mutzenbacher hat es, zumindest in einer Hinsicht, geschafft, sie wurde weit über die Grenzen ihrer österreichischen Heimat hinaus zum Begriff, und ihr Name bürgt für Qualität: das größtmögliche Quantum Unsittlichkeit auf kleinstem Raum.

Mehr als 150000 Käufer der Taschenbuchausgabe zeugen für die ungebrochene Popularität des Romans, und die Zeiten, da sein Studium auf jene happy few beschränkt war, die Zugang zu bibliophilen Editionen hatten, sind vorbei; andererseits war und ist »die Mutzenbacher« aber kein Thema, in guter Gesellschaft wird ihre Bekanntschaft, die man zuvor gesucht, meist diskret verschwiegen, und die öffentliche Meinung hat mit ihr den denkbar kürzesten Prozeß gemacht, das heißt: keinen. Auch ein Prozeß im Wortsinn – oft ein Ruhmesblatt in der Geschichte obszöner oder des Obszönen bezichtigter Werke – blieb ihr lange versagt, denn ihr Schöpfer hat sie schmählich im Stich gelassen und sich in die schützende Anonymität zurückgezogen. Zudem bewies der Ungenannte damit in bezug auf die eigene leibliche Nachkommenschaft geringes Verantwortungsgefühl – seine Erben wurden und werden um Tantiemen geprellt.

Ganz abgesehen vom materiellen Verlust lohnt sich solche Sorglosigkeit nicht. Jener Dichter von durchaus schwankendem Ansehen, den man der Tat dringendst verdächtigt, würde heute anders bewertet, hätte er sich einst zu ihr bekannt. Allerdings wäre ihn diese Zivilcourage, die ihm auch

sonst abging, teuer zu stehen gekommen. Die k.k. wie die republikanischen Staatsanwälte hätten dafür seinerzeit kein Verständnis aufgebracht, ja nicht einmal aufbringen dürfen. In dieser Causa gibt es bekanntlich wenig zu deuteln, und jeder Verteidiger müßte angesichts der Aufgabe, die Mutzenbacher vom Pornographieverdacht reinzuwaschen, im Grunde sein Mandat niederlegen.
Daß die Anwälte es nicht tun und nicht tun können, liegt an der immer noch vertrackten Einstellung unserer Epoche zum Sexuellen. 1982 hat die Bundesprüfstelle für jugendgefährdende Schriften den Band auf den Index gesetzt, und bis heute ist ein Berufungsverfahren, derzeit als Verfassungsbeschwerde beim Bundesverfassungsgericht in Karlsruhe, anhängig. Man streitet um die Schamhaare der Mutzenbacher und um des Kaisers Bart in einem. Denn selbstverständlich haben wir es hier mit einem hochgradig unzüchtigen Druckwerk zu tun, hervorragend geeignet, die Sinnlichkeit des Lesers und – im moralischen Bedarfsfall – Anstoß zu erregen; zugleich aber, was einander nicht ausschließt und seltsamerweise nicht begriffen wurde, mit einem Prosastück von künstlerischem Rang, das alle vergleichbaren Produkte, zumal die im Zuge des Erfolges als Imitationen und »Fortsetzungen« entstandenen, hinter sich läßt.
Zum beklagenswerten Los der Mutzenbacher zählt ferner die Editionspraxis ihres, mit Verlaub gesagt: Textcorpus. Das in Frage stehende und inkriminierte Buch ist nämlich keineswegs mit dem Original von 1906 identisch, sondern weicht in vielen, darunter gravierenden Punkten von diesem ab. Was als *Lebensgeschichte einer wienerischen Dirne, von ihr selbst erzählt* verdammt wird – und die Mutzenbacher-Gegner führen in der juristischen Argumentation diesen Untertitel an, um ihr das vom Grundgesetz garantierte Asyl des Kunstvorbehalts zu verwehren –, hieß ursprünglich schlicht *Der Roman einer Wiener Dirne.*

Die einstige Vorbemerkung des fiktiven Herausgebers, die einen knappen Lebensabriß der angeblich historischen Josefine Mutzenbacher liefert, fehlt in der Taschenbuchausgabe (nach der allgemein anerkannten Rogner-und-Bernhard-Fassung), während sie in einem Buchgemeinschaftsexemplar, variiert und zur Kenntlichkeit entstellt, als Nachbemerkung eines neuen Herausgebers firmiert. Besonders störend wirkt freilich der neue Schluß, den man dem alten aufgepfropft: eine fragwürdige »philosophische« Betrachtung mit simplen Rechenkünsten, auf wieviel Liebhaber es die Peperl im Lauf ihrer Karriere gebracht haben mag: »Wohl dreißigtausend Männer. Es ist eine Armee.« Die echte Mutzenbacher hingegen schließt mit den durchaus angemessenen Worten: »Meine Kindheitserinnerungen, so wechselvoll und bewegt sie waren, sind mir haften geblieben, und ich habe von ihnen berichtet. Schließlich sind es Kindheitserinnerungen, wenn auch freilich geschlechtlicher Natur und wenig kindlich. Aber sie bleiben auf alle Fälle viel tiefer und dauernder in unser Gedächtnis eingegraben wie alles, was wir später erleben.«
Die miserable Behandlung, die man dem Text angedeihen ließ, hängt wohl, aber nicht ausschließlich, damit zusammen, daß dessen Heldin in der Gosse landete und man daher glaubte, füglich auch mit ihrer Geschichte so lax umgehen zu können. Immerhin hat der Autor das Delikt der literarischen Kindesweglegung begangen und nie darauf geachtet, auf welch schiefe Bahn die Ausgeburt seiner sexuellen Phantasie geraten sollte.
Wie aber verhält es sich tatsächlich mit der Urheberschaft? Fritz Hochwälder schrieb in einem Gutachten über »dieses Meisterwerk der erotischen Literatur«: ›Die Mutzenbacher von Felix Salten‹ war und ist – seit ihrem Erscheinen im Jahr 1906 – in Literatenkreisen und darüber hinaus ein unteilbarer Begriff.« Im Prinzip kann man dem Gutachter nur zu-

stimmen, obgleich anfangs auch Arthur Schnitzler in Betracht gezogen wurde. Das *Deutsche Anonymen-Lexikon*, erstellt von zwei Beamten der Wiener Universitätsbibliothek, nannte 1909 Salten und Schnitzler als mögliche Verfasser und versah beide Namen mit Fragezeichen. In einem späteren Berichtigungs- und Nachtragsband wurde nur mehr Salten angeführt und der zweite Verdächtige – gemäß einer »Mitth. von Dr. Arthur Schnitzler« – exculpiert. Schnitzler notierte übrigens, als er von diesen Vermutungen erfuhr, lakonisch in sein Tagebuch: »Wohl Salten«, und er kannte den sowohl geschätzten als auch insgeheim verachteten Freund und Kollegen wie kein zweiter.

Aus ähnlicher Intimkenntnis – hatte man doch in den neunziger Jahren des 19. Jahrhunderts eine Wohnung geteilt – konnte Karl Kraus schöpfen, der seine Überzeugungen freilich immer in aller Öffentlichkeit vertrat. Es war nachgerade seine Spezialität, in der *Fackel* mit spöttischer Hochachtung auf Salten als Verfasser der *Mutzenbacher* hinzuweisen, denn der feuilletonistische Hauptmitarbeiter der *Neuen Freien Presse*, der Vertraute höchster und allerhöchster Kreise – Salten sei »wie's Kind im Erzhaus«, höhnte Kraus –, mußte naturgemäß auf untadeligen Ruf bedacht sein, und später, als Präsident des österreichischen PEN-Clubs, war ihm der Anschein bürgerlicher Wohlanständigkeit gleichfalls unerläßlich. Als 1923 jedoch sein Tierroman *Bambi* veröffentlicht wurde, bürgerte sich für Salten alsbald ein verfänglicher Spitzname ein: der Rehsodomit.

In einer Unterredung mit Stefan Zweig soll Salten, auf die *Mutzenbacher* angesprochen, mit vielsagendem Lächeln geantwortet haben: Wenn er sie verleugne, würde ihm Zweig keinen Glauben schenken, und wenn er das Geheimnis lüfte, würde man meinen, er scherze. 1945, am Zürcher Totenbett, so berichten jedenfalls zuverlässige Zeugen, sprach dann der noble alte Herr bereits halb im Delirium unverfälschtes Mutzenbacherisch. Und unlängst hat Saltens letzte Sekretärin eidesstattlich ausgesagt, ihr Arbeitgeber habe sich ihr gegenüber wiederholt als Verfasser bezeichnet.

Neben Hochwälder haben sehr unterschiedliche Schriftsteller – sei es vor allgemeinem Publikum, sei es vor Gericht – die *Mutzenbacher* gerühmt, etwa Oswald Wiener, der darin »den einzigen sogenannten pornographischen Roman eines deutschsprachigen Autors« erblickt, »den man zur Weltliteratur rechnen muß«; oder Friedrich Torberg: »eine überaus treffende Milieu- und Sittenschilderung aus dem Wien der Jahrhundertwende (...)«. Sie stehe »schon dank ihrer Lebensechtheit und Natürlichkeit literarisch wesentlich höher als eine Reihe moderner Romane in- und ausländischer Autoren, die ihren Erfolg zum großen Teil den in ihnen enthaltenen ›zweideutigen Stellen‹ verdanken«. Genützt hat dieser Einsatz der ehrbaren Dirne bisher wenig.

Wer nun in der *Mutzenbacher* »Stellen« sucht, wird zweifellos enttäuscht, andererseits angenehm überrascht. Dieses Buch kennt keine »Stellen«, es ist fast von der ersten bis zur letzten Seite eine solche. Auch Zweideutigkeiten, Schlüpfrigkeiten altvertrauter Weise sind in diesem Kosmos aus Eindeutigem unbekannt. Der Roman der Josefine Mutzenbacher ist, gegen die Regel des zwielichtigen Genres, nicht die Beichte einer Prostituierten, vielmehr die pseudoautobiographische Beschreibung des – in vorliegendem Fall: lustvollen – Weges zur einschlägigen Profession, eine Kindheitsgeschichte besonderster Art, allein den erotischen Lehrjahren der kleinen Peperl gewidmet.

Wenn sie vierzehn ist und die ersten Erfahrungen mit der käuflichen Liebe gesammelt hat, fällt der Vorhang, ein Requisit, das hier sonst keine wesentliche Rolle spielt, da es nicht im geringsten um Verhüllen und Andeuten geht. Im Gegenteil: Nichts bleibt da unausgesprochen, alles wird gleichermaßen »technisch« exakt und anschaulich ins Wort gefaßt. Die Travestie eines Erziehungsromans also? Ja und nein. Erziehung des Herzens und Bildung des Geistes haben da nichts verloren, dafür steht die der neugierigen Sinne im Mittelpunkt, und unsentimentaler kann man sich solche *éducation* kaum vorstellen. Berühmt-berüchtigt wurden die programmatischen Eröffnungssätze dieser ganz und gar unfrommen Bekenntnisse: »Man sagt, daß aus jungen Huren alte Betschwestern werden. Aber das trifft bei mir nicht zu.« Die reife Josefine darf mit Fug und Recht und Stolz von sich behaupten: Ich bereue nichts. Saltens Peperl, aufwachsend im sexuellen Chaos von sogenannten Bettgängern und mit einem Vater, den sie nach dem inzestuösen Verkehr ordnungsgemäß siezt, ist exakt das, was Sigmund Freud damals (1905), in der zweiten seiner *Drei Abhandlungen zur Sexualtheorie*, als polymorph pervers gekennzeichnet hat.

Gewiß, die lieben Kleinen fallen den Erwachsenen zum Opfer, die ihnen gegenüber alle von christlicher Morallehre und (klein-)bürgerlichem Anstand auferlegten Schranken der Schamkultur vergessen. Doch das Zum-Opfer-Fallen ist, näher besehen, nichts weiter als eine Beschwichtigungsformel, die uns eine gesellschaftlich gebotene Entrüstungsneigung souffliert: Im Text selbst findet nichts dergleichen statt. Peperl ist eben kein Opfer der Verführung, sondern sie nimmt sich, was ihr gefällt, sie entdeckt ihren Körper samt dessen Lustfähigkeit und bedient sich dazu der verschiedensten Helfershelfer, ob jung oder alt, fremd oder verwandt, ob in abgerissener Kleidung oder in geistlichem Gewand – vor dem Sexus sind sie alle gleich. Mit größter Unbefangenheit sieht sie sich und die anderen als Sexualobjekte, ist indes, auch wenn sie sich behandeln läßt, entschieden handelndes Subjekt mit erstaunlich phallisch-narzißtischen Zügen. »... nein ... Kinder ... was seid ihr für Kinder ... ach«, ruft Frau Reinthaler aus, einer der erwachsenen Spielpartner, und sie hat fürwahr guten Grund dazu.

Schwerlich läßt sich aus diesem Roman etwas wie sozialkritische Anklage herauslesen, Protest gegen die schlechteste aller Welten, gegen Ausbeutung und Abhängigkeit. Die unsittlichen Verhältnisse – sie sind, wie sie sind, lautet die implizite Devise der *Mutzenbacher*, und weil Drastisches weder beschönigt noch halb verheimlicht wird, weht durch dieses pornographische Werk ein so bekömmlich frischer Luftzug, schwebt über den tolldreisten Geschichten der schrecklichen Kinder sogar ein wenig höhere Heiterkeit, und das vermeintliche Naturgesetz »post coitum omne animal est triste« scheint aufgehoben.

Vielleicht macht gerade das die *Mutzenbacher* noch in unserer Zeit zum Skandalon, steckt darin ihre eigentliche Sprengkraft, mehr als in allen Aspekten der »Blutschande« oder des Mißbrauchs Minderjähriger. Allzuwenig vermochte die sexuelle Revolution der letzten Jahrzehnte an der grundlegenden erotischen Misere zu ändern; die Zahl der Neurotiker und der vielberufenen Frustrierten hat, wenn überhaupt, nur geringfügig abgenommen, und so muß sich am utopischen Vorwurf der scheinbar unendlichen Orgie, wie ihn Saltens Werk vor Augen führt – derzeit und wohl auf immer –, die Realität wundstoßen. Außerdem beschämt die *Mutzenbacher* jene, die hartnäckig an den Fortschritt in allen Bereichen glauben, Altes nur deshalb mißachten, weil es das ist: Auf seine Weise ist Saltens Buch unerreicht geblieben.

Natürlich will nun niemand behaupten, es handle sich dabei um einen äußerst feinsinnigen, gar sublimen Text. Gleichwohl ist die *Mutzenbacher* ein Variationenwerk von beachtlicher Konsequenz, phrasenlos, farbig durch Zeit- und Lokalkolorit, obendrein von außergewöhnlichem idiomatischem Reichtum, der das Vorurteil widerlegt, man könne über derartiges weder reden noch schreiben. Nicht zuletzt aber ist dieser Roman – wie Andersens *Des Kaisers neue*

Kleider – ein lehrreiches Märchen. Einer Welt der Doppelmoral, der Lüge und der Verschleierung verkündet die vorlaute Peperl eine heftig bestrittene Tatsache, und ihre Botschaft ist bis heute nicht verklungen: Die sexuelle Wahrheit ist sehr nackt.

Das Ende einer Sommerlüge

Egon Schwarz über Arthur Schnitzler:
Der Weg ins Freie (1908)

Es ist nicht schwer zu sagen, warum dieser Roman noch heute gelesen werden sollte: weil es sich um ein vorzügliches, seinerzeit und seither immer wieder unterschätztes Erzählwerk handelt. Zwar erreichte das Buch bis zum Jahre 1929 136 Auflagen, aber viele Kritiker hatten etwas daran auszusetzen, und bald haftete ihm (jedenfalls in den maßgebenden Kreisen) das Stigma des Oberflächlichen, Trivialen an, was in deutschsprachigen Ländern oft das Schicksal glanzvoller, mit Esprit geschriebener Werke ist.

Schnitzler gilt – und galt zu seinem Ärger schon bei Lebzeiten – als Dichter einer »versunkenen Welt«. Aber gerade das ist es, was seine Werke, allen voran den *Weg ins Freie*, wo er dem Genre entsprechend ein breites, farbiges Panorama dieser Welt entfalten konnte, heutzutage zur lohnenden Lektüre macht. So wie genaue Detailkenntnis eines Milieus einem Werk Weltgeltung verschaffen kann, genauso kann auch die intime Darstellung einer vergangenen Epoche die Nachgeborenen faszinieren und ihnen zum besseren Verständnis ihrer eigenen verhelfen. Nicht die Historiker, das weiß man heute, wohl aber die Dichter vermögen glaubhaft zu zeigen, »wie es eigentlich gewesen« ist. Und wenn eine Zeit und ein Milieu wie heute die Jahrhundertwende in der Donaumonarchie, aus welchen Gründen immer, vielleicht aus einer ähnlichen Zukunftsskepsis heraus, zum allgemein beliebten Erbauungs- und Betrachtungsgegenstand geworden sind, dann kommen Kräfte zusammen, die einem vergessenen Buch endlich die verdiente Anerkennung bringen können.

Schnitzler hat sich zunächst nicht als Romancier profiliert.

Seine Stärke schien der Einakter, das Thesenstück in der Nachfolge Ibsens zu sein, später auch die abendfüllende Tragikomödie, im erzählenden Genre sowohl die Kurzgeschichte wie auch die längere Erzählung. *Casanovas Heimfahrt* zum Beispiel gehört zu den besten Novellen in deutscher Sprache. Am Roman hat er sich nur dreimal versucht, an den Frauengeschichten *Frau Berta Garlan* (1901) und *Therese* (1928) und eben am *Weg ins Freie*, den er 1902 begann und 1908 als über Vierzigjähriger publizierte.

An seiner Fehleinschätzung trug Schnitzler zum Teil selbst die Schuld. Er gab nämlich dem dänischen Kritiker Brandes gegenüber halb und halb zu, daß in seinem Buch »zwei Romane enthalten sind und daß künstlerisch genommen der Zusammenhang kein absolut notwendiger« sei. Es handelt sich um das angebliche Auseinanderklaffen der zentralen Liebesgeschichte und der gesellschaftlichen Verflechtung des Helden, vor allem mit der jüdischen Sozietät Wiens. Dieses Urteil hat man Schnitzler oft nachgesprochen. Ich habe mich ihm nie anschließen können. Zwar ist zuzugeben, daß Elemente des Liebesromans, des Gesellschaftsromans, ja des Künstler- und Bildungsromans in dem Buch zusammenfließen, aber es gibt kaum ein Werk der Weltliteratur, in dem so viel Heterogenes so nahtlos miteinander verschmolzen ist.

Schnitzlers Erklärung, er habe ein Jahr aus dem Leben seines Helden mit allem Drum und Dran erzählt, trifft den Nagel auf den Kopf, und daran hätte man sich halten sollen. Daß diesen Mann *ein* Erlebnis nicht völlig absorbieren kann, ist übrigens so tief in seinem Wesen angelegt, daß es wohl nicht viele Leser geben wird, die sich darüber wundern, warum dieser Georg von Wergenthin das Bedürfnis hat, neben seiner Liebesaffäre mit Anna noch im Aristokratenklub und bei der Familie Ehrenberg zu verkehren sowie lange Gespräche mit anderen Schriftstellern zu führen. Daß er es tut, macht das Buch erst zum Spiegel des Wiener Fin de siècle und verleiht ihm seinen Rang. Und daß die literarischen Gesprächspartner Juden sind und auch das liberale Großbürgertum im Ehrenbergschen Salon stark mit jüdischen Elementen durchsetzt ist, kann man angesichts des dargestellten historischen Moments nur als soziologisch »richtig« bezeichnen. Freilich sind nicht alle Wiener Bevölkerungsschichten vertreten. Aber man kann Schnitzler nicht dafür rügen, daß er nur beschrieb, was er kannte. Es ist eine Menge und reicht aus, um ein facettenreiches, authentisches Bild vom damaligen Wien zu entwerfen.

Viel Handlung gibt es in den Romanen nicht. Man wird hier sehr an das Diktum erinnert, daß die Kunst nicht im *Erfinden*, sondern im *Beleben* der Fabel liegt. Das Verhältnis eines jungen Aristokraten mit einem Mädchen der unteren Mittelschicht wird von Anfang bis zum Ende erzählt, von den ersten Begegnungen bis zur Schwangerschaft, die mit der Geburt eines toten Kindes endet, und schließlich bis zur allmählichen Auflösung der Beziehung. Ähnliche Abläufe kommen bei Schnitzler häufig vor. Wie sehr hat sich aber dieses Schema dank der breiteren Raumverhältnisse in einen Roman verwandelt.

Anna, die es in einem Einakter kaum weiter als zum »süßen Mädel« gebracht hätte, ist hier eine ernste, ja tragische Gestalt. Nirgends sieht man deutlicher, daß die künstlerischen und charakterlichen Anlagen der Frau, die sie ihrem Partner ebenbürtig machen, ja über ihn stellen, nicht ins Gewicht fallen und daß ihr Schicksal durch ihre gesellschaftliche Unterlegenheit bestimmt wird. Und so geht es mit allen Personen, die in den fast gesetzmäßigen Gang dieser Affäre verwickelt sind: Was in einer anderen Gattung und unter den Händen eines geringeren Meisters zu klischeehaften Rollen gereicht hätte, erhält hier den Rang einer tragenden, glaubwürdigen Nebengestalt.

Es gibt auch nicht viele Werke der Weltliteratur, in denen die

Trennung von einer geliebten oder eben doch nicht genügend geliebten Frau ergreifender gezeigt wird. Denn Georg von Wergenthin ist zwar voll der besten Absichten und Gesinnungen, kann aber keinerlei Verpflichtungen oder Verantwortungen auf sich nehmen. Er ist Dilettant und Impressionist, als Mensch und Künstler unfähig, Dauerndes zu bewahren und zu schaffen. Auf diese Weise bekommt der Titel des Buches einen bedeutsamen Nebensinn: Was der Zentralgestalt als Weg ins Freie erscheint, ist in Wirklichkeit ein Weg ins Leere. Damit ist aber auch etwas über die ganze Welt ausgesagt, in der sich das Geschehen abspielt: Es mangelt ihr an Sinn und Festigkeit, an der Bereitschaft zum persönlichen Einsatz, an bedingungsloser Liebe.

Dieses Zeitcharakteristische, diese unverwechselbare Wiener Luft vor dem Ersten Weltkrieg, gibt dem Werk seine Authentizität und seine überzeitliche Gültigkeit. Von krasser Dekadenz oder gar apokalyptischer Untergangsgewißheit ist, manchen Behauptungen zum Trotz, allerdings nirgends die Rede. Was vermittelt wird, ist eher ein tiefes Ungenügen, ein Gefühl der trostlosen Vergeblichkeit, des Versinkens. »Bis in die Nacht hält die Sommerlüge doch nicht mehr an«, sagt ein Mitspieler in einem ganz harmlosen Zusammenhang, aber er sagt es »mit unverhältnismäßiger Bedrücktheit« und hilft damit jene Atmosphäre des Endes zu erzeugen, die das Ganze durchwaltet.

Dieses Wien hat nicht mehr die Kraft, den in ihm lebenden Menschen eine Grundlage für ihre Wirksamkeit zu bieten, ja sie überhaupt nur festzuhalten. Die meisten fühlen sich in ihrer Haut nicht recht wohl und streben auseinander, wobei das Wort »streben« fast schon zu zielbewußt, zu dynamisch ist für den beinahe unmerklichen, aber dafür um so unheimlicheren Vorgang.

Die Szenerie ist Abschied, ein zögerndes »Noch«. Noch residieren die Brüder von Wergenthin in der kaiserlichen Haupt-

stadt, sie sind aber bestimmt, sie zu verlassen. Noch sind sie überall beliebt, werden bewundert, wohin sie kommen. Noch vermögen sie ihren alten Lebensstil aufrechtzuerhalten. Sie verfügen frei über ihre Zeit, sind Mitglieder eines exklusiven Klubs, begeben sich auf ausgedehnte Reisen. »Man lebte in Sizilien, in Rom, in Tunis, in Korfu, in Athen, in Malta, in Meran, an der Riviera, zuletzt in Florenz«, erinnert sich Georg seiner Jugend. Und noch in der Romangegenwart begleitet der Leser ihn und seine Geliebte auf eine monatelange Urlaubsfahrt durch Italien und das Tessin. Aber die Tage des eleganten Müßigganges sind gezählt. Das bedrohliche Schrumpfen des »freiherrlichen Vermögens« wird mehrmals erwähnt. Man erlebt mit den Brüdern den Zeitpunkt, an dem ihre Finanzen sie zwingen, die Wiener Wohnung aufzulösen und im Ausland einem Erwerb nachzugehen, der eine als Musikbeamter in einer deutschen Provinzresidenz, der andere in diplomatischen Diensten.
Ebenso bedroht in ihrer Existenz sind die Juden durch die politische Entwicklung, das Hochkommen der christlich-sozialen Bewegung unter der Führung des antisemitischen Bürgermeisters Karl Lueger, der zwar selbst mit keinem Wort erwähnt wird, dessen Wirkungen aber ungemein deutlich spürbar sind. In Josef Rosner, dem Bruder der weiblichen Hauptgestalt, und seinen Kameraden verkörpert Schnitzler mit erschreckendem Scharfsinn psychische und historische Elemente, die man (bei aller Vorsicht im Umgang mit diesem Begriff) präfaschistisch nennen kann.
Auch bei den Juden des Romans gilt ein »Noch«. Noch werden sie nicht aktiv verfolgt, nicht ihrer Habe beraubt, nicht wegen ihres Judentums in Gefängnisse geworfen oder in die Emigration getrieben. Diese Dinge kennenzulernen, blieb dem 1931 verstorbenen Dichter erspart, aber die sozialen und psychischen Folgen des Antisemitismus hat er gespürt und mit großer Überzeugungskraft dargestellt. Fast jede sei-

ner jüdischen Gestalten hat etwas abgekriegt. Ob sie sich unter dem Druck der Umstände der Sozialdemokratie oder dem Zionismus zuwenden (denn daran, daß die Zeit auch dieser beiden Bewegungen gekommen ist, läßt der Roman keinen Zweifel), ob sie sich zu assimilieren trachten oder trotz ihrer Heimatverbundenheit zu dem ihnen aufgezwungenen jüdischen Außenseitertum bekennen: innerlich sind sie alle beschädigt und gespalten, geraten in Konflikte, werden zynisch oder aggressiv, melancholisch oder übertrieben, auf jeden Fall aber dünnhäutig und empfindlich bis zur Krankhaftigkeit. Auch für sie ist Wien keine unproblematische Heimstätte mehr.

Ein besonders charakteristischer Fall ist der Oskar Ehrenbergs, weil er das Epochenmerkmal, die »Refeudalisierung« der Gesellschaft, illustriert. Schon als Fünfzehnjähriger spielt er den »Lord«, ist »geckenhaft gekleidet« und trägt ein »Monokel im Auge«. Seine Neigung zu adeligem Umgang und aristokratischen Allüren nimmt mit den Jahren nur noch zu. So stark ist sein Drang zur Anpassung an diese Kreise, daß ihn nur die Furcht vor Enterbung vom Übertritt zum Katholizismus zurückhält. Der alte Ehrenberg, der sich aus kleinen Verhältnissen hinaufgearbeitet hat, haßt nämlich die »Feudalbande« und betont sehr zum Leidwesen seiner Familie sein Judentum.

Die Spannungen zwischen Vater und Sohn verschärfen sich, werden unüberwindlich und entladen sich schließlich in einem öffentlichen Skandal. Oskar geht an der Michaelerkirche vorüber. Das Unglück will nun, »daß im selben Moment der alte Ehrenberg des Weges daherkommt. Er sieht, wie Oskar vor dem Kirchentor den Hut abnimmt, und von einer fassungslosen Wut ergriffen, holt er aus und haut seinem Sprößling eine Ohrfeige herunter. Eine Ohrfeige! Oskar, dem Reserveleutnant! Mittags, im Zentrum der Stadt!« Das Wertsystem, in dem Oskar lebt, fordert drastische Maßnah-

men zur Wiederherstellung seiner »Ehre«. Er schießt sich eine Kugel in den Kopf, kommt zwar mit dem Leben davon, büßt aber ein Auge ein.
Das Frappierende an dem Fall ist, daß er nicht den Adel selbst, sondern die Adelsideologie am Werk zeigt und die Gegensätze des österreichischen Lebens mit plötzlicher Deutlichkeit zum Bewußtsein bringt. Schnitzler zieht es vor, die Formulierung dieser Widersprüche dem einzigen im Roman auftretenden Ausländer, dem englischen Diplomaten Skelton, zu übertragen. Er bedauert, »daß das Duell in Österreich vorläufig nicht abzuschaffen« sei, »da doch manche andere Länder seit Jahrzehnten den Zweikampf« nicht mehr kennen. Er nennt »Österreich das Land der sozialen Unaufrichtigkeiten«, wo es »wüsten Streit« gebe »ohne Spur von Haß und eine Art von zärtlicher Liebe, ohne das Bedürfnis der Treue«.
Mit dieser letzten Aussage charakterisiert er freilich auf indirekte Weise auch die im Mittelpunkt des Romans stehende Liebesgeschichte. Skelton setzt seine an Musil gemahnende Scheltrede auf den Widersinn der österreichischen Zustände noch eine Weile fort. Zusammen mit den essayistischen Einschüben und dem Hang zur aphoristischen Zuspitzung der Dialoge erweist sie, daß Musil an dem geistesgeschichtlichen Punkt zu schreiben beginnt, den Schnitzler erreicht hat, so wie Schnitzler die von Ferdinand von Saar anvisierte Problematik aufnimmt.
Dies sollte schon genügen, dem Werk seinen *geschichtlichen* Rang zu sichern. Und die *künstlerische* Leistung? Sie liegt darin, daß Schnitzler das Bewußtsein des Fin de siècle, jene keineswegs auf Wien und Österreich beschränkte Willenslähmung, in den Charakterbildern der Personen auch stilistisch auszudrücken weiß.
Der Held ist Musiker, Komponist, aber er arbeitet kaum. Peinlich ist ihm seine Unzulänglichkeit bewußt, immer neue

Anläufe und Vorsätze sollen ihr abhelfen, aber es bleibt beim alten. Eine bestimmte Komposition wird im Laufe des Geschehens dadurch zum Symbol erhoben, daß sie in ihrem ewigen Unfertigbleiben immer wieder erwähnt und mit der Bezeichnung »mythisches Quintett« ironisiert wird. Nicht viel anders geht es seinem Freund und Gegenüber, dem jüdischen Schriftsteller Heinrich Bermann, der ebenfalls viel mehr anfängt als vollendet. Von dem, was er aufnotiert, bleiben am Ende bloß Sätze übrig, »nein, Worte! Nein, Buchstaben auf weißem Papier!« Er fürchtet, »wenn er das Zeug nur angreift, fällt es auseinander wie Zunder«. Im Grunde liegt auf den meisten Figuren die Last einer rätselhaften Sterilität, einer inneren Gespaltenheit oder Unentschlossenheit.

Das alles wird durch den Gebrauch von Leitmotiven unterstrichen; so etwa von dem immer wieder beschworenen Selbstmord eines gewissen Labinski, den sein Schicksal längst ereilt hat, ehe die Handlung einsetzt; und dem unauffällig eingeführten und dann immer mächtiger orchestrierten Tristanmotiv vom Liebestod, das, der Atmosphäre des Romans angemessener, in den Tod einer Liebe umgedeutet wird.

Unter den vielfältigen Mitteln, die eine dichte Endzeitstimmung erzeugen, muß eines hervorgehoben werden, ein Wort, das schon auf den ersten Seiten ausgesprochen wird. Der Held spielt seinem Vater am Klavier vor und gerät dabei, wohl um die Dürftigkeit seiner Komposition zu verschleiern, in eine »wild modulierende Variation«, einen »übertriebenen Reichtum an Harmonien, der die einfache Melodie beinahe verschlang«, worauf der Vater, vom anderen Ende des Flügels her, lächelnd fragt: »Wohin, wohin?«

Man muß dieses Wort zu den bedeutsamen Stellen großer Romane rechnen, aus denen sich der intendierte Sinn des Ganzen erschließen läßt, von der Suggestionskraft etwa des »Was ist das?« am Anfang der *Buddenbrooks*, der »Madeleine« bei Proust oder des Ausspruchs »Das ist ein weites Feld« in *Effi Briest*. Dieses sachte und doch dringlich Einhalt gebietende »Wohin, wohin?« spielt nicht nur auf den selbst schon ironisch gemeinten Titel an, sondern ist die Frage, die Schnitzler ahnungsvoll an seine Zeit und Gesellschaft richtet. Die Antwort hat die Geschichte gegeben.

Die Kunst der hintersinnigen Naivität

Eckhard Heftrich über Robert Walser:
Der Gehülfe (1908)

Mit Walsers Ruhm geht es derzeit noch immer aufwärts, nachdem der Tod des Achtundsiebzigjährigen anno 1956 vor allem noch ein Anlaß gewesen war, daran zu erinnern, daß da ein Dichter für eine breitere Leserschaft überhaupt erst zu entdecken blieb – ein Dichter, zu dessen Verehrern doch schon Kafka, Hofmannsthal, Benjamin und Hesse gehört hatten. Im literarischen Treiben der zwanziger Jahre nur noch ein scheiternder Querkopf, war er der Welt bald gänzlich abhanden gekommen. Einer gemütskranken Mutter und eines geisteskranken Bruders wegen taten sich die Ärzte leicht, die Wunderlichkeiten des Eigenbrötlers Schizophrenie zu nennen und ihm so ab 1929 den Aufenthalt in jenen Anstalten zu sichern, die man als Stätten des Heils bezeichnet. Wer ihn heute freilich als einen Märtyrer der bürgerlich-kapitalistischen Psychiatrie zu glorifizieren versucht, tut damit nicht nur der Medizin, sondern auch ihm selber unrecht. Krank war er schon, aber auf eine so vertrackte Art, daß man immer wieder versucht ist, in seiner Anstaltsexistenz doch die Fortsetzung der Prosastücklischreiberei der gesünderen Jahre zu sehen.

Schon sein Humor hat meist einen doppelten Boden; die ihm ganz eigene skurrile Harmlosigkeit gar erweist sich oft als bodenlos. In allen Texten irrlichtert Autobiographisches. Von den drei Romanen, die er als etwa Dreißigjähriger innerhalb von drei Jahren schrieb, ist der 1908 erschienene *Gehülfe* derjenige, der das autobiographische Material am direktesten verwertet hat. Doch ist diese Direktheit gerade der Grund dafür, daß sich im *Gehülfen* weniger als in

Geschwister Tanner (1907) und in *Jakob von Gunten* (1909) Vordeutungen des späteren Geschicks finden. Etwas unheimlich mutet es im nachhinein freilich an, daß der Gehilfe den Mädchennamen von Walsers Mutter, Marti, trägt und sich einmal an seine Mutter als an eine Schwermütige erinnert.

Ansonsten aber ist das Autobiographische vor allem von handgreiflicher, stofflich-episodischer Art. Ein halbes Jahr lang hatte Walser als Büroangestellter in der Villa Zum Abendstern in Wädenswil bei Zürich einem Erfinder namens Carl Dubler dabei geholfen, die Zeit bis zum Eintritt des nicht mehr abwendbaren Bankrotts mit nutzlosen Aktivitäten zu füllen. Im Roman tritt der Bürogehilfe Joseph Marti im Juli seine Tätigkeit in der Villa Abendstern in Bärenswil am Züricher See beim Ingenieur Tobler an. Als er dann am ersten Tag des nächsten Jahres das Haus verläßt, ist die Geschichte so gründlich auserzählt, daß den Lesern nicht auch noch die bevorstehende Pfändung des Toblerschen Besitztums beschrieben werden muß. Zu eben der Zeit, da *Buddenbrooks* ein Bestseller zu werden beginnt, erzählt auch Walser vom Verfall. So ist einmal zwar nicht vom Verfall einer Familie, wohl aber vom »Verfall des Hauses« die Rede.

Es handelt sich dabei nicht um das geschichten- und geschichtsträchtige Gehäuse eines generationenlangen Wachsens, Blühens und Welkens, sondern um eine ländliche Gründerzeit-Villa, auch wenn sie nicht im deutschen Kaiserreich, sondern in der Schweiz steht. Nur der Zufall einer finanziellen Erbschaft hat es Tobler ermöglicht, dieses Besitztum zu erwerben. Leichtsinnigerweise hat er auch seine Ingenieurstelle aufgegeben, um allein dem Traum des freischaffenden Erfinders und unabhängigen Unternehmers frönen zu können. Zum neuen Angestellten sagt die Magd, er solle »nach unten« gehen. Über eine Treppe, »die eher für

Hühner als für Menschen gemacht schien«, erreicht er seine Arbeitsstätte. Wenn dann der Leser mit dem wartenden Gehilfen alsbald den »Chef des Hauses« buchstäblich in »Erscheinung« treten sieht und wenn es gar noch einmal heißt, daß das Büro »unter der Erdlinie im Keller« liegt, dann drängt sich die Vermutung auf, nun werde eine Parabel der Ausbeutung erzählt. Und eine um so entlarvendere, weil dieser Unternehmer nicht einmal ein solider Kapitalist, sondern nur ein Glücksritter ist, dessen Bankrott die Fäulnis des schwindelhaften Systems demonstriert. Folgerichtig sieht sich der Gehilfe am Ende sogar noch um den Lohn betrogen...

Aber diese Deutungsspur führt nur aus dem Buch hinaus, und nicht allein, weil der Erzähler schon bald seinen besitzlosen Angestellten sich voller Ironie an die längst vergangene Jugendphase einer revoltierenden sozialistischen Gesinnung erinnern läßt, sondern allein schon, weil der Herr Tobler den Angestellten sogleich in die Wohnung hinaufgeleitet und ihm ein üppiges Frühstück anbietet. Zur Wohnung wird dem Gehilfen ein »romantisches und vornehmes« Turmzimmer gegeben. Zwar erweist es sich dann im Winter mangels Heizung als ziemlich kalt, dafür finden wir ihn dann aber beim Kartenspiel mit der »Herrin des Hauses« im warmen Wohnzimmer wieder. Nichts ist bei Walser von jener flachen Eindeutigkeit, die eine ideologische Vereinnahmung rechtens erscheinen ließe.

Noch Walsers vordergründige Einfalt besteht aus Nuancen, die sich aufzuheben scheinen. Verbunden sind sie in jenem Unverwechselbaren, das man Stil nennt. Stil ist sowenig das Ergebnis einer bewußten Anstrengung wie einer unbewußten Nachahmung, sondern entsteht durch den Ausdruckszwang eines Menschen, der dazu verurteilt ist, die Welt statt durch die Brille anderer immer mit den ungeschützten und scharfen eigenen Augen sehen zu müssen. Nicht jedermanns

Empfindlichkeit, sondern die je eigene, unheilbare Verletzlichkeit ist die Voraussetzung für Dichtung, und die Vieldeutigkeit der Welt wird dem Poeten zu seiner Art von Zweideutigkeit.

Wie es um das Haus Tobler wirklich bestellt ist, durchschaut der Angestellte ebenso rasch, wie er den wahren Wert der Erfindungen erkennt, denen er zum geschäftlichen Durchbruch verhelfen soll. Die Reklameuhr ist so überflüssig wie der Schützenautomat, und als schließlich auch noch das unbezahlte Modell des Krankenstuhls ankommt, erweist es sich als Fehlkonstruktion. Um so brauchbarer sind diese Produkte für den Erzähler – ihrer symbolischen Bedeutung wegen.

Von Zeit zu Zeit überläßt sich der Gehilfe einem wahren Gewissensrausch, ob er denn seiner Angestelltenpflicht wirklich Genüge tue, und er beschwichtigt seine Zweifel keineswegs durch die Erinnerung daran, daß ihm statt des Lohnes am Wochenende immer nur ein Trinkgeld ausbezahlt wird. Doch wenn er sich in seiner Menschenwürde verletzt glaubt, revoltiert er und sagt sich und manchmal sogar dem Herrn, wer wem was schuldig ist. Sobald er sich dann aber wieder selber vorrechnet, wie gut er es hier eigentlich hat, scheint die Erzählung an die Grenze des Zynischen zu geraten: Ist Joseph Marti nicht doch nur ein schlauer Schnorrer des bald schon nicht mehr nur versteckt herumschleichenden Bankrotts? Unterscheidet sich der Gehilfe im Grunde von jenen Zechkumpanen, die sich zur letzten, tristen Sauforgie bei Tobler einfinden? Ja, und wie dieser Unterschied deutlich wird, darin zeigt sich einmal mehr Walsers Kunst.

Es ist eine Kunst der hintersinnigen Naivität. Was daran so originell wirkt, das sogenannte Walserische, beruht nicht auf artistischen Tricks, sondern auf der so leid- wie humorvollen Welterfahrung dieses Autors, der immer so treuherzig bleibt, wie er scharfsichtig ist. Weil eine solche Erfahrung sich nicht als Weltanschauung offenbaren oder gar demonstrieren läßt, ist dieser Marti nie das Sprachrohr seines ihm so ähnlichen Schöpfers, wohl aber eine Gestalt, der durch die Widersprüche, die jene von Walser selbst waren, Leben eingehaucht wurde.

Damit ein Gehilfe dieser Art sich recht entfalten kann, bedarf es eines anderen Herrn als eines gewöhnlichen Principals vom Schlage der Bärenswiler Kleinkapitalisten. Tobler ist nicht nur ein flotter, sondern auch ein wahrhaft großzügiger Bankrotteur, denn großzügig ist er nicht nur im Pumpen oder im Verfügen über anderer Leute Arbeit, Geld und Ware, sondern auch im Verschenken dessen, was ihm, leider, nicht gehört. Das ist zugegebenermaßen eine fragwürdige Generosität, aber sie ist weder spießig noch bloß gaunerisch. Läge Großzügigkeit nicht in seinem Naturell, so würde er den Gehilfen wohl kaum bei jeder Mahlzeit auffordern, nur kräftig zuzulangen und sich auch beliebig der Stumpen zu bedienen. Ein wenig mag das auch Berechnung sein, denn wenn dieser Principal seinem einzigen Kommis den Lohn bis nach dem großen Durchbruch vorenthalten muß, darf er ihn bis dahin nicht auch noch darben lassen, um so mehr, als im Hause selbst nicht gespart wird.

Aber gelebt will schließlich werden, und außerdem muß man es den Bärenswilern und allen Gläubigern zeigen, daß man noch lange nicht auf dem letzten Loch pfeift. Also wird auch noch eine künstliche Grotte im Garten errichtet und ihre Vollendung gebührend gefeiert.

Als einen ganz und gar realistischen Roman soll Walser später den *Gehülfen* bezeichnet haben. »Ich brauchte fast nichts zu erfinden. Das Leben hat das für mich besorgt.« Und zu einer Fotografie der Villa schrieb er, hier habe sich der einfache Roman abgespielt, »der ja eigentlich gar kein Roman ist, sondern nur ein Auszug aus dem schweizerischen täglichen Leben«. Im Vordergrund habe der Ingenieur »jene famose

Grotte« gebaut. Ob nun auch schon der Herr Dubler das tat oder nicht – wenn es in einem Hause abwärts geht, ist die Wirklichkeit in der Tat allemal einfallsreich genug, um dem, der sie nacherzählt, die Erfindungen zu ersparen. Doch bleibt die Wirklichkeit in der Abwandlung ihrer Grundmuster bis hin zu den Tragödien meist sehr banal. Deshalb ist das Entscheidende, daß man den rechten Auszug auf unalltägliche, also poetische Weise wiedergibt. Der Stoff dieses Romans und die vom Leben zu diesem Stoff besorgte Handlung haben eine natürliche Tendenz sowohl zur trivialen Satire wie zum anklägerischen Sozialpathos. Dieser Gefahr zu begegnen, genügte es nicht, der nostalgisch geschwellten Brust des unzeitgemäßen Helden die um 1900 so beliebte neuromantische Literaturseele zu verpassen. Ironie allein konnte das Abgleiten in den Provinznaturalismus wie den Aufschwung in den Kitsch verhindern.

Der Streit darüber, was da nun Humor und was Ironie sei, bleibe den Begriffsrittern für ihre Steckenpferdturniere überlassen. Bei Walser jedenfalls sind die säuberlichen Trennungen fehl am Platz. Denn seine Ironie reicht vom verhaltenen Sarkasmus bis zum versöhnlichen Einverständnis, während sein Humor sanft und simpel ist und doch jederzeit aufbrechen und eine makabre Innenseite offenbaren kann. Auch sind Walsers Figuren nicht deshalb gemischte Charaktere, weil hier das Allzumenschliche mit gütigem Pastoren- oder Pädagogenblick betrachtet würde. Vielmehr reicht die Zweideutigkeit auch der Figuren bis auf den Grund ihres Wesens. In der Toblerschen Familie gibt es ein Hackhuhn, die bettnässende Silvi, die so sträflich vernachlässigt wird, wie man umgekehrt ihr hübsches Schwesterchen verwöhnt. Immer höher steigt mit Martis Groll der Zorn des Lesers, und wahre Befriedigung bereitet es, wenn der Gehilfe den Herrschaften schließlich ins Gesicht sagt, wie abscheulich ihm die Behandlungsweise vorkomme, »die man für dieses Kind übrig hat«. Aber weil wir uns nicht in Onkel Toms Hütte, sondern in der Villa zum Abendstern befinden, sehen wir alsbald nicht nur einen vor lauter Angst zitternden Angestellten mutlos ins Büro schleichen, sondern hören auch noch einen Chef »in unglaublich freundlichem Tone« fragen, was er denn da »für einen Anfall gehabt habe«.

Wenn aber die Natur einen eindeutigen und folglich starken Charakter hervorbringt, dann paßt er nicht in dieses Jahrhundert. Einmal hat Marti einen zweitägigen Arrest dafür abzusitzen, »daß er die herbstliche Wiederholungsübung versäumte«. Die Episode bietet nicht nur die Gelegenheit zu einem ironischen Aperçu, wie in der Eidgenossenschaft die Gleichheit wenigstens im »Loch« der Kaserne praktiziert wird; und sie erschöpft sich auch nicht darin, daß in Gestalt eines überdeutlichen Traumes in durchaus romantischer Manier buchstäblich ein Tableau, nämlich ein von lebenden Figuren gestelltes Gemälde des Vaterländlis präsentiert wird, wo man auch »die Dichtkunst am einsamen Schreibtisch sitzen und sinnen und die Malerei an der Staffelei siegreich arbeiten« sieht.

Vielmehr begegnet der Gehilfe hier der inkarnierten, aber anachronistisch gewordenen Volkskraft in der Gestalt eines Melkers, der so wenig zur Unterwerfung geboren ist, wie, umgekehrt, Marti sich zum Dienen nicht nur angestellt, sondern gleichsam berufen fühlt. Die wechselseitige Zuneigung zwischen dem noch ungebrochenen Starken und dem Schwachen, der doch zum Untertan nicht taugt, weil er das Dienen als die ihm eigene Form von Unabhängigkeit zu wahren weiß – diese Sympathie der Außenseiter füreinander bringt dem Leser zu Bewußtsein, was es mit dem Verhältnis zwischen dem Principal und seinem Angestellten im Toblerschen Zweimannbetrieb auf sich hat. Von Martis Zuneigung, sogar von seiner Liebe zum Herrn ist mehrfach die Rede, und gerade deshalb sollte man in ihrem beiderseitigen

Verhältnis nicht so etwas wie eine walserisch minimalisierte Abwandlung der strapazierten Herr-Knecht-Dialektik von Hegel sehen; sintemalen es auch einmal heißt: »Da hatte man sie also beide, den Herrn und den Knecht, und wo? In der Kneipe.«

Mit dem Melker kommen Töne und Zauber »der alten starken Zeit« herauf. Tobler hingegen ist nur ein Glücksritter, paßt also ganz in dieses »Bild des zwanzigsten Jahrhunderts«, das da ja auch gegeben wird. Und doch ist er ein Unzeitgemäßer, muß es sein, weil er sonst nicht als Herr gerade dieses Knechtes taugte, der viel lieber ein Vasall wäre statt ein Büroangestellter. Aber von Ritter- und Vasallentum oder gar von der Hingebungstreue für die Schloßherrin kann im zwanzigsten Jahrhundert nur noch ironischerweise geträumt werden, sogar von diesem Gehilfen, der für die Landschaft die Eindrucksfähigkeit eines Poeten mitbekommen hat und daher durchaus selber bemerken darf, was die Absicht des Autors war: den Verfall des Hauses Tobler in genauer Entsprechung zu den Stimmungswechseln der Jahreszeit vorzuführen. Die zu Recht gerühmten Naturschilderungen Walsers sind auch hier keine lyrischen Einlagen, sondern tragende Bestandteile der Komposition.

Der Roman füllt im Taschenbuch nicht einmal 300 Seiten. Aber für einen Autor, dem selbst bei kürzesten Prosatexten der Hang zur Umständlichkeit noch vorteilhaft ausschlägt, werden so viele Seiten zur Gelegenheit, den immer ein wenig hölzernen Charme seiner Pedanterie voll zu entfalten. Wie er Naturstimmungen personifiziert und Ideen in Allegorien umsetzt, erinnert an naive Malerei. Aber wenn er ein Primitiver war, dann einer vom Format des Zöllners Rousseau.

Inzwischen hat auch die Wissenschaft sich seiner zu bemächtigen begonnen, die Sekundärliteratur wächst bedrohlich. Und von Canetti bis zum Namensvetter Martin Walser, von den schreibenden Eidgenossen ganz abgesehen, wirbt auch die nachgeborene Kollegenschaft für das Werk. Robert Walser, ein Modeautor? Das dürfte ihm wohl erspart bleiben. Zwar fand *Der Gehülfe* einst mehr Leser als die übrigen Bücher Walsers, aber von einem Erfolg konnte man nur mit dem Blick auf den sonstigen Mißerfolg sprechen, und auch das mag sich so leicht nicht ändern.

Doch hat auch die eher esoterische Glorifizierung ihre Gefahren. Im Gegensatz zu den meisten Autoren, denen objektiv kein Unrecht geschieht, wenn sie vergessen werden, geschah Walser dies Unrecht in der Tat. Aber wenn man heute glaubt, das nun für alle Zukunft gründlich wettmachen zu müssen, sollte man sich vor Übertreibungen hüten. Vor allem auch, weil bei einem so fragilen Werk der kürzeste Weg zum neuerlichen Vergessen leicht von der aufblähenden Schwärmerei über die vergewaltigende Deutung führen könnte. »Alles Lob ist in der Tat meistens kolossal unzuverlässig« – so Walser, als er über Kleist nachdenkt. Und über sich selbst: »Fest steht, daß der Poet überaus eigensinnig zu verfahren beliebte. Warum tat er das? Hm!« Die Zeugnisse dieses Eigensinnes verlangen eine selbständige Lesekunst, zur Ausbeutung und Vermarktung sind sie nur bedingt geeignet.

Vom Untergang des Traumreiches

Horst Bienek über Alfred Kubin:
Die andere Seite (1909)

»Aufgerichtet stand Patera da, seine oberen Körperteile reichten in die Wolken, sein Fleisch war wie aus Hügeln zusammengesetzt. Er schien von Wut erfüllt! In der Ferne sah ich ihn niederknien, Vogelscharen fingen sich in seinem langen Haar. Er watete in ein Meer, das ihm kaum bis zu den Hüften reichte, aber austrat und die ganze Erde überschwemmte. Mit seinen ungeheuren Armen ruderte er in den Gewässern und fing Schiffe und zappelnde Meerungeheuer. Zerquetscht warf er wieder alles von sich. Er zertrat die Gebirge, die wie Lehm aufspritzten, große Ströme ergossen sich in seine Fußstapfen. Er wollte alles vernichten. Bis in die entferntesten Berghütten spritzte er seinen siedenden Harn, daß die nichtsahnenden Bewohner, von dem Dampfe verbrüht, umkamen. Er stampfte in der graublauen Sintflut herum, sein erregter Leib war von Rauchwolken eingehüllt. Aus meilenweiter Entfernung warf er Fäuste voll Menschen herüber, die als ein Leichenregen niedersausten.« (Kubin: *Die andere Seite*)

Aus Kindlers Malerei-Lexikon erfährt man, daß Kubins Lehrzeit als Fotograf bei seinem Onkel Beer in Klagenfurt scheiterte. Nach anfänglich großem Interesse an diesem Beruf begann Kubin zu verbummeln. Er habe sich nächtelang herumgetrieben, übermäßig getrunken, den Umgang mit zweifelhaften Hypnotiseuren gesucht und sei 1896 nach der Lektüre Schopenhauers in einen Zustand gänzlichen Lebensüberdrusses geraten. Später besuchte er in München die Zeichenklasse der Akademie. Nur selten erschien er zum Unterricht. Er berichtet, wie ihn in einem Varieté damals ein

Sturz von Visionen überfallen habe: Plötzlich sah er die Besucher in seltsame Tiermenschen verwandelt, er fühlte sich »förmlich genotzüchtigt von einer dunklen Kraft, die seltsame Tiere, Häuser, Landschaften, groteske und furchtbare Situationen« vor seinem Geist gezaubert habe.

Im Jahre 1909 ist Alfred Kubins einziger Roman *Die andere Seite* zum ersten Mal erschienen, und wenn er damals auch gerade kein Furore machte, so kann man dennoch nicht sagen, daß er folgenlos geblieben wäre. Denn auf jeden Fall sorgte der Name des inzwischen bekannten, mancherorts auch gerühmten Zeichners und Illustrators Kubin für gebührende Aufmerksamkeit.

Hermann Hesse lobte das Buch, wie er so vieles gelobt hat, Ernst Jünger, der später in einen regen Briefwechsel mit Kubin trat, las es im Herbst 1916 an der Westfront und bekannte, daß es ihn in dieser Nacht den Schlaf gekostet habe. »Das anbrüchige Quartier verschwand, als ich den Maler auf seiner Reise in die Traumstadt Perle begleitete, eine Reise, die ich inzwischen oft wiederholt habe. Die andere Seite war für mich ein faszinierendes Abenteuer mit gefährlichen, phantastischen und auch makabren Ausflügen.« Und in Freuds Zeitschrift für Anwendung der Psychoanalyse auf die Geisteswissenschaften, *Imago*, setzt sich ein Hanns Sachs in einer Rezension (1912) mit den Verdrängungsaspekten und der Sexualpathologie, mit den Lust- und Destruktionstrieben dieses Buches auseinander und kam dabei zu Ergebnissen, die auch heute noch ein Stück Faszination dieses Werkes ausmachen.

Das Menetekel freilich hat damals niemand gesehen, und auch nach dem Untergang des k. und k. Reiches, der bald nach dem Erscheinen der zweiten Auflage (1917) einsetzte, war man nicht bereit, die Parallelen, die sich überall, besonders im dritten Teil »Der Untergang des Traumreiches«, geradezu aufdrängten, zu erkennen. Ein phantastischer Roman, wie er im Untertitel heißt, gewiß, so muß es lange den Bewunderern des Zeichners Kubin und seinen Lesern vorgekommen sein – ein prophetischer, ein visionärer, ein wirklichkeitsbedrängender zugleich, das ist wohl erst der Generation, die jene Schluß-Katastrophe des Dritten Reiches erlebte, tatsächlich aufgegangen. Sie hat dieses Buch eher als ein erschreckend realistisches gelesen, hat sich darin wiedererkannt, aktuell, ihre Hybris, ihre Ängste, ihre Ohnmacht vor der Zerstörung. Dieser Untergang des Traumreiches (des geträumten Reiches?) war ihr eigener Untergang, und der war gegen den literarischen freilich eher trostlos, mickrig, dumpf; dafür war man noch einmal davongekommen. Ich war einer von dieser noch einmal davongekommenen Generation und habe das Buch als Neunzehnjähriger, kurz nach dem Kriege, zum ersten Mal gelesen, gelesen wie einen Fiebertraum.

Nimmt man sich Bücher, die man gestern gelesen und geliebt hat, nach langer Zeit zu erneuter Lektüre vor, stellen sich oft erhebliche Widerstände ein, die aus ganz unterschiedlichen Motiven, bewußten und unbewußten, herkommen. Nicht der geringste mag dabei die Furcht sein, eine Enttäuschung zu erleben von einer schönen Erinnerung, einer Schwärmerei vielleicht Abschied nehmen zu müssen. *Die andere Seite* ist so ein Buch für mich, das hat, zusammen mit einigen, wenigen anderen Büchern, meine Jugend illuminiert. Jetzt gedrängt, diese vage und schöne Erinnerung kritisch zu überprüfen, habe ich mich ertappt, wie ich mit immer neuen Entschuldigungen vor mir selbst die Lektüre hinausgeschoben habe. Als ich jetzt Kubin zur Hand nahm und darin blätterte, hat mich allerdings der einfache Ton bald zum Weiterlesen verführt, und die überbordende schwarze Phantasie der Bilder und Visionen zum Weiterstaunen.

Der Erzähler (er ist Maler und trägt deutlich autobiographische Züge) erhält eine Einladung von seinem ehemaligen

Schulfreund Patera in jenes Traumreich ganz weit, irgendwo in Asien, hinter den Bergen von Samarkand: eigentlich ist es mehr als nur eine Einladung, es ist ein »Ruf«, dem man sich, wie man bald sieht, gar nicht entziehen kann. Und so macht er sich auf den Weg, auf eine Reise nach Utopia, in eines jener schönen, zeit- und konfliktlosen Reiche, wie sie seit Campanellas *Sonnenstaat* in der Literatur spuken – hier freilich ist es im betonten Gegensatz dazu ein Land der ewigen Dämmerung, es gibt weder Sonne noch Mond.

Bis zur Ankunft in die Stadt Perle wird fortschreitend erzählt, dann aber ist das Buch nur mehr eine Beschreibung von Situationen, und es beweist sich damit aber als das Produkt eines Malers, der Zustände fixiert. Wir bleiben in der Traumstadt und erleben auf eine seltsame statische und distanzierte Weise Verfall und Vernichtung des Traumreiches. Es scheint von Anfang an dafür prädestiniert. Warum, fragt man sich gleich zu Beginn und erlebt dabei wohltuend-schaurig einen Poeschen Kitzel, werden Häuser aus Europa zerlegt, hertransportiert und wieder neu aufgebaut, ausschließlich Häuser, in denen früher einmal ein Mord oder eine Untat geschah?

Auch die Bewohner werden nach ihren Lastern, Verbrechen oder Verrücktheiten ausgesucht. Obwohl hier jeder so viel Geld bekommt, wie er benötigt, so wird doch ein schwunghaftes Feilschen in den Läden betrieben, weil offensichtlich die Kauf- und Besitzlust des Menschen so stark ist wie sein Sexualtrieb. Hier lebt man ganz seinen Trieben, Obsessionen, geheimen Wünschen und Atavismen. Alle Schranken der Zivilisation, der Kultur, der Vernunft sind aufgehoben. Kant und die Lehre von der Gesittung, das ist gerade gut genug, daß der Friseur der Stadt es seinem Affen beizubringen versucht, vergeblich natürlich. Sich mit einem anderen zu kopulieren oder ihn umzubringen, ist dasselbe. Das Gemeinwesen funktioniert überhaupt nur, weil alle einem geheimen

Seelenbann ausgeliefert sind, der vom Diktator des Traumreichs (Vater!) Patera ausgeht und dem sich keiner entziehen kann.

Eines Tages erscheint auf der Szene Herkules Bell, der reiche Fleischkönig aus Philadelphia, der Patera stürzen und das Traumreich in die Neuzeit, die Zivilisation, in den Fortschritt führen will. Es gibt einen unsichtbaren Kampf zwischen beiden, der metaphorisch und stellvertretend von den Traumstädtern vollzogen wird: erst einmal überkommt sie die Schlafsucht, dann überfällt sie orgiastische Wildheit, die Menschen krepieren, aber die Tiere vermehren und vergrößern sich, alles, was Materie ist, beginnt zu zerbröckeln.

Am Ende ist es ein gewaltiger Höllensturz, bei dem alle in die zerstörerische Katastrophe gerissen werden. Der Erzähler sieht in einem letzten Augenblick der Klarheit das Gesicht Pateras und Herkules Bells in eins verschmelzen. Die Schöpfung als Spiegelbild der Zerstörung – und umgekehrt. So endet das Buch in jenem bedeutungsschweren Satz: Der Demiurg ist ein Zwitter. Utopie und Untergang, Schöpfung und Zerstörung, sie grinsen mit einem Gesicht. Es ist ein Caligari-Schluß, und es würde mich nicht wundern, wenn Thea von Harbou, Unterhaltungsschriftstellerin und Drehbuchautorin der zwanziger Jahre, hier geklaut hätte: Am Ende sitzt der Erzähler in einem Sanatorium und schreibt das alles auf. War das Ganze ein Erlebnis – oder nur eine Wahnidee, ein Traum gewesen?

Heute wieder gelesen, hat sich an der Phantastik dieses Buches nichts geändert. Immer noch zieht es mit seinen Ideen, Erfindungen, Träumen den Leser in seinen Bann, nimmt ihn mit auf eine abenteuerliche, verwegene, ausschweifende Reise in ein unbekanntes Land. Es ist auch eine Reise in das unbewußte, vorbewußte Ich, ins Labyrinth der Seele, in Traum, Vision, Schrecken und Trauma. Ein Buch vom Untergang der Stadt Perle, der Traumstadt, unser aller Utopie –

die zerstört wird am Schluß, wie wohl alle Utopien an sich selber kaputtgehen. Dies ist nichts anderes als eine hellsichtige Parabel, die aber keineswegs aufgesetzt wirkt. Das sollte man nicht nur lesen nach der großen politischen Katastrophe, sondern auch nach unseren kleinen privaten Untergängen. Es hilft, in uns selbst »die andere Seite« zu entdecken, die zerstörende Kraft als das Spiegelbild jener Sehnsucht nach dem Schönen, Vollkommenen, eben nach der Utopie. Der Demiurg ist ein Zwitter.

Damals gehörte dieses Buch für mich zu einer Geschichte der phantastischen Literatur, weiter bis zu Meyrink, Oskar H. A. Schmitz, Ewers, Kreuder, Paul Gurk, doch heute muß ich zugeben, daß es im Grunde im deutschen Sprachraum gar keine gibt, außer E. T. A. Hoffmann, sondern nur die gehobene Trivialität, trotz Herzmanowski-Orlando. *Die andere Seite* ist ein Glücksfall: des Zeichners Kubin und der deutschen Literatur. Denn selten ist ein Meisterwerk mit so viel stupendem Ideen-Reichtum und visionärer Phantasie und so wenig Sprachkraft geschrieben worden.

Kubins Doppelbegabung wurde mehrfach und eingehend untersucht, ohne daß wirklich dabei etwas herausgekommen wäre. Der geniale Zeichner und Illustrator, seien wir ehrlich, ist ein naiver, staunender, mitteilungsfreudiger Autor, besonders, was seine autobiographischen Schriften angeht (*Aus meiner Werkstatt, Aus meinem Leben*). Die Sprache in dem Roman *Die andere Seite* ist nicht sehr viel ausdrucksreicher, sie verläßt sich auf Haupt- und Aussagesätze, auf schlichte, vorantreibende Dialoge. Das habe ich damals, bei der ersten Lektüre, ganz unter dem Eindruck des pandämonischen Untergangs, überhaupt nicht bemerkt. Vielleicht ist aber gerade diese sachliche, scheinbar kunstlose, einfache Sprache die einzig angemessene für Kubins orgiastische Visionen?

Damals kannten wir Kafka noch nicht. Oder nur ein paar

Erzählungen. Man sagt, daß bei Kubin zahlreiche Themen Kafkas antizipiert seien, manche Autoren sprechen direkt von Einfluß. Zu belegen ist das nicht. Um nur ein Beispiel etwa für die unerreichbare Bürokratie zu geben, hier ein Zitat: »Es begann eine endlose Wanderung durch öde Gänge, Kanzleien, wo man bei unserem Kommen wie ertappt auffuhr, kahle Säle und Kabinette, bis an die Decke mit Akten und Mappen gefüllt. Endlich gelangten wir in einen großen Warteraum, wo die verschiedenartigsten Menschen herumsaßen. Mein Führer und ich wurden sogleich in eine Art Allerheiligstes eingelassen. Exzellenz saßen ganz allein da und warteten. Der arme Beamte wurde trotz seiner schönen Bücklinge recht unsanft angefahren und verschwand.«

Gewiß nicht schlecht. Aber was hat ein Kafka daraus im *Schloß* gemacht? Ein unfairer Vergleich? Ich glaube nicht. Denn so hoch will Kubin gemessen werden. Immerhin, der Surrealismus hat von ihm gezehrt, das absurde Theater ihn geplündert, die Science fiction hier manches Vorbild gefunden. Kafka hat er gewiß nicht erreicht, aber alles andere, von Meyrink bis Lem, hinter sich gelassen.

Geschrieben hat Kubin dieses Buch in nur wenigen Monaten im Herbst 1908, als »ich mir noch nicht sicher war, ob ich Künstler oder Schriftsteller bin« (*Aus meinem Leben*). Vorher hatte er bereits einige kleinere Geschichten verfaßt, allesamt autobiographischer Natur und ohne Bedeutung, er lebte damals, einunddreißig Jahre alt, in München, und Franz Blei hat ihn liebenswürdig, aber nicht ohne Kritik so beschrieben: »Ein schmächtiger, immer schwarz gekleideter Jüngling mit dem blassen Knabengesicht, das sich zur Verdüsterung ein bißchen anstrengte und scheu tat wie ein junger Wolf, den man aus seiner Grube ans Licht gezogen hat ... der so tat, als ob er nichts dafür könne, daß er zeichne, sondern unter Zwängen stehe, die ihm die Hand führten.«

Kubins Verleger Georg Müller hatte ihn gebeten, zu einem

Text von Meyrink – es handelte sich um den *Golem* – Illustrationen zu zeichnen. Kubin fertigte elf an, kam aber nicht weiter, weil Meyrink in eine Krise geraten war und das weitere Manuskript ausblieb. Da begann er mit seiner Traumstadt-Prosa. Die ersten elf Zeichnungen fügten sich atmosphärisch in diesen Text ein. Später zeichnete er weitere, insgesamt fünfzig.

In den letzten Jahren wurde *Die andere Seite* in neun Sprachen übersetzt, 1972 hat Johannes Schaaf den Roman als »Traumstadt« verfilmt und mit seiner grellen und schrillen Bilderwut das Publikum ziemlich verstört. Der Film wurde ein solcher Mißerfolg, daß Schaaf sich seitdem nur noch dem Theater widmet. Ich glaube aber, daß eine Wiederaufführung, wenn man sie nur wagte, bei dem kritischeren Kinopublikum, wie wir es heute haben, dieses kühne Unternehmen auf das glänzendste rehabilitieren müßte.

Das Hohelied der Demokratie

Siegfried Lenz über Heinrich Mann: *Die kleine Stadt* (1909)

In seinem Essay *Voltaire und Goethe* – 1910, also ein Jahr nach dem Erscheinen von *Die kleine Stadt*, geschrieben – äußerte Heinrich Mann eine ebenso kühne wie ästhetisch anfechtbare Überzeugung: »Denn der Roman«, so bekannte er, »diese Enthüllung der weiten Welt, dies große Spiel aller menschlichen Zusammenhänge ist gleichmacherisch von Natur; er wird groß mit der Demokratie, unter der das Drama in seiner aristokratischen Enge abstirbt.«

Frankreich, das bewunderte, das in zahlreichen Essays gefeierte, lieferte ihm den Beleg: Fand er in Balzac den Dichter der kämpfenden, so in Zola den Schriftsteller der triumphierenden Demokratie. Daß ein Volk mit Hilfe des Romans zur Demokratie hin erzogen werden konnte – unser Nachbar im Westen hatte in den Augen von Heinrich Mann ein Beispiel dafür gegeben.

Aber ist der Roman wirklich »gleichmacherisch von Natur«? Wird er tatsächlich »groß mit der Demokratie«? Zeigt nicht seine eigene Geschichte, daß er in wechselnden Epochen vielfältigen Bedürfnissen genügen konnte, die unterschiedlichsten Theorien und Techniken zuließ, dabei aber immer – ob im Entwicklungs-, im Bildungs-, im Zeitroman – den differenzierten einzelnen mit seinem Sonderschicksal bevorzugte, um die Spielregeln einer widerständigen Welt deutlich zu machen? Waren es nicht allemal eigentümliche Persönlichkeiten – Don Quichotte oder Julian Sorel, Prinz Myschkin oder Madame Bovary –, an denen der Romanautor die Spannungen, die Gefährdungen und Verhängnisse des Individuums bewies?

Es ist zu vermuten, daß diese Überzeugung Heinrich Manns aus dem gesellschaftlichen Sehnsuchtsprogramm erwachsen ist, das den großen Demokraten erfüllte. Sosehr ihn der Untertanengeist des Wilhelminischen Reiches abstieß und zugleich herausforderte, sosehr fühlte er sich hingezogen zum Geist der Dritten Französischen Republik, deren Sittlichkeit und Güte er rühmte und die er, wenn auch unter Schauern, zu einem Idealfall sich entwickeln sah. Von hierher bezog er seine Inspirationen und Maßstäbe, aus der bewundernden Zustimmung für französische Verhältnisse entstand sein Traum von einer deutschen Republik, in der die Ideale der Großen Revolution das Leben aller bestimmen sollten.
Schreiben: das heißt ja nicht nur überprüfen und bloßstellen, es heißt auch, in gewissem Sinne, Vorschläge machen, und als Heinrich Mann, ungeduldig und erwartungsvoll wie eh und je, unter dem Titel *Die kleine Stadt* seinen epischen Vorschlag für ein demokratisches Leben in Deutschland veröffentlichte, da bezog er sich allerdings nicht auf das französische Vorbild, sondern spielte südliche, italienische Erfahrungen aus. Und zweifellos können wir *Die kleine Stadt* in dieser Hinsicht als politischen Vorschlag verstehen, denn Heinrich Mann, seine Bücher bewertend, sagte über diesen Roman: »Was hier klingt, es ist das Hohelied der Demokratie. Es ist da, um zu wirken in einem Deutschland, das ihr endlich zustrebt. Dieser Roman, so weitab er zu spielen scheint, ist im höchsten Sinne aktuell.« Welch einen persönlichen Wert er ihm außerdem beimaß, läßt sich daran erkennen, daß er *Die kleine Stadt* ein »Geschenk des Schicksals« nannte und ihn im Alter weit über den größten Teil seines Werkes stellte.
Das Buch, das sein Autor so hoch einschätzte, dem er so viel an korrigierender Wirkung zutraute, erstaunt uns heute durch die schöne Schwerelosigkeit der Handlung: da kreuzt in einer italienischen Kleinstadt eine Komödiantentruppe

auf – offenbar hat das Städtchen Palestrina das Modell geliefert, wo Heinrich und Thomas Mann einen gemeinsamen Sommer verbrachten –, und ihr Erscheinen reicht aus, um alles, was bisher im dunkeln blühte, in der Öffentlichkeit auszutragen.

Die zwar nicht kunstverwöhnten, aber kunstbegeisterten Einwohner verlängern sozusagen das Bühnenerlebnis in ihre kleinstädtische Wirklichkeit, überbieten sich in wortreichen Leidenschaften, versuchen sich im Rüpelspiel, spinnen unterhaltsame Intrigen und tragen, zu gehörter und ungehörter Musik und mit aller Verliebtheit in die Rhetorik, ihre ewig menschlichen Zwiste aus. Wir erfahren, was den Priester Don Taddeo und den Advokaten Belotti in wandelbarer Abneigung verbindet, wir lernen sämtliche Einwohner der Stadt kennen und lassen uns erzählen, welche Beziehungen der Barbier und der Baron, der Apotheker und der Kaufmann, der Carabinieri-Leutnant und der Gemeindesekretär zur Kunst haben, wir werden eingeweiht in das Gewimmel einer Gesellschaft, die, auf große Gesten abonniert, das Leben zur Opernbühne macht.

Unvermeidlich, daß einige Mitglieder der Komödiantentruppe in den kleinstädtischen Reigen hineingeraten, in den Liebesreigen besonders, denn wie überall, wirkt fahrendes Künstlervolk auch hier belebend und gibt Anlaß zu Verdacht und Eifersucht und Wörterkrieg. Wie von selbst bilden sich in der Bevölkerung zwei Parteien; eine tritt als Freund, die andere als Gegner der Truppe auf, und aus welcher Soziallage sie auch immer stammen: zum Thema Macht und Geist haben sie sich bei jeder Gelegenheit etwas zu sagen. Die Beredsamkeit der Einwohner wird nur noch vom Mitgefühl übertroffen – vom Mitgefühl füreinander. Man ist groß im Vergeben, ein Unglück führt zu pathetischer Versöhnung. Daß zum Schluß ein gekonnter Liebestod gestorben wird, nimmt uns nicht sonderlich mit – er ist auch nur eine Fortsetzung des Bühnengeschehens, in dessen Verlauf Piero seine Tonietta umbringt.

Kunst und Leben, das klassische Thema, das Heinrich Mann lange beschäftigte, gibt sich da noch einmal überdeutlich zu erkennen, und wenn die Komödianten abreisen, fühlt jeder, was der Advokat ausspricht: »Was sind wir? Eine kleine Stadt. Was haben jene uns gebracht? Ein wenig Musik. Und dennoch – wir haben uns begeistert, wir haben gekämpft, und wir sind ein Stück vorwärts gekommen in der Schule der Menschlichkeit.«

In Übereinstimmung wohl mit seiner Ansicht, daß der Roman gleichmacherisch von Natur sei, hat Heinrich Mann auf den Typus des tragenden Helden verzichtet, auf jede abgehobene Demonstrationsfigur – auch wenn zuweilen Priester und Advokat in musterhaftem Gegenüber in diese Rollen hineinzuwachsen scheinen. Der vielgestaltige Held ist hier vielmehr das Volk, und was der Autor mit ihm allein an Bewegungsregie vollbringt, sucht seinesgleichen: Das umrundet dialogisierend den Marktplatz, flutet ergriffen zur Kirche, wimmelt erlebnishungrig durchs Theater, rennt zankend um Wirtshaustische herum, trägt vor einem brennenden Haus forensische Gefechte aus – und bei allem, so wird man zu glauben gezwungen, ist jeweils die ganze Bevölkerung dabei. Wer sich geäußert hat, tritt nur in den Hintergrund und schickt den Nachbarn an die Rampe; denn jeder hat etwas zu sagen, und jeder wird gehört. Ein Liebespaar kann sich für die nötige Zeit kaum verdrücken, die Menge ist überall, zwingt jeden, der sich von ihr separieren will, in das Strombett zurück, das in den mutwilligsten Mäandern verläuft.

Es ist anzunehmen, daß die Gegenwart der fahrenden Operntruppe auch die Stillage bestimmt, in der sich die Bewohner der kleinen Stadt äußern. Hochgespannt geht die Rede, deklamatorische Leidenschaft triumphiert allenthalben, man hat häufig das Gefühl, daß auf jeden Sprechenden ein Scheinwerfer gerichtet ist, ein verpflichtender Theaterscheinwerfer. Die Übertreibungslust, die Impulsivität, die Großmut und eine gewisse »naive Animalität«: Heinrich Mann setzte sie für sich in Beziehung zum dräuenden Norden mit seiner Ordnungsliebe und Nüchternheit und hatte sich schon entschieden. Es ist gewiß aus dem eigenen Herzen gesprochen, was er den Advokaten einmal sagen läßt: »Dies Volk scheint Ihnen ein wenig eigenwillig, ein wenig zügellos. Aber wenn es demütig wäre, möchte ich nicht sein Beauftragter sein, weil ich es verachten würde ...«

Bei aller grundsätzlichen Bereitschaft, Heinrich Mann zuzustimmen: eingedenk des leise missionierenden Anspruchs, den er mit der Veröffentlichung dieses Romans erhob, fragt man sich zunächst unwillkürlich nach dessen politisch-pädagogischer Eignung, nach seiner agitatorischen Energie. Zugegeben, da wird beherzt Partei ergriffen für demokratische Ideale, da wird für Toleranz und Menschlichkeit plädiert, doch dies geschieht im Rahmen eines hochstilisierten Bilderbogens, von dem, wenn er erst einmal außer Sicht ist, kaum etwas anderes im Gedächtnis zurückbleibt als Farbe und Bewegung.

Das Gefühl, es mit einer Kunstwirklichkeit zu tun zu haben, verläßt einen nur selten bei der Lektüre. Die ganze Bevölkerung der kleinen Stadt tritt gleichsam in einer Commedia dell'arte auf, nach überliefertem Muster typisiert – ein Arlechino bringt sich in Erinnerung, ein Scaramuzzo, eine Colombina und ein Dottore –, eingebunden in ein fixes Szenarium, mit der Freiheit ausgestattet, sich in ortsüblichem Scherz improvisierend zu üben. Die Wirkung ist nicht von gleichmacherischer, sie ist von komischer Natur – wie es bei Lustspielen dieser Art üblich ist.

Nicht ohne Verblüffung stellt man beim Lesen fest, daß Interesse und Anteilnahme von einem gewissen Augenblick an nachlassen, das kunstvoll veroperte Durcheinander hält uns nicht in seinem Bann, vermutlich, weil das Interesse nicht beliebig teilbar ist. Wir finden uns genötigt, es auf zu viele aufzuteilen, buchstäblich auf alle Einwohner der kleinen Stadt. Alle: das heißt jedermann, und jedermann ist niemand Bestimmtes. Wir aber halten Ausschau nach der hervorgehobenen Person, in der sich alles sammelt und bricht und die uns das Angebot macht, uns mit ihrem Schicksal zu identifizieren.

Heinrich Manns hochherziger Versuch, unter anderem die Gleichwertigkeit des epischen Personals zu beweisen und so für die Demokratie zu wirken, läßt jedenfalls heute manche Frage offen. Wir denken an Professor Unrat und Diederich Heßling, an Hans Castorp und Adrian Leverkühn und staunen darüber, wieviel vom Geist der Zeit und des jeweiligen Ortes an diesen eigentümlichen einzelnen sichtbar wird.

Ein Prinz vom Lande Nirgendwo

Golo Mann über Thomas Mann:
Königliche Hoheit (1909)

Der Redaktion gefiel es, über *Königliche Hoheit* jemanden schreiben zu lassen, der, ganz ohne Verdienst, mehr über den Roman weiß als andere Leser und bei abermaliger Lektüre solches Wissen vergebens zu verdrängen suchte. Auch abgesehen vom Grundbezug, jenem zum Ich des Autors, wimmelt es in dem Buch von Bezügen persönlichster Art, die gleichzeitig Verwandtschaften zu Figuren in anderen Werken desselben Erzählers überreichlich herstellen. Und schier unglaublich, wie verschieden die Verkleidungen, Verwandlungen dieser Leitmotiv-Figuren sein können, so tiefgreifend, daß von der Identität der »per-sona« auf den ersten Blick nichts zu bleiben scheint oder beinahe nichts.

So ist die Prinzessin Ditlinde die Schwester jener Ines Institoris, geborenen Rodde, im *Doktor Faustus*, aber letztere kennen wir als eine leidende, arg heruntergekommene Frau, die am Ende ihren Geliebten in der Trambahn erschießt, während die Prinzessin immer ein gutes harmloses Persönchen bleibt. Schwestern trotzdem; schon daraus ersichtlich, daß auch die Gatten der beiden, der Fürst zu Ried-Hohenried und der Kunstprofessor Institoris, offenbar Brüder sind. Und wenn nicht ein Bruder, so ist der Prinz Klaus Heinrich, der ja nun nicht rein zufällig Klaus und Heinrich heißt, doch ein Verwandter Tonio Krögers wie auch Felix Krulls ...

Sein Roman, dessen Manuskript in der Novelle *Das Eisenbahn-Unglück* beinahe vernichtet worden wäre, ist für den Autor ein »Bienenstock, mein Kunstgespinst, mein kluger Fuchsbau, mein Stolz und Mühsal ...«. Was für das ganze Œuvre gelten mag.

Wie gewöhnlich hatte der Autor gründliche Vorstudien gemacht, wenn auch keine so umfassenden wie für seine Hauptwerke; sich ein paar Jahre lang die Tageszeitung einer kleinen deutschen Residenz gehalten; zu unterscheiden gelernt zwischen ordentlichen und außerordentlichen Haushalten, zwischen Staatsschulden, die redlich getilgt, und solchen, die durch die Aufnahme neuer, höher verzinslicher Schulden kümmerlich bedient werden; zwischen soliden und unguten Forstverwaltungen; zwischen gesunder und kranker Milchwirtschaft und dergleichen mehr. Auch kommen schon gelehrte medizinische Explikationen vor, hier über pränatale Einflüsse, welche die »Hemmung« des Prinzen, seine verkrüppelte Hand, zu erklären haben.
Was über Klaus Heinrich gesagt wird, gilt, wieder einmal, auch für den Erzähler selber: »Überhaupt bedurfte er zu seiner Berufsausbildung gewisser sachlicher Kenntnisse, die er sich von Fall zu Fall verschaffte, um sie im rechten Augenblick und in ansprechender Form zu verwenden.« Wirklich, die Form ist ansprechend; und daß sich hinter aller Akribie, allem Naturalismus sogar, Schein, Spiel und Spaß verbergen, macht die Lektüre des Märchens so angenehm.
Das Land, das Großherzogtum, liegt in Deutschland irgendwo und nirgendwo. Es hat eine Million Einwohner – das war in der Frühe unseres Jahrhunderts ziemlich genau die Einwohnerzahl von Mecklenburg-Schwerin; auf Mecklenburg könnte auch das leicht Slawische im Typus der Untertanen wie der Dynastie, die breiten und erhöhten Backenknochen schließen lassen. Dagegen mutet die Landschaft mehr thüringisch als mecklenburgisch an. Die Hauptstadt ist namenlos; es kommt kein einziger Name einer deutschen oder nicht-deutschen Stadt, eines deutschen oder nicht-deutschen Landes vor; was an Ortsnamen fällt, wird hübsch erfunden, ein Name wie »Berlin« würde die zarten Fäden des Märchens erbärmlich zerreißen.

Überhaupt die Namen. Ein paar Minister werden realistisch genug benannt, von Schröder und von Knobelsdorf, »Minister des Äußeren, des Inneren und des Großherzoglichen Hauses«, hinter dessen Porträt wir wenigen übriggebliebenen Wissenden den Reichskanzler Bernhard von Bülow erkennen; die geschickten Hände, die kühle, ironische Weltläufigkeit, das »in der Mitte gescheitelte Haupthaar... von reinem Weiß wie der gestutzte Schnurrbart, sein Kinn durch einen Einschnitt, der als Grübchen gelten konnte, sympathisch gespalten...«. Dagegen sind Namen wie Graf Trümmerhauf oder Finanzminister Dr. Krippenreuther, wie Dr. Watercloose, Leibarzt des amerikanischen Milliardärs, durchaus humoristisch, da läßt der Märchenerzähler für einen Moment die Maske fallen.

Die Schlösser, die er ernsthaft beschreibt, Burg Grimmburg, das »Alte Schloß«, muß er gesehen oder aus mehreren kombiniert haben, dergleichen erfindet man nicht; in der »Eremitage«, des Prinzen kargem Wohnsitz, dessen Park in den Stadtgarten übergeht, mögen alte Münchner das mittlerweile verschwundene Schlößchen Biederstein am Nordrand des Englischen Gartens erkennen.

Zum Märchen gehört das Didaktische. Alle irgendwie wesentlichen Figuren stellen Typen dar und erfüllen eine im Zusammenhang notwendige Funktion, bis zu dem Moment, in dem die beiden total Fremden, die Milliardärstochter und ihr Vater, in den geschlossenen Märchenraum einbrechen.

Der alte Großherzog: ganz identisch mit seiner Repräsentanten-Rolle, abgeschirmt und sich selber abschirmend, hochmütig und müde, fremd gegenüber aller Realität, zumal dem Geld, welches trotzdem oder eben deswegen in der Erzählung eine so große Rolle spielt. Die alte Großherzogin: die böse Stiefmutter nicht gerade, aber nur schön und kühl, ihre Kinder nur dann liebend, wenn Zuschauer dabei sind. Der junge Großherzog, Albrecht II.: kränkelnd, gescheit und skeptisch; er verspottet, ja verachtet die Rolle, die er zu spielen hat, er leidet unter ihr. Das muß wohl so sein, damit der jüngere Bruder die seine um so besser spielen kann.

Übrigens ist es unstimmig. Die deutschen Souveräne der Spätzeit waren, in ihrer großen Mehrzahl, geistig eingeschränkt und zu Zweifeln an ihrem Recht von Gottes Gnaden nicht fähig. Waren sie aber über Durchschnitt gescheit und begabt, dann bemühten sie sich, ihrem Amt, dessen alter Sinn nicht mehr genügte, durch schöpferische Leistungen einen neuen, zusätzlichen zu geben. Selbstverspotter *konnte* es da nicht geben. Also sollten sie wohl auch im Märchen fehlen, welches der äußeren Wahrheit nicht bedarf, der inneren wohl... Prinz Lambert dagegen, der Bruder des alten Großherzogs, ist als Typ durchaus wahrscheinlich; er hat seinen Stand verraten, lebt faul, ordinär und ohne Würde.

Ihnen allen gegenüber, gegenüber der Menschenwelt, welcher er dient, indem er sich von ihr feiern läßt, der Prinz Klaus Heinrich, brav, ernst und vereinsamt durch seine Lebensform, an die er glaubt. »... sein junges Gesicht war ein wenig müde von der Unsachlichkeit, der Einsamkeit, Strenge und Schwierigkeit seines Lebens...« Unsachlich – sein Leben setzt sich aus »lauter hochgespannten Augenblikken zusammen«. In Städten und Städtchen muß er reden zu Menschen, »deren Leben, Arbeit und Tüchtigkeit er festlich darstellte, ohne teil daran zu haben«. Das »Volk«, nichts weniger als antimonarchisch gesehen, glaubt an ihn, erhöht sich selber, indem es sein Herrscherhaus erhöht, jubelt seinem Prinzen zu, trotz der traurigen Wirtschaftslage, der Staatsschuld, die für jeden Untertanen 600 Goldmark beträgt, trotz der hohen Lebensmittelpreise, für oder gegen die Klaus Heinrich nichts anderes tun kann, als ihre Benennung »ernst entgegenzunehmen«.

Aus dem »Volk« treten ihm einzelne entgegen; gleich anfangs dem Kinde ein Schuster, der sich im Alten Schloß ver-

irrte und der ihm erzählt, wie gemein die Lakaien sein können; die Welt überhaupt, die dem Prinzen immer nur ihren schönen Schein zeigt und zukünftig zeigen wird. Später die Leute, die eine Audienz bei ihm erbitten, sie erhalten und gestärkten Herzens von dannen ziehen, obgleich er nur das Geringste für sie wird tun können.
Einmal ist's sogar ein Dichter. Der Künstler, der weiß, daß er es ist, läßt sich von einem anderen empfangen, der es nicht weiß und sich von der Begegnung wunderlich berührt wie auch ein wenig angewidert fühlt. Denn jener Preisträger, der Schöpfer eines Gedichtes über des Lebens Liebe und Lust, ist ein häßlicher, asthmatischer kleiner Mensch, der gar nichts kann, vermutlich nicht einmal lieben, und der, so seine Aussage, nicht so sehr Dichter wurde, weil er mußte, sondern weil er absolut nichts anderes werden konnte. (Wobei mir einfällt, daß Thomas Mann irgendwo dem Adolf Hitler verhunzte Märchenelemente zuerkennt, auch meint, er sei Politiker geworden, weil er eben rein gar nichts anderes hätte werden können... Wenn dies Œuvre nicht beziehungsreich ist, um tausendundein Ecken herum!)
Auch die Begegnung der beiden Künstler und Scheinwelt-Vertreter ist tief belustigend zu lesen, mir aber doch ein wenig zu didaktisch. So radikal unterschiedlich von dem, was sie darstellen, sind ja nun Künstler nicht immer und überall. Woran die Selbstentlarvung Axel Martinis, des Preisträgers, erinnert: an jene Szene im *Felix Krull*, in welcher Müller-Rosé, der Operettenstar, der angebetete Sänger des Volkes, sich nach der Aufführung dem entsetzten Krull im Künstlerzimmer zeigt: »... ein Anblick von unvergeßlicher Widerlichkeit bot sich dem Knaben dar...« Müller-Rosé und Martini und Klaus Heinrich – Variationen des Künstlers, des Repräsentanten, des Volkslieblings. Aber der Prinz bleibt ungeschminkt und verliert das, was ihn so angenehm wie brav macht, seine »Haltung«, auch hinter den Kulissen nie.

Eine andere intensive Begegnung mit dem Fremden, intimst nicht *völlig* Fremden, ist die mit einem der Lehrer, Dr. Ueberbein. Der hatte es so schwer wie Klaus Heinrich es, äußerlich gesehen, leicht hatte, mußte sich »den Wind um die Nase wehen lassen«, wurde hartgebrannt und zynisch dabei, aber von Ehrgeiz, Arbeitswut und damit auch von Pflichtgefühl besessen. Weit entfernt davon, die Psyche seines Schülers ein wenig lockerer zu machen, sein Leben ein wenig demokratischer und damit glücklicher, hört er nicht auf, ihn zur »Haltung« zu ermahnen; Glück sei nun einmal nicht jedermanns Sache...

In einem ehedem enorm beliebten, heute wohl vergessenen Rührstück, genannt *Altheidelberg*, genießt der am Neckar studierende Erbprinz von »Sachsen-Carlsburg« den Schutz eines väterlichen Beraters, der ihn lehrt, sich durch seinen hohen Beruf um sein bürgerlich-menschliches Glück nicht betrügen zu lassen; und so wird er ein fröhlicher Kommilitone.

In unserem Roman dagegen, der zu gut ist, um ein »Anti-Altheidelberg« zu sein, ist es gerade umgekehrt: Klaus Heinrich muß auch als Student sich selber treu bleiben und hält feine Distanz zu seinen Corpsbrüdern oder, was ja dasselbe ist, sie zu ihm. Sein Glück aber findet er zuletzt doch, und daß Dr. Ueberbein, in seiner Laufbahn sich übergangen und schwer gekränkt fühlend, den Selbstmord wählt gerade in der Epoche, in der sein Schüler sich seinem neuen Glücksziel nähert, geschieht nicht von ungefähr. Es ist *eine* Moral des moralreichen Märchens: So wie Dr. Ueberbein darf man sich selber und seine Mitmenschen eben doch nicht sehen...

Das Happy-End, die Erlösung durch Liebe, welche fürstlicher Haltung nicht abträglich ist, »Hoheit und Liebe, ein strenges Glück«, die Heirat, die obendrein dem Großherzogtum 350 Millionen Goldmark einbringt, nicht zu reden von seiner wiederhergestellten, nun sogar höchst brillanten Kreditwürdigkeit, so daß ein ganzes Einmillionenvolk mit beglückt wird, dieses Happy-End, welches fast die ganze zweite Hälfte der Erzählung für sich beansprucht und eben das ist, worauf die Erzählung hinaus wollte – ja, gut, aber die erste Hälfte ist mir lieber.

Gewiß hat – aber nur für den Bescheidwissenden – die durchaus märchenhafte Verwandlung ordinärer Fahrräder in edle Reitpferde, die Verwandlung des bürgerlich-reichen Professors X in den amerikanischen Milliardär etwas Belustigendes; für den Nichteingeweihten bleibt des Prinzen Erleben, Werben und Erreichen ein Operettenscherz. Wie alles, was er erlebte, fühlte und tat, hielt der Autor auch seine tiefste Liebeserfahrung für ungewöhnlich und überaus mitteilenswert – hier von den ins Falsche übersteigerten Antiglücks- und Antigefühlstheorien seines Tonio Kröger sich weit entfernend.

Die unverwüstliche Lebenskraft des Romans beruht also wohl doch nicht auf dem jungen Eheglück dessen, der ihn schuf; sie stammt, wie gewohnt, aus der Intensität der Arbeit – »Besser kann ich es nun nicht machen« –; aus der Verbindung von Gescheitheit, Beobachtungsgabe, Melancholie und Humor; aus der Anschauung von Landschaften, Stadtbildern, Interieurs; von Staffage, von Typen und Ausnahmefiguren; von Situationen und Szenen. Ungefähr so wie im fast gleichzeitig begonnenen, nicht gleichzeitig beendeten *Felix Krull* – doch wohl dem bedeutenderen Bruder. Bedeutender, weil subjektiver, weil kühner, weil weder durch fürstliche Konvention noch durch menschliches Glück gebunden. Für schlichte Leser war es durchaus möglich, *Königliche Hoheit* für einen »Hofroman« zu halten, auch nach der Lektüre. *Felix Krull* für einen echten Hochstaplerroman, gar einen Krimi zu halten, war möglich allenfalls vor der Lektüre, nicht nachher.

Auch Felix Krull gerät an einen Hof, den von Lissabon, und König und »Sänger« verstehen sich gut. Es sollte einmal jemand eine Dissertation über Thomas Mann und das Höfische schreiben. Offenbar hatte er eine Schwäche dafür, auch unabhängig von dem Spiel »Fürst und Künstler«. In *Josef und seine Brüder* haben wir die beiden ägyptischen Höfe, den des großen Höflings und den des Pharao; unermeßlich reiche Höfe, wie jener des Herzogs Grimald im mittelalterlichen Märchen vom *Erwählten*.
Dagegen ist der kleine deutsche Hof der Hohenzollernzeit stolz und arm; sparsame Bewirtungen, zerschlissener Prunk, in ungebrauchten Zimmern Brokatkissen, aus denen das Seegras hervorschaut – Dürftigkeit, stammend aus Hochmut, aus des alten Großherzogs »Geldverachtung«. Damit soll jedoch keineswegs gezeigt werden, daß es mit solcher Art von Hof nun zu Ende gehe.
Er muß ja arm sein hier, damit auch er zuletzt »erlöst« werden kann. Klaus Heinrich findet seine Frau, das Volk wird von der verhaßten »Schlachtsteuer« befreit, der immer fröstelnde junge Großherzog erhält seine langersehnte Zentralheizung, und die Dynastie der Grimmburger ist beliebter als je zuvor.

Ein Lakai der inneren Gemächer

Hermann Burger über Robert Walser: *Jakob von Gunten* (1909)

Als Robert Walsers dritter Roman, *Jakob von Gunten*, 1909 bei Bruno Cassirer in Berlin erschien, gab es das Verlegenheitsadjektiv »kafkaesk« im Wortschatz der Kritiker noch nicht. Aber es gab einen jungen Autor in Prag, der nach der Publikation von acht Prosaminiaturen unter dem Titel »Betrachtung« mit dem Schweizer verwechselt worden war und der das Tagebuch eines Zöglings der Knabenschule Benjamenta, deren Titel auf Benjamin, der Jüngste, verweist, verschlungen haben dürfte wie alles, was er von Walser auftreiben konnte. Max Brod schrieb 1948 über Kafka: »Manchmal kam er unerwartet in meine Wohnung gestürzt, nur weil er etwas Neues, Großartiges gefunden hatte. So ging es mit Walsers Roman-Tagebuch *Jakob von Gunten*, so mit kleineren Prosastücken Walsers, den er ungemein liebte. Ich erinnere mich, wie er Walsers Skizze ›Gebirgshallen‹ mit ungeheurer Lustigkeit, entzückt, ja geradezu saftig vortrug. Ich war allein mit ihm, aber er las wie vor einem Publikum von Hunderten.«

Im übrigen war die Verlegenheit der amtlichen und halbamtlichen Leser die größte. Josef Hofmiller klagte in den *Süddeutschen Monatsheften*, er könne mit dem neuen Roman noch weniger anfangen als mit dem *Gehülfen* und mit den *Geschwistern Tanner*: »Solch kraft- und saftloses Geschreibe in den Tag hinein ist nicht auszuhalten.« Es war ihm offenbar nicht gelungen, die Poetik der Walserschen Schwatzhaftigkeit auf eine Formel zu bringen, er hatte die Stelle überlesen: »Ich schwatze wieder ein wenig, nicht wahr? Geb's gern zu, daß ich schwatze, denn mit etwas müssen doch Zeilen ausgefüllt werden, wie entzückend, wie entzückend sind verbotene Früchte.« Joseph Viktor Widmann, einer der ersten Förderer Robert Walsers, kollabierte im Berner *Bund* einer obszönen Passage wegen, die in derart häßlichen Ausdrücken geschildert sei, »daß diese eine Stelle das Buch für die Hand jedes Mädchens unmöglich macht«. Die Entrüstung gilt der Szene, in der ein älterer Mitschüler an einem Putztag »nach dem intimen Glied« Jakobs greift. Allein die typisch Walsersche Untertreibung am Schluß dieses Abschnittes – man müsse im Institut Benjamenta auf alle möglichen Kränkungen und Angriffe »stets ein wenig gefaßt sein« – hätte auch damals schon für prüde Leser eine Entwarnung darstellen müssen.

Hermann Hesse, der berühmte Kollege aus Gaienhofen, der mit *Gertrud* auch nicht gerade Neuland zu betreten im Begriffe war, bemerkte, der Roman bringe »die alte Geschichte«, der Ton sei auch der alte. Erst zwei Jahre später fand der Dramaturg und Schriftsteller Efraim Frisch einen Schlüssel zum *Jakob von Gunten*: »Regenbogentraumbrükken, die das Tiefe mit dem Höchsten verbinden.« Er schrieb: »Es liegt über allen diesen Wegen ein Zwielicht: das kalte Licht der Welt und ein anderes Licht, das dem Einsamen und Wandernden voranleuchtet in der Vorhölle, die er sich selbst geschaffen.« Nichtsdestotrotz vergingen vier Jahrzehnte, bis der Roman neu aufgelegt wurde.

Robert Walser absolvierte, als er 1905 im Alter von 27 Jahren nach Berlin übersiedelte, einen sogenannten Dienerkurs, um hernach als »Monsieur Robert« auf Schloß Dambrau in Oberschlesien ein wenig parieren zu dürfen. Von dieser Zeit berichtet das Fragment »Tobold (II)«. Wie der Ritter von der traurigen Gestalt seine verrückte Ritteridee verwirklicht habe, so mache er, Tobold, seine nicht minder verrückte »Dieneridee« wahr. Er gehöre zu jenen Menschen, »die das helle Licht für ihre Person weniger lieben als den dämmernden Schatten«, und wie wahr seine Prophezeiung in bezug auf die letzten Jahre in der Heil- und Pflegeanstalt Herisau war, geht aus der Roman-Stelle hervor: »ich werde Blüte sein und ein wenig, wie zu meinem eigenen Vergnügen, duften, und dann werde ich den Kopf, den Kraus einen dummen, hochmütigen Trotzkopf nennt, neigen. Die Arme und Beine werden mir seltsam erschlaffen, der Geist, der Stolz, der Charakter, alles, alles wird brechen und welken, und ich werde tot sein, nicht wirklich tot, nur so auf eine gewisse Art tot...«

Schon 1903 hatte Robert Walser »gedient«, als Soldat in der Rekrutenschule, die damals in der Schweiz noch als »Schule fürs Leben« galt. Im selben Jahr hatte er als »Gehülfe« eine Anstellung beim bankrottverdächtigen Ingenieur und Erfinder Karl Dubler in der Villa »Zum Abendstern« in Wädenswil am Zürichsee gefunden. Walsers Dieneridee entspringt einem paradoxen Lebensgefühl. Der »Lakai« in der gleichnamigen Skizze weiß nämlich zeit seines Lebens nicht, ob er zum Schmausen an herrschaftlichen Tafeln oder zum Servieren bestimmt sei. Und als besonders lächerlich empfindet er, »daß er neben seiner Lakaienschaft schriftstellerte«. So wird denn Jakob von Gunten, die existentielle Null, immer wieder hinweggetragen von Herrscher-Allüren: »Ich war dick, es ging mir scheinbar ganz glänzend. Ringe blitzten an den Fingern meiner unförmigen Hände, und ich besaß einen Bauch, an dem zentnerschwere, fleischige Würde herabhing.«

Dennoch waren die Dienst-Perioden episch Walsers fruchtbarste Zeit. Er hatte mit den Romanen *Der Gehülfe* und insbesondere *Jakob von Gunten* Modelle des passiven Widerstandes im scheinbaren Unterliegen gefunden. Der existentielle Konkursit Walser fühlte sich auf eine ihm selbst rätselhafte Weise glücklich in möglichst »verderbenversprechenden« Milieus – wie Joseph Marti beim Erfinder der

Reklame-Uhr, wie Jakob als Eleve der Knabenschule, deren Schwindel er vom ersten Tag an durchschaut. »Und von da an hielt ich die Schule Benjamenta für Schwindel.« Aber er durchschaut ihn nur, um sich desto behaglicher in den Widersprüchen einzurichten. »Seit ich hier im Institut Benjamenta bin, habe ich es bereits fertiggebracht, mir zum Rätsel zu werden.« Für Gottfried Keller war »resignatio« eine unschöne Gegend; für Walser Paradies und Vorhölle in einem: »Ja, wir alle, Herrschaft sowohl wie Elevenschaft, wir leben beinahe schon anderswo. Es ist, als wenn wir nur noch vorübergehend hier atmeten...«

Das Institut Benjamenta, in dem der Zögling Jakob von Gunten zum Diener ausgebildet werden sollte, ist eine Schule des Wartens, ein Vorzimmer zu den »Prunksälen des ausgedehnten Lebens«. Als einziges Lehrmittel steht die Frage zur Verfügung, die bereits vor dem Eintritt hätte abgeklärt werden müssen: »Was bezweckt die Knabenschule?« Zu den Lehrsätzen, die Kraus, der Primus, dienstergeben auswendig lernt, gehört die Sentenz, das gute Betragen sei ein schöner Garten. Doch die Lehrer sind entweder tot oder scheintot, oder aber sie schlafen den Schlaf des Gerechten. Der praktische Teil des Unterrichts, den vorwiegend Fräulein Benjamenta erteilt, die Schwester des Vorstehers, besteht aus einer kombinierten Tanz-, Anstands- und Turnstunde. Den Eleven ist es untersagt, Lebenshoffnungen zu hegen. Sie bleiben abhängige Nullen und lernen die Vorschriften um ihrer selbst willen: »Haben wir etwas erfaßt, so besitzt es uns quasi.« Also nicht fürs Leben, für die Schule lernen die angehenden Pagen und Lakaien.

Gesellschaftliche Situationen werden in gestellten Szenen aufgeführt. Man diniert auf hauptstädtische Manier, konversiert über Jagd, Finanzen und Kunst und übt das Benehmen gegenüber Damen, die man sich gewogen wissen will. Ad absurdum geführt wird der Betrieb an den possenhaften

Theaterabenden, wenn das Fräulein die Zuschauerwelt in der Loge verkörpert und mit dem Augenglas auf die kunterbunt sich tummelnden Zöglinge blickt. Immer münden die Stegreif-Stücke in die Verherrlichung und Versinnbildlichung des bescheidenen Dienens. Der Vorsteher und seine Schwester, Lisa Benjamenta, welche als symbolisches Elternpaar den Eintritt der Zög- und Zögerlinge ins Erwerbsleben verhindern, ziehen sich aus der Öde des spartanischen Schulzimmers jeweils in die »inneren Gemächer« zurück. Jakobs Phantasie umkreist sie bis zum Schluß wie ein verbotenes Heiligtum. Er stattet die endlosen Korridore, Gelasse und Parks mit adligen Damen in rauschenden Kleidern aus: »Wir gingen zusammen. Vor unseren Augen, wenigstens vor den meinigen (vor ihren vielleicht nicht), lag alles in ein undurchdringliches Dunkel gehüllt. ›Das sind die inneren Gemächer‹, dachte ich... Kaum hatte sie das gesagt, so brannte uns ein weißes, blendendes Licht entgegen. Ein Tor zeigte sich, und wir gingen, sie voran, ich dicht hinter ihr, durch die Öffnung hindurch, ins herrliche Licht-Feuer hinein. Ich hatte noch nie so etwas Glanzvolles und Vielsagendes gesehen, daher war ich auch wie betäubt.«

Was des Zöglings Welt, der sich vornimmt, eine reizende und kugelrunde Null zu werden, im Innersten zusammenhält, ist das dekadente Seeleninterieur eines Joris Karl Huysmans oder Gabriele d'Annunzio, ein Bordell Walserscher Gefühlssüßigkeiten, personifiziert im »höheren Wesen« der Lehrerin, Lisa Benjamenta. Sie führt Jakob durch eine Art magisches Kabinett, durch die Gänge der Armut und Entbehrung auf die Eisbahn der Freiheit, vom köstlich nach Träumereien duftenden, mit lüsternen Bildern tapezierten Ruhegemach ins Ungemach. Das Leben des Fräuleins hängt ab von Jakobs Gehorsam. Benimmt sich ein Zögling dumm, schwitzt er in der peinlichsten aller Höllen, lobt die Herrin hingegen, verbreitet sich ein balsamischer Duft, »etwas Trauliches, Geniehaftes«. Zuletzt stirbt der Engel mit den üppig gewölbten Augenlidern bekanntlich, und mit ihrem Tod verwandeln sich die inneren Gemächer in zwei gewöhnliche Zimmer mit dem preußischsten aller Attribute: einem Glas Goldfischen. »Die karge Wirklichkeit: was ist sie doch manchmal für ein Gauner. Sie stiehlt Dinge, mit denen sie nachher nichts anzufangen weiß.«

Hält man sich vor Augen, daß *Jakob von Gunten* wie alle Romane Walsers in wenigen Wochen und ohne Korrekturen niedergeschrieben worden sein dürfte, fällt einem der Glaube schwer, der Autor habe genau gewußt, was seine Zeichen bedeuten, etwa daß Benjamin im Alten Testament der jüngste Sohn Jakobs ist und ein Institut dieses Namens mit weiblichem Suffix auf die Effemination des Künstlers hinweisen könnte, der »Knabe« bleiben muß, um das kindlich Poetische zu retten. Man vergleiche hierzu das Junggesellen-Motiv bei Kafka, etwa in der späten Erzählung von Blumfeld und den Pingpongbällen, wo der ältere Junggeselle ganz den närrischen Launen und Tücken der zwei harmlosen Spielkugeln ausgeliefert ist. Walsers Lakaien- und Pagentraum wäre demnach nichts anderes als der legitime Wunsch, in jenem Reich eine »Stellung« zu kriegen, wo es genügt, »Blüte« zu sein und ein wenig wie zum eigenen Vergnügen zu »duften«. Jakob von Gunten weiß um die Paradoxie solcher Hoffnungen. Daher die Frage, die auf Robert Walsers Krankheit vorausweist: »Warum bin ich so seltsam glücklich? Bin ich verrückt?« Lächerlich, sagt der »Lakai«, sei das Neben- und Ineinander von Schriftstellerei und Dienertum. Es tritt als Motiv deutlich hervor, denn Jakob von Gunten betont, daß er als Zögling und Tagebuchschreiber ein Doppelleben führt. Im dritten und für lange Jahre letzten Roman Walsers ist es von einer Tragikomik, die an das Novalis-Wort denken läßt: »Der Zustand der Auflösung aller

Verhältnisse, die Verzweiflung oder das geistige Sterben ist am fürchterlichsten witzig.«
Hat die zeitgenössische Leserschaft Sinn für einen solchen Humor? Wer sich auf den *Jakob von Gunten* einläßt, wird von Seite zu Seite, von Satz zu Satz genarrt. Das Ermüdende wie Begeisternde an Walser ist sein chamäleonhafter Aberwitz. Kaum hat man eine halbwegs kluge Redensart vernommen, wird sie durch eine Sprachposse ausgewischt. Woher dieser Duktus kommt, ist unschwer zu erraten: der Autor und seine Helden verfügen nie über eine konturierte Identität, aber sie tun andauernd so, als hätten sie eine solche aufs Spiel zu setzen. Man stelle sich einen Auktionsteilnehmer vor, der – ohne Geld in der Tasche – bald maßlos über-, bald unverschämt unterbietet. Von Gunten notiert in sein Tagebuch: »O mir ist manchmal, als hätte ich es in der Gewalt, mit der Erde und all den Dingen darauf beliebig spielen zu können.« In Tat und Wahrheit hat er aber sein Ich, die Voraussetzung für solch artistisches Jonglieren, längst verloren. Es ist umgekehrt, die Erde mit all ihren Dingen spielt mit Jakob von Gunten. Walsers Figuren haben wohl Spielbeine, aber kein Standbein. Die vielzitierte Verspieltheit dieses Weißclowns unter den Poeten ist die Versalität eines Bodenlosen. Was verdirbt denn, wenn sich Jakobs Fata Morgana einer Wüstenexpedition mit Ritter Benjamenta am Schluß des Romans in nichts auflöst? »Eine Null«.
Walsers »Tagebuch« – bei ihm bestimmt die Form des geringsten Widerstands – ist so gebaut, daß sich der Autor über jede Chronologie hinwegsetzt. Schon im ersten Abschnitt steht fest: die Zöglinge bringen es zu nichts. Andererseits erfahren wir erst aus dem saumseligerweise immer wieder hinausgezögerten »Lebenslauf« Jakob von Guntens, woher »Immerderselbe« (der eben gerade nie derselbe ist) kommt. Heißt das Lehrmittel zu Beginn noch »Was be-

zweckt Benjamenta's Knabenschule«, wechselt der Titel im Verlaufe der Niederschrift. Haben die Lektoren geschlafen wie die Lehrer im Institut? Diese Unordnung ist weniger einem Kompositionsprinzip als Walsers grenzenloser Schreibfahrlässigkeit zuzurechnen, die uns den Autor so sympathisch macht. Häufig beendet er die Abschnitte mit einer rhetorischen Frage: »Ist das Bruderliebe? Ja, kann sein.« Oder mit einem Selbstkommentar wie: »Nette Träumereien sind das!«

Walser scheint aber mitnichten gewillt zu sein, seine Figur in Zucht zu nehmen. Über den vorbildlichen Mitschüler Kraus heißt es: »...nun, das vor allen Dingen, dieses Nicht-Schwatzhafte, nenne ich Bildung.« Dies sagt ausgerechnet ein Diarist, der sich dauernd seiner Geschwätzigkeit wegen ermahnen muß, einer, der nichts so haßt wie treffende Worte. Aus dem Widerspruch zwischen Sein und Schein, zwischen Jakobs Phantastereien und der schäbigen Schulrealität resultiert eine Erzählweise, deren Melodie, wie Walter Benjamin bereits 1929 formuliert hat, »das Schluchzen ist«. Einerseits unterstreicht das Schwatzhafte von Guntens Minderwertigkeit; andererseits hebt es ihn weit über die klägliche Benjamenta-Welt empor, über die anders als nassauerhaft zu berichten sich gar nicht lohnt. Hieran dürfte sich Kafkas Faszination festgebissen haben, an der paradoxen Glorifizierung der Nichtigkeit eines dienstbaren Individuums, welche auf semantischer Ebene nach dem Nonsens ruft. Apodiktische Aussagen können im selben Atemzug widerrufen werden. Ein Musterbeispiel: »Wenn ich mir das ausmale, werde ich krank, einfach krank. Nein, niemals, niemals. Das, das wird nicht sein dürfen. Und doch wird es sein müssen. Sein müssen?« Hätte man den Autor zu seiner Zeit gefragt, was nun eigentlich gelte, hätte man wohl zur Antwort bekommen: Man wird mich zu lesen wissen müssen.

Auf höchst kunstvolle Art manifestiert sich so die Zerstreutheit des Zerrissenen. Aber: diese Art zu schreiben »führt« in Walsers Existenz zu nichts. »Literatur als Therapie?« Der Autor bleibt als einziger davon ausgeschlossen, weil auch er – wie seine Figuren – »den Wahnsinn hinter sich« hat (Benjamin). Die Anstalt vor sich, den Wahnsinn hinter sich. Typisch und erschütternd Walsers Bemerkung zu Hölderlin im »Geburtstagsprosastück«: »Hölderlin hielt es für angezeigt, d. h. für taktvoll, im vierzigsten Lebensjahr seinen gesunden Menschenverstand einzubüßen, wodurch er zahlreichen Leuten Anlaß gab, ihn aufs unterhaltendste, angenehmste zu beklagen.« Als ob Umnachtung ein willentlich eingeleiteter Prozeß und obendrein eine Frage des Taktes sei! Seine Weigerung, in der Heilanstalt Herisau weiterhin zu schriftstellern, begründete der Patient zynischerweise damit, daß die Freiheit der einzige Boden sei, auf dem ein Dichter produzieren könne. Gerade an der Freiheit aber, ein wenig »wie zu meinem eigenen Vergnügen« zu duften, war Robert Walser zugrunde gegangen.

Nach dem *Jakob von Gunten* hielt es der Mißerfolgsautor in Berlin für schicklich, die offizielle epische Karriere zu beenden und zum sogenannten »Prosastückligeschäft« überzugehen. Gewiß: es gibt noch das »Tobold«- und das »Theodor«-Fragment und den Räuber-Roman. Aber alles in allem beginnt doch die Zeit der »Verstreuten Prosa«, und es dürfte kein Zufall sein, daß Briefe und Lebenszeugnisse aus der zweiten Hälfte der Berliner Jahre immer spärlicher werden. Der Dreißigjährige hatte sich nach der legendären Ballonfahrt mit Paul Cassirer in die selbstgewählte Verschollenheit begeben. Die Mansarde im »Blauen Kreuz« von Biel, die Odyssee durch möblierte Zimmer der Berner Altstadt, die Anstalten Waldau und Herisau als äußere Stationen. Die Schrift verengte sich zum Mikrogramm, das nur noch für den Autor entzifferbar sein sollte. Als man ihm von den Ehrungen zu seinem 75. Geburtstag berichtete, winkte er verlegen ab: »Was geht mich das an!« Die letzten Aufnahmen in der Chronik *Rober Walser. Leben und Werk in Daten und Bildern* zeigen den »Gast« der Heil- und Pflegeanstalt als Wanderer im gestreiften Anzug mit Schirm und Hut. Ein Bettler an der Pforte seines Lebens mit gespaltenem Kindergesicht, der zur Erkenntnis gekommen ist: »Niemandem wünsche ich, er wäre ich.«

Leben aus der Totenstadt

Gert Ueding über Karl May: *Ardistan und Dschinnistan* (1910)

»Meine Erzählung beginnt in Sitara, dem in Europa fast gänzlich unbekannten ›Land der Sternblumen‹, von dem ich im ›Reiche des silbernen Löwen‹ erzählt habe.« Generationen von Karl-May-Lesern haben schon an dieser Stelle ihrem Lieblingsautor die Gefolgschaft verweigert. Gewohnt, nach dem Aufblättern eines der wohlvertrauten grünen Bände mit den bunten Deckelbildern in die Abenteuerlandschaft der amerikanischen Prärie oder der arabischen Wüste eingeführt zu werden, sahen sie sich hier plötzlich in eine auf ganz andere Weise fabelhafte Welt versetzt, die nun offen märchenhafte Züge trägt.

Der Stern Sitara mit seinen beiden Ländern Ardistan und Dschinnistan – das eine »ein sehr tiefgelegenes, sümpfereiches Niederland«, das andere »ein der Sonne kühn entgegenstrebendes Hochland«, wie es Karl May in einem anderen Buch, am Anfang seiner Autobiographie nämlich, kennzeichnet – grenzt an literarische Gegenden, die sich von den »dark and bloody grounds« seiner früheren Romane bedeutend unterscheiden. Das Muster der geographischen Utopien scheint durch, und wie diese, so wurde auch Sitara nach dem Vorbild eines vereinfachten Weltmodells entworfen, in dem sich die schlechte Wirklichkeit und das Wunschbild idealer Lebensverhältnisse unvermittelt gegenüberstehen.

Ardistan ist das Land des Unfriedens und der Gewalt, sein Herrscher ein Tyrann, der nur auf Krieg sinnt, die Korruption begünstigt und das Unrecht pflegt. Ihm bedeutet Dschinnistan, das Reich edler Menschen, der Humanität und Nächstenliebe, ein ewiges Ärgernis, das er von der

Landkarte getilgt wissen will. Eben jetzt (damit beginnt die Handlung des Romans) droht er dem Mir von Dschinnistan mit Krieg und hofft, den verhaßten Feind unter Anstrengung aller Kräfte endlich niederwerfen zu können. Da trifft es sich günstig, daß gerade Kara ben Nemsi mit seinem Freund und Diener Hadschi Halef Omar bei Mara Durimeh, der Herrscherin Sitaras, weilt; als ihr Gesandter soll er das Schlimmste verhüten.

Diese Konstellation kennt nun freilich jeder Karl-May-Leser schon aus den zahllosen Abenteuern seines Helden bisher. Ob verfeindete Indianer- oder Beduinenstämme, immer wieder hatte er sich als Friedensbote oder Schiedsrichter, als Retter und Beistand der Guten oder als überlegener und unbesiegbarer Feind der Bösen zu bewähren. In dieser unaufhörlich beschworenen Gestalt des Retters kulminieren alle Wünsche und Hoffnungen Karl Mays, sie bildet den Fluchtpunkt seines Weltbildes von Anfang an und gibt allemal das geheime Losungswort, auf das hin sich alle verborgenen Türen öffnen, alle Verkannten ihre Identität zurückerhalten und die Verbannten ihre Heimat wiederfinden. Als Mir von Dschinnistan hat sie im Altersroman schließlich die mythologische Deutung ausdrücklich erhalten, die ihr unausgesprochen schon immer unterlegt war, selbst in den oft schludrig und eiligst zusammengeschriebenen Spannungsgeschichten seiner Frühzeit.

Bei näherem Hinsehen zeigt sich *Ardistan und Dschinnistan* zunehmend als ein so befremdliches wie vertrautes episches Bauwerk, das sein Autor am Schluß seines Lebens aus der von ihm längst bearbeiteten und geformten Materie seiner Kolportage- und Reiseromane zusammengefügt hat. May greift aus dem gewaltigen Vorrat seiner literarischen Schatzkammer heraus, was er nun zu neuer Absicht noch gebrauchen kann, doch kein Ding, kein Geschehen, keine Handlung, die nicht neben ihrem abenteuerlichen Sinn auch eine neue Bedeutung erhielte und zum allegorischen Zeichen würde, das eine andere Ebene zugleich mit ausspricht. Nichts bleibt von diesem Prozeß verschont: weder die edlen Pferde wohlbekannter Abkunft noch die unveränderten Requisiten aller erträumten Abenteuer unserer Jugend, vom Henrystutzen bis zur Nilpferdpeitsche.

In der alten Abenteuerlandschaft mit ihren Formationen Wüste, Felsenschlucht, Flußtal oder Insel tauchen aber neben den aus den »Schluchten des Balkan« oder dem »Lande der Skipetaren« längst vertrauten Helden seltsame Fremdlinge auf. Die Ussul, ein Volk von stark behaarten Riesen, mit unartikulierten Stimmen und grotesken, ungeschlachten Bewegungen, Wesen, »die soeben erst den Übergang aus dem Tierreich in das Menschengeschlecht« vollzogen haben; die beiden Hunde Aacht und Uucht, die so schnell wie Fischottern schwimmen können und mit dem »hochedlen Rapphengst« Syrr wie verwandt erscheinen; oder der rätselhafte Dschirbani, der für wahnsinnig und räudig gilt, von den Ussul gefangengehalten wird, sich dann von ganz anderer Identität und als Abgesandter des Mir von Dschinnistan erweist, aber verkannt und mit seiner Botschaft von den unreifen Menschenriesen nicht gehört und verstanden wurde: »Auch sein Gesicht war lang behaart, von der Stirn bis auf den Hals herab, ganz wie bei den Ussul, aber so dünn und fein, daß man wie durch einen zarten, langmaschigen Schleier hindurch die Züge des ungewöhnlich edlen und ganz eigenartig schönen Gesichtes sehen konnte. Wie er, den Blick zur Erde gesenkt, so allmählich sich der Pforte näherte, hatte es den Anschein, als ob seine Gestalt mit jedem Schritte immer höher und breiter, immer bedeutender und eindrucksvoller werde.«

Gestalten des Alten und des Neuen Testaments, der christlichen Legende und des orientalischen Märchens begegnen einander in einem dichten Netz von Korrespondenzen, das aus Bruchstücken der religiösen und literarischen Überlieferung sowie des eigenen Romanwerks zusammengefügt wurde. Der Weg der Helden durchs Land der Ussul und der Tschoban bis nach Ard, der Residenzstadt des kriegerischen Gewaltherrschers über Ardistan, ist der erste Teil einer Initiationsreise voller Prüfungen und Gefahren, von denen jede ein Stück neuer Erkenntnis, Reinigung und Höherentwicklung bringt. An ihrem Ende steht freilich nicht die Ankunft im Land ohne Übel und Verderben auf den Höhen Dschinnistans, sondern die Verwandlung und Erneuerung der alten Welt. In einem ehemaligen Verbündeten und Freund ist dem Mir von Ardistan ein unerbittlicher und ihm an Verderbnis und Bosheit überlegener Feind entstanden, der ihn stürzen will, in die Totenstadt inmitten der Wüste lockt und schon zu triumphieren droht. Doch aus Zerstörung und Tod entspringt auch diesmal neues Leben. Die tiefe Krise und der Einfluß der von Mara Durimeh ausgesandten Versöhnungsboten verwandeln den Gewaltherrscher zum edlen Friedensfürsten, dem es mit Hilfe aller verbündeten und wohlgesinnten Kräfte gelingt, seinen Widersacher zu überwinden und das Reich der Gerechtigkeit, Eintracht und Freiheit zu errichten: »Der Friede war geschlossen, und zwar für ewige Zeit.« Damit endet der Roman, und wenn die Zeitschriftenfassung hier aus äußerlichen Gründen abbrach, weil die Redaktion den Autor dazu zwang, so hat Karl May für die Buchfassung die Fragmentgestalt in einen bewußt offengehaltenen Schluß umgedeutet, der dem Thema auch durchaus besser angemessen ist als die gerundete Form: »Wir aber wendeten unsern weitern Aufstieg nun den Bergen, über deren Pässe der Weg nach Dschinnistan führte, und unsrem hohen, weiteren Ziele zu.«

1910 als Buch erschienen, hat Karl May seinen letzten Roman in der Zeit der großen Presse- und Prozeßhetze geschrieben, deren Belastungen er gesundheitlich schließlich

nicht mehr gewachsen war, und nur mit Bewunderung kann man registrieren, wie es ihm gelang, noch einmal die verzweifelte Bedrängnis und das Leiden seines Lebens auszufabulieren, doch diesmal nicht kompensatorisch in Form von Größenphantasien, sondern in Bildern einer mystischen Läuterungsreise, die in das Drama der Welt hineingeschrieben wird oder sich vielmehr dazu ausweitet.
Die Rudimente der Abenteuerhandlung erweisen sich als ganz nebensächliche Verbindungsglieder für die Übergangsstationen zu einem neuen und reicheren Leben, das identisch ist mit der Neuerschaffung der Welt. Karl May hat seinen eigenen Erlösungswillen durchs Material der Geschichte und Natur hindurchgetrieben und in Gleichnissen, Metaphern, Allegorien ausgedrückt, die sich immer wieder zu Weltbildern von großer Intensität und Fülle verdichten. In den steinernen Engelsfiguren der Wüste, den beiden Wasserengeln an der Landenge von Chatar und dem »Engel der Wasserscheide« wird das jedem Menschen eingeborene Engelsideal zum Engel der Geschichte entwickelt, der den nach Dschinnistan aufwärtsstrebenden Völkerschaften und ihrem Chronisten den Weg weist und sie mit lebensspendendem Wasser versorgt. Oder die »fantastische Schilderung der Totenstadt«, die Arno Schmidt »ein wirkliches Meisterstück« genannt hat, darin aber nur Mays Gefängniserfahrung widergespiegelt sehen wollte, dieses in Wahrheit beinahe hoffnungslos düstere Weltpanorama bedeutet die Verneinung alles Lebens. Eine Landschaft von »abschreckender Öde«, bloß unterbrochen von »Häuserleichen«, »ausgestorbenen Dörfern«, trockenen Fluß- und Bachbetten, den »bleichen Skeletten« der Bäume, vegetationslos und verlassen, bildet die Umgebung eines riesigen, starren, leeren Häusermeers. »Diese Gebäude standen genau noch so da, wie sie vor Jahrhunderten gestanden hatten. Fast nichts war zerstört. Nur die weit draußen liegenden Hütten der Armut hatten sich in

Trümmer, in formlose Haufen verwandelt, die aber nicht etwa Staub und Erde bildeten, sondert hart wie Eisen waren.« Ein Bild der Welt nach der apokalyptischen Katastrophe, der kosmischen Ermüdung und Erstarrung, doch dann ebenso wie die Menschen, die hier ins äußerste Extrem der Prüfung und Erprobung geführt werden, der Regeneration fähig: »Richtiger wäre es vielleicht (angesichts der Totenstadt) an einen Winter ohne Schnee und Eis, ohne Frost und Kälte zu denken, der alles Leben in die Tiefe treibt, so daß jede Spur desselben verschwindet. Wenn aber die Schritte des Frühlings von fernher schallen, dann steigt es wieder empor und beginnt, in den Säften und im Blute von neuem zu pulsieren.«

Oder schließlich Mara Durimeh, die die »Herrin und Gebieterin aller Seelen« genannt wird, mit den Sternen zu sprechen vermag, um damit den Blick »für seelische und für geistige Firmamente frei« zu machen. Die literarische Wiedergeburt einer hohen Frau aus anderer, doch, wie sich herausstellt, nun gar nicht mehr so weit entfernter Gegend: der Makarie aus Goethes *Wilhelm Meister*, von der es auch schon hieß, daß sie »zu unserem Sonnensystem in einem Verhältnis« steht, »welches man auszusprechen kaum wagen darf«. Ja, auch mit der Aufladung und Nobilitierung des alten Kurdenweibs aus dem frühen Orientzyklus seiner Reiseromane zur menschlichen Entsprechungsfigur der Welt ist Karl May eine schriftstellerische Leistung von Rang geglückt. Zugleich Weltmutter und Makanthropos, Engel und eingeborenes Ziel der menschlichen Natur, verkörpert sie die höchste Möglichkeit des Daseins. Sie ist auch die Trägerin und engagierte Verfechterin der Friedensidee, der eigentlichen und leider immer noch unveralteten Botschaft dieses merkwürdigen und in der deutschen Literatur ganz singulären Romans, der zwar einzelne und darunter namhafte Bewunderer von Bertha von Suttner bis Arno Schmidt und

Hans Wollschläger, aber noch nicht sein großes Lesepublikum gefunden hat: »Ihr habt Kriegswissenschaften, theoretische und praktische. Und Ihr habt Friedenswissenschaften, theoretische, aber keine praktischen. Wie man den Krieg führt, das weiß kein Mensch. Ihr habt stehende Heere für den Krieg, die jährlich viele Milliarden kosten. Wo habt Ihr Eure stehenden Heere für den Frieden, die keinen einzigen Para kosten, sondern Milliarden einbringen würden? Wo sind Eure Friedensfestungen, Eure Friedensmarschälle, Eure Friedensstrategien, Eure Friedensoffiziere?«

Aus der Not ins Himmelreich

Gerhard Schulz über Gerhart Hauptmann: *Der Narr in Christo Emanuel Quint* (1910)

»Nimmt man Goethe aus, so ist es selten, sehr selten geschehen, daß ein Werk der Literatur die Ranghöhe erreicht hat, die deutsche Philosophie und deutsche Musik geschaffen haben. Vor wenigen Jahren aber ist ein Buch erschienen, das auch diesem Maßstab wieder gerecht wird: Emanuel Quint, der Narr in Christo, von Gerhart Hauptmann.« So steht es in Theodor Haeckers Aufsatz *Sören Kierkegaard und die Philosophie der Innerlichkeit* aus dem Jahre 1913 – das gerühmte Buch war 1910 erschienen und hatte mit Innerlichkeit viel zu tun. Mit der Proklamation der »Ranghöhe« freilich hat Haecker kein Glück gehabt. Die Disteln, unter denen Alfred Kerr 1934 in seiner Abrechnung *Gerhart Hauptmanns Schande* dessen Andenken verscharrt sehen wollte, sind, wie über viele andere Werke Hauptmanns, so auch über diesen Roman gewachsen. Es kommt keine seltene Kostbarkeit hervor, wenn man sie beiseite biegt, sondern nur ein Fundstück mit Sprüngen und Rissen, das von Vergangenem zeugt. Aber dessen Macht reicht bis in die Gegenwart.

Gerhart Hauptmanns Geschichte vom schlesischen *Narren in Christo Emanuel Quint* liest sich, rund acht Jahrzehnte nach ihrem ersten Erscheinen, als eine merkwürdige Parabel über Verführung. Denn Verführer und Verführter zugleich ist dieser Narr am Ende des vergangenen Jahrhunderts, aus der Gegend zwischen Hirschberg und Breslau, der Schneekoppe und dem Eulengebirge, einer Landschaft also, in der nun seit rund vierzig Jahren Deutsch nicht mehr Landessprache ist. Keine Narrheit ist so groß, daß sie nicht ihre Anhänger fände, und je größer die Zahl der Gläubigen, desto legitimer und wahrer scheint wiederum das Geglaubte. In einem Zeitalter ewig neu erstehender Gurus, Apostel, Propheten und Heilande hat es seitdem für solche Dialektik der Verführung Anschauung genug gegeben.

»An einem Sonntagmorgen im Mai erhob sich Emanuel Quint von seiner Lagerstätte auf dem Boden des kleinen Hüttchens, das der Vater mit sehr geringem Recht sein eigen nannte.« Barfüßig, mit unbedecktem Kopf und in würdiger Haltung geht der Erweckte vom Land zur Stadt und verkündet auf dem Marktplatz von Reichenbach all denen, die es hören können, daß das Himmelreich nahe und er ein Werkzeug des Herrn, ein Bekenner des Evangeliums Jesu Christi sei. Ein wenig Exzentrik, aber nichts Außerordentliches ist dabei, denn Quint ist, sozusagen, ein armer Hund, unehelich geboren, vom Stiefvater widerwillig geduldet, mit der Bibel als einzigem Buche aufgewachsen und ein wenig zur Spintisiererei veranlagt.

Not ist ein guter Nährboden für die Sehnsucht nach dem Himmelreich, von der Quint zu predigen versucht. Es geht um Absolutes also, aber gerade weil es darum geht, ist Toleranz keine Sache der Heilslehrer. Quint, missionarisch gesinnt, aber weit davon entfernt, sich als Heiland einsetzen zu wollen, erfährt das auf dem Reichenbacher Marktplatz. »Soll ich vielleicht deinen Hobel führen, mein Sohn«, fragt ihn dort der empörte Pastor Schimmelmann, »wolltest du etwa an meiner Statt auf die Kanzel treten? Nun sage mir doch: was hieße denn das? Das hieße Gottes Ordnung mit Füßen treten.« Und zum Amtsvorsteher gewendet: »Da haben wir's, lieber Baron, man kann sich gar nicht bestimmt und energisch genug dagegen auflehnen, daß Laien in ungesunder Geschäftigkeit den Dienern am Worte vorgreifen und eigenmächtigerweise das Volk beunruhigen.« Altar und Thron werden zur Barrikade gegen Quint zusammengestellt.

Aber auch andere haben ihn gehört, die Armen, Verachteten, »Enterbten«, wie sie Hauptmann nennt, die nichts besitzen außer ein paar vagen Hoffnungen und die allem willig lauschen, was diesen Hoffnungen vielleicht einen Schimmer von Wirklichkeit geben könnte. Wir sind auf dem Territorium der schlesischen Weber; Hauptmanns Stück von 1892 ist ein Grundstein für die Geschichte Quints. Gehört also haben ihn auch die Brüder Scharf, »noch jung und ehrsame Leinweber«, die den Laienprediger nun zu ihrem Abgott machen und andere Enterbte mit sich reißen werden, dabei Quint in Situationen und Rollen drängen, denen er nicht gewachsen ist.
Hauptmanns Absicht ist es nicht, eine epische Studie zur Massenpsychologie zu geben, obwohl ihn das Phänomen schon früh beschäftigt hat, wie gerade *Die Weber* zeigen. Um die ganze Dämonie der Verführung und Gebrechlichkeit des Menschlichen darstellen zu können, bedurfte es wohl erst der weiteren Erfahrungen des Jahrhunderts. Und es bedurfte allerdings auch eines politischen Sinnes, der Hauptmann immer abgegangen ist und der durch die Neigung zu religiösen Aufschwüngen nicht kompensiert wird, am wenigsten in jener politisch bewegten Zeit des deutschen Kaiserreiches, in der Hauptmanns Roman spielt. Die Verwirrungen des Helden sind auch diejenigen des Autors. Emanuel Quint ist nicht als diabolischer Verlocker angelegt. Am Schluß des Romans steht die offene, ein wenig hilflose, ja banale Frage, ob er »nicht doch am Ende der wahre Heiland« gewesen sei.
Mit seinem Buch beteiligte sich Hauptmann an einem beliebten Gedanken- und Kunstspiel der Zeit um 1900. Man erinnert sich aus alten Lesebüchern noch der Bilder Fritz von Uhdes, auf denen Christus in deutschen Arbeiterstuben zu sehen war, wie er die grobgekleideten Kindlein in Holzpantinen zu sich kommen und sie an dem Licht teilnehmen ließ,

das von ihm ausstrahlte. Ähnliche Besuche des Heilands in der modernen Welt geschahen auch in der Literatur, bei Max Kretzer zum Beispiel oder später bei dem Amerikaner Upton Sinclair.
Es hat seinen Reiz, den Gründer einer Lehre mit deren späteren Folgen oder Entstellungen zu konfrontieren. Aber es hat auch etwas Plattes an sich, weil die Antwort zumeist schon parat liegt. Hauptmann nun vermeidet solche Plattheit, wo sein Quint schlesischer Tischlersohn bleibt und die private Epiphanie nicht aus der Sphäre des menschlich Verständlichen und Erklärbaren heraustritt. Diese Teile machen den tieferen Reiz und die Kraft dieses Buches aus. Flach und ermüdend hingegen wird Hauptmann, wo er seinen Helden in schier endlose biblische Predigten ausbrechen läßt, die dessen Niveau übersteigen, deren Gedanken aber wiederum zu unklar sind, als daß sie für sich selbst akzeptabel wären.
Zum Glück erzählt Hauptmann nur bedingt eine zweite Passion. Auch die Welt, durch die sie führt, ist nicht schlechterdings ein Pfuhl der Sünde, die der »Giersdorfer Heiland« anzuklagen kommt. Hauptmann hat diese Welt vielmehr reich ausgestattet, und wie in seinen Stücken auch in diesem Roman, so begegnet man einer großen Schar von irrenden, suchenden, schwätzenden, schimpfenden, bornierten oder träumenden Menschen. In solch menschlichem Realismus ist er immer am stärksten gewesen. Allein die technische Meisterschaft ist schon bewundernswert, mit der Hauptmann ein Personal von rund fünfzig Gestalten handhabt. Jeder dieser Personen verleiht er durch ein paar sichere Striche Individualität, so daß man sie in ihrer Unverwechselbarkeit vor sich sieht und sie wiedererkennt, wenn man ihr beim nächstenmal begegnet.
Hauptmanns Personal reicht vom Lumpenproletariat der Schmuggler und Prostituierten bis zu den Honoratioren der Großstadt Breslau und jenen der kleinen schlesischen Pro-

vinzstädte, reicht dort von den Rittergutsbesitzern, die rüde auftreten oder aber mildtätig wie das Gurauer Fräulein, bis zu den Gendarmen, die in Pflichttreue der Macht ergeben sind, die sie bestallt hat. Literarisches Spiel ist hineingemischt, ein paar Figuren lassen sich leicht entschlüsseln. In den zwei Brüdern Hassenpflug »aus dem Münsterschen« – »Schwärmer, Dichter und Sozialisten« – sind unschwer Heinrich und Julius Hart wiederzuerkennen, die in den achtziger Jahren in Berlin jene naturalistische Bewegung in Gang setzten, der dann Hauptmann selbst international Ruf verschaffte. Für Peter Hullenkamp, »mit Bettfedern im verwahrlosten Haar und dem langen, kaftanartigen Paletot«, hat der Bohemien-Poet Peter Hille Modell gestanden und Else Lasker-Schüler für jene Annette von Rhyn, »die überall neben ihm herlief, wie Antigone neben dem blinden Ödipus«: »Sie lebte mit ihm, indem sie ihm seine Flöhe absuchte, an den mit Früchten, Gewürzen und Getränken überlasteten Tischen in den Palästen und bedient von den vielen hundert Sklaven ihrer Einbildung.«

Das freilich sind nur ein paar Gemmen für Literaturinteressierte, Charaktermodelle ohne die Absicht zu Parodie und literarischer Polemik, die Hauptmann nicht lag. Es sind Nebensachen im Verhältnis zu der Leidensgeschichte des Narren in Christo. Die biblische Suada seiner Predigten und Verkündungen durchzieht den ganzen Roman und übt, trotz wuchernder Fülle, stellenweise doch eine eigenartige Faszination aus, denn sie bildet bei all ihrer gedanklichen Unzulänglichkeit immer wieder eine Art archaischen Kontrast zu der schlesisch-preußisch-deutschen Realität in der Zeit des Sozialistengesetzes und des seine Glieder streckenden staatlichen Imperialismus. Von Anfang an steht Quint bei den Hütern dieser Realität als Unruhestifter unter dem Verdacht des Sozialismus oder Anarchismus, von dem er nichts weiß und versteht.

»In Zeiten der Unterdrückung« pflanze »die Schwärmerei mystizierender Sekten« die »revolutionäre Tradition« fort, schreibt Friedrich Engels in seinem Buch über den *Deutschen Bauernkrieg* und bezieht das insbesondere auf die Wiedertäufer. Für diese wiederum hat sich Hauptmann zeitlebens interessiert, und der wirren Utopie des Wiedertäuferreiches von Münster am Anfang des sechzehnten Jahrhunderts ist tatsächlich die Gemeinschaft nachgebildet, die Quints Anhänger in einer Talmühle des Riesengebirges gründen. Im Rausch der Heimlichkeit führt die »Versammlung von wahrhaft Enterbten« dort die Gütergemeinschaft ein, ein »genossenschaftliches Experiment« zunächst, eine Land-Wohngemeinschaft sozusagen, aus der im religiös motivierten Liebesrausch dann freilich kein Tausendjähriges Reich entsteht, sondern Massenwahn und Massenhysterie. So werden die Berauschten rasch zu Verführten, von ein paar Schlaumeiern erneut ausgebeutet und damit auch dem ursprünglichen Verführer zum Verhängnis.

Denn Quints, des reinen Narren, Sache war all dies nicht. Er treibt vielmehr – wenn sie sich orgiastisch verbrüdert und verschwistert – die Gemeinschaft auseinander, die sich in seinem Namen versammelt hat und sich auf seine Lehre von der allgemeinen Menschenliebe beruft. Aber Quints Forderung »Machet euch frei von dem Dienste des vergänglichen Wesens zu der herrlichen Freiheit der Kinder Gottes« ist allerdings als Gegenmittel kein sicherer Halt. Ohne Zweifel läßt sich auch der Autor zuweilen wegschwemmen von dem Pathos der Predigten Quints, nur daß es ihm gleichzeitig auch um den Tadel an der Verführung zu tun ist. Davon jedenfalls handelt die ganze zweite Hälfte des Romans, denn um des festen Haltes für seine Talbrüder willen läßt Quint sich aus dem Propheten zum Messias selbst machen und begibt sich damit in ein Dilemma, dessen er ganz und gar nicht Herr werden kann. Der ›Narr in Christo‹ gerät auf diese

Weise in die Einsamkeit, und er scheitert an dem, was ihn wiederum so sehr sympathisch macht: daß er seine Botschaft nicht zu institutionalisieren und zu kommerzialisieren versucht und kein mehr oder weniger fragwürdiger Sektengründer werden will.
In der »Feldpredigt« am Ostersonntag, knapp ein Jahr nach seiner Erweckung, verdammt Quint, ein Apostel der Gewaltlosigkeit, die Rüstung zur Gewalt: »Habt ihr nicht die Völker bewaffnet, die Welt von Myriaden von furchtbaren Mordinstrumenten bedeckt? Schwimmen nicht eure ungeheuren eisernen Mordmaschinen auf allen Meeren, und meinet ihr, daß der Heiland eure Kanonen, eure Gewehre und eure scheußlichen Metzelfeste segnen wird?« Hauptmann läßt das seinen Helden zu einer Zeit sagen, da der junge deutsche Kaiser von einer mächtigen deutschen Kriegsflotte träumte und sie aufbauen ließ, und niedergeschrieben ist es am Anfang eines Jahrhunderts der Weltkriege.
Aber je umfassender Quints großer Fluch auf alle menschliche Heuchelei, Niedertracht und Gier wird, desto weiter entfernt er sich von den Menschen, desto enger hüllt er sich in sein Messiasgewand und desto mehr erscheint er schließlich eben als der Narr in Christo. Hinter der Imitatio Christi des »in die Enge getriebenen Tischlersohns« verbirgt sich die Hilflosigkeit. »Wer es fassen mag, fasse es«, lautet eine häufige Floskel der Verlegenheit in Quints Reden. Man weiß durch den Mynheer Peeperkorn im *Zauberberg*, jener ironischen Huldigung Thomas Manns an Hauptmann, daß Floskeln der Undeutlichkeit und Verwischtheit auch dem Schöpfer Quints zu eigen waren. Nicht weit von dem Zauberberg Davos übrigens findet Hauptmanns Narr sein Ende; auf der Flucht vor den Menschen verirrt sich Quint im Schneegestöber am Sankt Gotthard und geht in den Tod. Auf einem Blatt, das man bei dem Toten findet, steht die Frage: »Das Geheimnis des Reichs?« Und Hauptmann schließt seinen

Roman mit den Sätzen: »Wer weiß es? Der Zettel enthält eine Frage, sicherlich! Aber was bedeutet es: Das Geheimnis des Reichs?«

Ratlosigkeit und Vagheit liegt in dieser letzten Frage. Gewiß läßt Hauptmann seine Geschichte vom Giersdorfer Heiland durch einen »Chronisten« erzählen; er selbst versucht, sich in Distanz zum Helden wie zum Erzähler zu halten. Aber über Ironie, die aus wissender Skepsis kommt, verfügte er nicht, und so spiegeln Ratlosigkeit und Vagheit des Chronisten schließlich auch diejenige des Autors. Die Geschichte Quints nimmt auf diese Weise Züge der Geschichte des deutschen Schriftstellers Gerhart Hauptmann an. Das Zweite Reich des Kaisers Wilhelm betrachtete ihn als Aufrührer und Unruhestifter. Auf der Suche nach dem Dritten Reich der Mystiker jedoch verlor er die Kraft, dem keineswegs mehr geheimnisvollen »Dritten Reich« des politischen Verführers mit Mut gegenüberzutreten.

Ein verlassener Held

Peter Härtling über Georg Hermann: *Kubinke* (1910)

Ehe ich den Roman *Kubinke* wieder las, bin ich den Lebensspuren seines Autors, Georg Hermann, nachgegangen. Er war Preuße. Er war Berliner. Er war Jude. Gleichsam Satz für Satz und doch in einem Atemzug. 1871, im Jahr der Kaiserproklamation und der Reichsgründung, wurde er geboren. Noch hieß er Hermann Borchardt. Sein Vater war Kaufmann. Das sollte auch das Berufsziel des Sohnes sein. Doch der sprang bald ab, studierte Kunstgeschichte und begann als Journalist zu arbeiten, nun schon unter dem Namen Georg Hermann.

Nachdem er seine Feuilletons in mehreren Bänden gesammelt und seine Bewunderung für Max Liebermann in einer Monographie (1904) ausgedrückt hatte, versuchte er sich als Romancier. Und das gleich mit großem Erfolg. In *Jettchen Gebert* erzählt er milieugenau, mit Sentiment und manchmal ein wenig sentimental eine Geschichte aus der jüdischen Gesellschaft Berlins vor 1848, erzählt von einer hochgestimmten jungen Frau, die sich an ihrer Umgebung reibt, die liebt, leidet und die, wie die Leser aus der drei Jahre später erschienenen Fortsetzung *Henriette Jacoby* erfahren, an ihrer Entschlußlosigkeit förmlich erstickt.

Das erinnert, keineswegs von ferne, an Fontanes *Jenny Treibel*. Dennoch ist Jettchen ein eigenwüchsiges Geschöpf. Und Georg Hermann bestimmt kein Epigone. Er kennt seine Grenzen, stapelt nicht hoch. Er erfindet vorsichtiger, umständlicher als sein großer Vorgänger. Aber ebenso wach und kritisch wie Fontane beobachtet er Spannungen und Veränderungen in der Gesellschaft.

Zwischen 1917 und 1934 schreibt er an »einer Kette von fünf Romanen«, in denen er den Verfall des Berliner Bürgertums schildert, Erzählungen, reich an Details, erfüllt von Trauer über Raffgier, Zynismus und Gleichgültigkeit. Im Zorn blieb er leise und gerecht. Der letzte Roman aus dieser Reihe, *Ruths schwere Stunde*, konnte schon nicht mehr in Deutschland erscheinen. Er kam 1934 bei Allert de Lange in Amsterdam heraus.
Hermann floh, kaum war Hitler an der Macht. Er mußte sein Land verlassen, konnte nicht, wie manche andere, abwarten. Zwar hatte er sich politisch nicht hervorgetan, aber er, der Jude, hatte über Juden geschrieben, und seine pazifistischen Äußerungen waren nicht vergessen. Da konnte ihm auch das perfide Wohlwollen eines Adolf Bartels, dieses Literaturbarden, der aus seiner Beschränktheit eine Ideologie machte, nicht helfen, der hatte in seiner *Geschichte der deutschen Literatur* den Abschnitt über Hermann mit dem Satz begonnen: »Zu den Juden kommen wir dann mit Georg Hermann (Borchardt)..., der Heinrich Mann und Ewers gleichaltrig ist, künstlerisch gehört er aber eher zu Thomas Mann.« »*Jettchen Gebert*«, urteilte Bartels, »ist mit Manns *Buddenbrooks* vielleicht die beste Leistung der Fontaneschule«, fuhr dann jedoch, ein teutscher Literaturverwalter, fort: »Das Judentum schildert Hermann im ganzen echt, manche Dinge, die, wie das gewohnheitsmäßige Schwängern deutscher Dienstmädchen durch einen ›Helden‹ des Romans, als absolut selbstverständlich hingestellt werden, können, ja müssen deutsche Menschen erbittern, wie denn Hermann überhaupt kein angenehmer Judentypus ist.«
Es fällt mir schwer, solche Sätze abzuschreiben. Ich denke mir, daß sie in dem Augenblick, als Hermann überstürzt von Berlin Abschied nahm, laut wurden. Sie waren ja nicht selten, sondern Bestandteile einer fortdauernden, blutrünstigen Denunziation und bestimmten längst das »geistige Klima«.

Da wurde der Holocaust schon vorbereitet, wurden die zukünftigen Verfolger und KZ-Wächter schon motiviert. Hermann ist 1933 zweiundsechzig Jahre alt. Ich stelle mir vor, wie er noch einmal erwog, was er brauchte, was er zurücklassen mußte. Teile der geliebten Porzellansammlung hatte er in den Tagen zuvor in Kisten verpackt. Sie waren unterwegs nach Amsterdam. Er floh und war gleichwohl begünstigt, mehr als viele andere, die nicht wußten, wie sie im Exil leben, überleben sollten. Seine Bücher wurden in Holland gelesen. Er war als Autor bekannt. Freunde empfingen ihn in Amsterdam. Kurz darauf erschien *Ruths schwere Stunde*. Ein Jahr später *Rosenemil*, mit dem Hermann erzählend in ein vergangenes Berlin heimkehrte. 1938 kamen *Jettchen Gebert* und *Henriette Jacoby* in einem Band heraus.

Kurz nach dem Einmarsch der Truppen Hitlers wurde Georg Hermann als Jude festgenommen und zusammen mit seiner Tochter und deren Sohn in das Konzentrationslager Westerbork »eingeliefert«. Verwandte in der Schweiz versuchten über das »Comité aux refugiés intellectuels« zu helfen, Hermann und den Seinen eine Ausreise nach Palästina zu verschaffen. Als schließlich die Papiere kamen, erreichten sie noch Tochter und Enkel. Georg Hermann hingegen wurde nach einer Auskunft vom »Nederlandse Roode Kruis« »am 16. November 1943 ... nach Auschwitz transportiert«.

Sein holländischer Biograph C. G. van Lier (ein deutscher fand sich bis jetzt nicht) zitiert aus dem »Kalendarium der Ereignisse im K.Z. Auschwitz ›Birkenau‹«: »17. 11. 1943 RSHA-Transport, 995 Juden aus dem Lager Westerbork: 166 Kinder, 281 Männer und 291 Frauen unter 50 Jahren und 257 Personen im Alter über 50 Jahren. Nach der Selektion lieferte man 275 Männer als Häftlinge ins Lager ein. Sie bekamen die Nr. 163798–164072; 189 Frauen bekamen die Nr. 68724–68912. Die restlichen Personen wurden vergast.«

Das ist die Todesanzeige für einen deutschen Schriftsteller.
1968 hatte ich bei S. Fischer mit einer Reihe begonnen, die ich »Im Fischernetz« nannte. In den alten Verlagslisten S. Fischers suchte ich nicht nach den Berühmten, sondern nach denen aus der »zweiten Reihe«, sicher, dort wichtige Autoren und lesenswerte Bücher zu finden. Auch *Kubinke* geriet ins »Fischernetz«. Er tritt leise auf und verwirrt gleich alle und alles: Emil Kubinke, Friseurgehilfe, doch mit einer etwas besseren Schulbildung, als es sonst bei Friseuren üblich ist. Seit dreieinhalb Jahren ist er in diesem Beruf tätig. Nun stellt er sich seinem neuen Prinzipal, Herrn Ziedorn, vor. Was ihm nicht sofort gelingt. Er steht herum, er steht im Weg. Ein Berliner Chaplin, überquellend von gutem Willen und ungewollt ständig ein Stein des Anstoßes. Herr Tesch, der erste Gehilfe, nimmt sich seiner an. Eine Grundregel erfährt Kubinke gleich und weiß sie sowieso schon: »In keinem monarchisch geleiteten Staatswesen ist so sehr der Wille des Staatsoberhauptes Gesetz wie in der kleinsten Ritze vom Barbierladen der des Chefs.« Aus diesem Grund verbietet es sich auch, daß er das ihm zum Wohnen angebotene Kabuff über dem Salon ausschlägt.
Das ist das Mileu. Nicht einen Satz lang wird es in seiner Enge putzig oder idyllisch. Eher schon unheimlich, da das Gemüt nicht fehlt und die falsche Freundlichkeit. Der Kiez ist überschaubarer Bestandteil der großen Stadt, die aufnimmt, verschlingt und ausspuckt. Da genügt es nicht, daß ein kleiner Mann, der zu etwas kommen will, die Ärmel hochkrempelt und tief durchatmet. Kubinke ist mit seinen Hoffnungen, die allesamt gekappt werden, nicht allein. Zwei Jahrzehnte später wird es Franz Biberkopf versuchen. Sicher wirft Biberkopf in seiner Verzweiflung einen gewaltigeren Schatten als Kubinke, der Friseur. Und es ist auch unsinnig, Georg Hermann an Döblin zu messen. Hermanns Kritik ist leiser, unaufwendiger, doch nicht minder genau.

Seine Sprache drängt nicht, schlägt nicht auf die Szene ein, sprengt sie nicht, wie die Döblins. Sie bleibt freundlich, mit einem traurigen Unterton: so, wie Kubinke zu sein versucht, der ja nicht besonders auffallen möchte, eben nur so viel, daß er dieser und jener jungen Dame gefällt, daß ihn dieser oder jener Kunde nicht wie einen Putzlappen behandelt.

Es sind winzige Beobachtungen, die die Erzählung genau und frisch sein lassen. Wenn Ziedorn in Gedanken die Morgenkunden – sie »erschienen mit schweren Tritten, und sie hingen ihre braunen Velvetmützen kaum an die Kleiderrechen, sondern behielten sie in der Hand« – von den feinen Vormittagsherren unterscheidet, ordnet sich der Arbeitstag, dessen Gesetzen sich Kubinke wiederum unterzuordnen hat. Was er, da es ihm nützt und dem Ansehen des Ziedornschen Geschäftes dient, mit Hingabe tut: »Als Emil Kubinke herunterkam, unterwarf er seine Person noch einmal einer langwierigen Prüfung im Spiegel, denn er fühlte, daß er jetzt seine männliche Schönheit einsetzen mußte, und er band den grüngestreiften Schlips noch einmal, und er kräuselte die armseligen Härchen seines Schnurrbarts. Und als das – trotz aller Kunstfertigkeit auf diesem Gebiet – ihn nicht befriedigte, nahm er noch schnell einen Wattebausch voll ›Ziedornin‹ und ölte die Oberlippe ein, daß sie ganz rot wurde und abscheulich brannte.« In solchen Passagen stellt Georg Hermann seinen Kubinke nicht nur ironisch aus, er läßt den Leser auch deutlich die Distanz erkennen, die zwischen ihm und seinem Geschöpf besteht: eine Distanz aus erboster Zuneigung. Kubinke geht ihm am Ende durch. So will er es ja auch. Denn Kubinke plagt ein Ehrgeiz, der seinesgleichen, wenn er nicht auf den mitleidigen Beistand von Bessergestellten zählen kann, im Jahre 1908 nicht erlaubt ist. Das herbe, auf Klasse bewußte Bildungswort sagt es unmißverständlich: Schuster, bleib bei den Leisten. Und für Kubinke: Friseur, bleib bei deinem Rasierpinsel.

Aber der Kopf! Aber die Seele! Kubinke versucht davon- und hochzukommen mit Hilfe der Frauen und bedenkt nicht, wie schnell Liebe, wird sie nicht der Wirklichkeit habhaft, hat sie kein Ziel, in Widerwillen und Haß umschlagen kann. Die Fabel ist schlicht und uralt. Kubinke, noch neu im Kiez, noch nicht wählerisch, flirtet mit der dicken Hedwig, kommt auf den Geschmack, entdeckt wenig später die rotschopfige Pauline, Dienstmädchen bei den Löwenbergs in der Beletage, und verlobt sich heimlich mit ihr – eine Tatsache, die sich unheimlich schnell herumspricht. Die beiden malen sich eine Zukunft aus, in der Kubinkes brachliegende Bildung endlich zur Geltung kommen kann, doch Hedwig macht ihnen einen Strich durch die Rechnung; sie erwartet ein Kind und behauptet unnachgiebig, Kubinke sei der Vater.

Gerüchte hetzen ihn, Gerichte schicken ihm Vorladungen ins Haus. Herr Tesch schätzt die möglichen Alimenteforderungen. Der Strick legt sich Kubinke wie von selbst um den Hals. Nun erweist es sich, daß so einer wie er solche Ansprüche ans Leben nicht stellen darf. Die Verhältnisse haben sich geändert. Kubinke scheint uns entrückt in seinem Elend. Und das »Milljöh«, dieses Quartier zwischen Zille und Kollwitz, ist Geschichte. Dennoch dachte ich, als ich diesen keineswegs großen, doch klugen und beherzten Roman wieder las, daß mir Kubinke erst neulich über den Weg lief: sprachlos, den Kopf voller unerfüllbarer Träume und die Welt voller unerklärlicher Widerstände.

Sprache als Waffe

Wolfgang Leppmann über Rainer Maria Rilke:
Aufzeichnungen des Malte Laurids Brigge (1910)

Rilkes einziger Roman, 1904 in Rom begonnen, 1909 in Paris abgeschlossen, 1910 in Leipzig veröffentlicht, steht im Ruf, ein schwieriges Werk zu sein. Zu Recht. Im Gegensatz zu anderen heute noch bekannten Romanen und Erzählungen aus der Zeit vor dem Ersten Weltkrieg wie den *Buddenbrooks, Peter Camenzind, Caspar Hauser, Professor Unrat* und den *Verwirrungen des Zöglings Törless* lassen sich die *Aufzeichnungen des Malte Laurids Brigge* kaum in einem durchlesen, ohne daß man sich unterwegs verirrte.
Vieles klärt sich erst im zweiten oder dritten Anlauf, anderes nur unter Zuhilfenahme eines Kommentars, der (um nur einige der vielen Erlebnis- und Erzählschichten zu erwähnen) zumindest das Leben des dänischen Landadels und das Paris der Jahrhundertwende fein säuberlich von der Welt der avignonesischen Päpste oder des russischen Thronprätendenten Grischa Otrepjow trennt. Rilke wußte dies natürlich; aber er gehörte nicht zu den Autoren, die den Leser an die Hand nehmen und führen. Im Gegenteil: wie in den Gedichten arbeitete er auch in seiner Prosa gern mit »lyrischen Summen«, ohne die einzelnen Posten aufzulisten, aus denen sich das Resultat zusammensetzt.
So ist denn auch von einer Handlung im überlieferten Roman-Sinn wenig zu verspüren in dieser Geschichte eines jungen Dänen aus adligem Hause, des letzten seines Geschlechts, der im Paris der ausgehenden Belle Epoque umhergeht, sich seinen Eindrücken und Stimmungen überläßt und gelegentlich ein paar Seiten schreibt. Von seiner Jugend erfahren wir durch einige Rückblenden, über sein Ende können wir nur mutmaßen.

Nicht nur *tut* Malte nichts. Es wird ihm auch nichts getan, was anderen Fremden, die arm, allein und anonym in der Großstadt vor sich hinleben, nicht ebenfalls angetan würde wie etwa die lieblose summarische Abfertigung, die ihm als ambulantem Patienten im Krankenhaus widerfährt. Selbst was er *erleidet*, erleidet er nur aufgrund seiner übergroßen Sensibilität.

Wir haben es hier also weder mit einer Titelfigur zu tun, die im epischen oder gar heroischen Sinn ein Held genannt werden könnte, noch mit einem logisch fortschreitenden Handlungsablauf (beides war 1910 recht ungewöhnlich, heute ist es gang und gäbe). Tatsächlich steht der tagebuchartig mit Datum und Ortsangabe einsetzende Anfang: »11. September, rue Toullier. So, also hierher kommen die Leute, um zu leben, ich würde eher meinen, es stürbe sich hier. Ich bin ausgewesen. Ich habe gesehen: Hospitäler«, in keinerlei kausalem Zusammenhang mit dem Ende, in dem statt des dreimaligen »Ich« ein dreimaliges »Er« aufklingt: »Was wußte sie, wer er war. Er war jetzt furchtbar schwer zu lieben, und er fühlte, daß nur Einer dazu imstande sei. Der aber wollte noch nicht.« Der Weg vom Ich zum Er wird in vielen Romanen begangen; hier aber handelt es sich um ein Gleichnis und um zwei verschiedene Personen.

Man hat das diesem Buch zugrunde liegende Strukturprinzip auf sehr verschiedene Art zu erklären versucht, am überzeugendsten vielleicht mit Hilfe des von Ulrich Fülleborn angewandten Begriffs des Komplementären, dem zufolge fast jedes Phänomen auf diesen Seiten sein Gegenteil hervorruft, dem berühmten »reinen Widerspruch« vergleichbar, von dem auf Rilkes Grabspruch die Rede ist. Kein Wunder, daß der an Durchschnittsware gewöhnte Romankonsument hier nicht leicht auf seine Kosten kommt. Kein Wunder auch, daß andererseits Nathalie Sarraute, stellvertretend für die Autoren des *Nouveau roman*, gerade dieses Werk schätzt, in

dem es heißt: »Daß man erzählte, wirklich erzählte, das muß vor meiner Zeit gewesen sein.« – Wie dem auch sei, die Sprengung der herkömmlichen Erzählform, die uns bei anderen zu ihrer Zeit avantgardistischen Romanen wie *Berlin Alexanderplatz* oder *Die Schlafwandler* den Zugang eher erleichtert, erschwert ihn uns bei *Malte Laurids Brigge*.
So unzugänglich auf den ersten Blick die Form dieses Romans erscheint, so einladend, ja verführerisch ist seine Sprache. Schon ein zeitgenössischer Rezensent wie Berthold Viertel hatte den ersten Lesern nahegelegt, sich ihr so hellhörig hinzugeben, wie man »die verschwiegenen Atemzüge eines geliebten Wesens behorcht«. Heutzutage ist die Ökonomie dieser Sprache, die ohne Fremdwörter, Flüche, Ausrufungszeichen oder andere »Verstärker« arbeitet und ihre Wirkung ausschließlich aus der jedem Wort und jedem Bild innewohnenden Aussagekraft bezieht, womöglich noch bemerkenswerter als zur Zeit der Niederschrift.
So hat man seither zum Beispiel ganze Bibliotheken über die Symptomatologie gewisser durch Krankheit, Drogen oder Massensuggestion ausgelöster Zustände der Raserei oder des Außersichseins zusammengeschrieben, ohne die Präzision zu übertreffen, mit der Malte den Kollaps des Veitstänzers auf der Place St.-Michel wiedergibt: »Er wandte ein wenig den Kopf, und sein Blick schwankte über Himmel, Häuser und Wasser hin, ohne zu fassen, und dann gab er nach. Der Stock war fort, er spannte die Arme aus, als ob er auffliegen wollte, und es brach aus ihm aus wie eine Naturkraft und bog ihn vor und riß ihn zurück und ließ ihn nicken und neigen und schleuderte Tanzkraft aus ihm heraus unter die Menge. Denn schon waren viele Leute um ihn, und ich sah ihn nicht mehr.«
Wer jemals Zeuge eines epileptischen Anfalls oder eines Ausbruchs von Chorea gewesen ist, weiß, daß er so und nicht anders verläuft. Dabei ist die Beschreibung so poetisch wie

präzise, mit Augen, die unerwarteterweise »fassen«, anstatt zu »sehen« (der Mann verliert ja tatsächlich die Fassung und nicht das Augenlicht), und einer anonymen Tanzkraft, die »es« – im Altertum hätte man gesagt: »Ein Gott«, im Mittelalter: »Der Teufel« – aus ihm schleudert.
Nicht nur in Paradestücken wie dieser Schilderung oder der des langsamen Todes des Kammerherrn Christoph Detlev Brigge auf Ulsgaard, sondern auch in zahllosen, unauffällig über diesen Text verstreuten Sätzen waltet eine Treffsicherheit ohnesgleichen. Ob Malte, sich in Gedanken mit einem fest in seiner Heimat verwurzelten Dichter vergleichend, die eigene Unbehaustheit in den Ausruf »Und ich selbst, ja, mein Gott, ich habe kein Dach über mir, und es regnet mir in die Augen« kleidet oder seine Mutter klagen läßt, daß es »keine Klassen im Leben für Anfänger (gibt), es ist immer gleich das Schwierigste, was von einem verlangt wird« oder vom Gesicht seines aufgebahrten Vaters schreibt: »Seine Züge waren aufgeräumt wie die Möbel in einem Fremdenzimmer, aus dem jemand abgereist war« – ohne eine Spur von Effekthascherei oder forcierter Originalität werden noch die alltäglichsten Sachverhalte in poetischer Überhöhung registriert und die namenlosesten Ängste des Menschen präzisiert.
Denn das Einmalige an diesem Roman ist ja wohl, daß hier erstmals ein überaus gewissenhafter Sprach-Handwerker die Sprache als Waffe einsetzt, mit der er die von allen Seiten auf ihn eindringenden Ängste zu bestehen hofft: die das ganze Buch durchziehende Angst vor dem Tode, aber auch die Angst vor dem Alleinsein und der Krankheit und der Armut und dem Untergang in der namenlosen Menge und am Ende, in der abgewandelten Parabel des verlorenen Sohnes aus dem Lukas-Evangelium, sogar die Angst vor dem Geliebtwerden. »Ich habe etwas getan gegen die Furcht«, meint Malte denn auch, nachdem er den Tod seines Großvaters er-

zählt hat: »Ich habe die ganze Nacht gesessen und geschrieben.« Überhaupt gehörte das Bewußtmachen des schöpferischen Prozesses, an den vielen Stellen, an denen sich der Verfasser narzißtisch oder auch masochistisch mit seinem Handwerk auseinandersetzt, zu den Neuerungen, mit denen *Malte Laurids Brigge* im Jahre 1910 aufzuwarten hatte. Sie gipfeln in der bekannten Aufzählung alles dessen, was ein Dichter erlebt und verarbeitet haben muß, bevor es geschehen kann, daß aus seinen Erinnerungen »in einer sehr seltenen Stunde das erste Wort eines Verses aufsteht in ihrer Mitte und aus ihnen ausgeht«. – Inzwischen haben wir uns längst an Dichter und Schriftsteller gewöhnt, die am Anfang einer Erzählung erst einmal des langen und breiten erklären, warum ihnen das Erzählen so schwerfällt.

Was schildert Rilke nun in dieser Sprache? Er legt am Beispiel des jungen Malte die existentielle Lage des modernen Menschen, genauer: die schmerzliche Einsicht bloß, daß wir ohne Gottvertrauen und Jenseitserwartung einem scheinbar sinnentleerten und nicht zu überblickenden, geschweige denn lenkbaren Dasein ausgeliefert sind. Diese These ist mit Idiosynkratischem verbrämt, von dem einiges sich behauptet hat wie Rilkes Idee des »eigenen«, quasi persönlich ausgefertigten Todes, während anderes nur mehr preziös bis zum Albernen wirkt wie die Evozierung längst verstorbener Mädchen, mit Namen, die wie Tropenkrankheiten klingen: Anaktoria, Gyrinno, Atthis.

Hier und dort ist einiges auch völlig überholt; so kann etwa ein Lobgesang auf Ibsen eine Generation nicht mehr überzeugen, schlimmer noch: interessieren, die mit Brecht aufgewachsen ist. Doch sind dies letzten Endes bloße Hohlräume, wie sie fast jeder längere Text beim Wiederlesen aufweist. Wenn *Malte Laurids Brigge* trotz des brisanten Themas und der sprachlichen Perfektion als schwierig gilt, muß der Grund dafür tiefer liegen.

Er liegt in der eingangs erwähnten Vielschichtigkeit der Erzählebenen, aber auch in der Natur des historischen Beweismaterials, das Rilke zur Verdeutlichung von Maltes Geistes- und Seelenzustand heranzieht. Rilkes Perspektive orientiert sich nämlich nicht an großen Männern oder epochemachenden Ereignissen (die Französische Revolution zum Beispiel hat dieser Frankreich-Kenner in seinem gesamten Œuvre kaum zur Kenntnis genommen), sondern weist eine Vorliebe für obskure Gestalten und verborgene Winkel auf. Das geht zum Teil auf Rilkes autodidaktisch erworbenes Wissen, zum Teil auch auf seine Überzeugung zurück, daß sich Geschichte nicht auf der Straße oder auf dem Schlachtfeld oder gar am Arbeitsplatz abspielt, sondern in Salons, an Höfen und allenfalls noch im Atelier eines Künstlers.

Nicht daß Rilke Historiker hätte sein sollen. Goethe und Thomas Mann sind auch keine gewesen und haben trotzdem mit wenigen energischen Strichen das jeweilige soziale und gesellschaftliche Koordinatensystem skizziert, in dem ihre Romane angesiedelt sind. Wenn aber soviel Historisches bemüht wird wie in den späteren Kapiteln des *Malte Laurids Brigge*, dann bleiben gerade in unserer geschichtsmüden Zeit viele Leser, die Malte mit hellwacher Anteilnahme durch die leeren Zimmer von Ulsgaard und die Krankenhäuser von Paris gefolgt sind, entmutigt zurück bei der Vergegenwärtigung etwa des Hofnarren Karls des Kühnen von Burgund, der für den Erzähler von großer Bedeutung ist, uns jedoch auf den ersten Blick durchaus entbehrlich zu sein scheint.

Da Goethe und Mann bereits erwähnt wurden, sei auf ein letztes Hindernis hingewiesen, das den Zugang zu diesem Roman zunächst erschwert, die wiederholte Lektüre hingegen um so lohnender macht. Wenn der eine mit Wilhelm Meister und der andere mit Hans Castorp einen Menschen darstellt, in dem wir, angefangen mit seinem Allerweltsnamen, Fleisch von unserem Fleisch und Blut von unserem Blut zu erkennen vermeinen, so verzichtet Rilke von Anfang an auf diese Art der Identifizierung.

Zwar ist auch Malte (dem ursprünglich, vor seiner im Verlauf des Romans vollzogenen Individuation, der Allerweltsname Malte Laurids Larsen zugedacht war) eine nur rezeptive und keine handelnde Person. Im Gegensatz zu den beiden anderen, mit denen ihre Schöpfer nach Gutdünken schalten und walten, ist er aber in solchem Maße das Alter ego *seines* Schöpfers, daß dieser ihm auch über den Roman hinweg die Eigenbewegung einer lebenden Persönlichkeit zubilligte: »Aber die Mona Lisa *nie mehr zu sehen*«, schrieb Rilke in einem Brief aus dem Jahre 1911, als das Gemälde gerade aus dem Louvre gestohlen worden war, »Malte Laurids, für den sie, wenn ich mich recht erinnere, von unbeschreiblicher Realität war, würde, wenn er das noch erlebt hätte, aus diesem Umstand wahrscheinlich geschlossen haben, daß er gestorben sei – so sicher schien sie ihm in ihrem offenbaren Geheimnis, verglichen mit seiner eigenen Existenz. Freilich, er übertrieb immer.« Es überrascht nicht, daß eine englische Übersetzung des Romans den Titel *The Journal of my Other Self* trägt.

Beim Nachvollziehen dieser Doppelgängerschaft von Malte und Rilke dürfen wir wiederum keine Hilfe von diesem erwarten. Nimmt man sich aber die Zeit und lotet die mal größere, mal kleinere Distanz zwischen dem Schöpfer und seinem Geschöpf aus, dann sieht man den Roman plötzlich aus einem ungewohnten Blickwinkel: als eines der großen Rückzugsgefechte des Individuums in der Literatur unseres Jahrhunderts, geliefert von einem bis zur Undurchsichtigkeit komplexen Menschen, der keine andere Waffe gegen das Schicksal zur Hand hat als sein unbestechliches Auge und seine zum Präzisionsinstrument geschliffene Sprache.

Das Strafgericht der Natur

Gert Ueding über Max Dauthendey: *Raubmenschen* (1911)

Ein Maler, der auch Kunstlehrer an unserer Schule war, hat mir das Buch zuerst empfohlen; ich las es, wie vordem nur Karl May, mit heißen Augen und fliegendem Herzen – insgesamt wohl zwei- oder dreimal in meinem jüngeren Leben. In der Bibliothek meiner Eltern standen Dauthendeys *Raubmenschen. Einer von Rennewarts Romanen* in einer frühen Buchgemeinschaftsausgabe, die eine große Auflage gehabt haben muß, denn ich sah sie seither in vielen Antiquariaten und auf Flohmarkttischen. Vor der erneuten Lesebegegnung hatte ich etwas Scheu – wie man auch einer Geliebten aus früheren Tagen mit gemischten Gefühlen entgegensehen mag.

Und wirklich, die Erinnerung an das Fest des Lebens und die natürliche Trunkenheit der Jugend darf noch nicht gänzlich verblaßt sein, will man die ungestümen Farben, die maßlosen Bilder ertragen, mit denen diese Prosa aufgeladen ist. Max Dauthendey war auch Maler, ich habe nie eines seiner Bilder gesehen, doch wenn sie an ihre literarischen Gegenstücke heranreichten, müßten sie die kühnsten Expressionen des »Blauen Reiters« vorwegnehmen, der 1911, in dem Jahr gegründet wurde, in dem auch die erste Auflage der *Raubmenschen* erschienen ist.

»Als der Wagen aus dem Wald auf die Landstraße rollte, wurde unser Pferd am Wagen winziger als eine braune Ameise, verkleinert von den hochgeschwungenen, blendenden Riesenfackeln, die der Atlant hoch in den Äther schleuderte. Es war, als sei das ganze Meer zu einer weißen, explodierenden Sonne geworden, deren gezackte Korona mit weißglühenden Strahlenhörnern auf Meilen hinaus in die Himmelshöhe stieß. Das Licht hatte die Wassermauer verschlungen ... Kein Mißtrauen, keine alten Vorurteile hielten stand vor dem blendenden Enthusiasmus des zu Feuer gewordenen, abendlichen Ozeans. Und auch dem Pferd am Wagen, so schien es mir, waren unter der Weißglut des Lichtes die Hufe weggeschmolzen, und es wollte sich wieder wild und ungebändigt fühlen wie einst seine Ahnen auf den Steppen.« Dauthendey steigert sich immer wieder zu einer gärenden, hemmungslosen Vergleichskunst, die jeden Gegenstand, jedes Ereignis zum Rauschmittel der Sinne macht. Die Welt ist ihm Figur und Farbe, doch nicht statisch beruhigt, Gegenstand der Kontemplation, sondern in dauernder Umwälzung begriffen, Mitleidenschaft erregend und schöpferisch.

Dauthendeys Nähe zum Expressionismus war den Zeitgenossen selbstverständlicher als uns; im ersten Jahrgang des *Sturm* stehen seine Texte neben denen von Alfred Lichtenstein, Else Lasker-Schüler oder Jacob van Hoddis. Auch sein Roman geht in diese Richtung, vor allem in den geballten Naturbildern, die sich verselbständigen, sich steigern, eine neue Sprache suchen, die Chiffren und Realsymbole der Welt zu entziffern. »Wie riesenhafte, dunkle Blutegelrüssel, so hoben sich die Kraterberge aus der Erdebene da drunten in dem unermeßlichen Tal. Jeder Kraterberg schien sich an dem Himmel festzusaugen, als wollte die Erde hier sich mästen, dem Himmelslicht und Himmelsfeuer die Kraft aussaugend. Als würde der Erdkörper hier nicht vom Erdfeuer wild und tobte, sondern vom Sonnenfeuer, das er in sich einsog, und das er wieder der Sonne ins Gesicht spie, wenn er genug hatte.« Man möchte immer fortfahren in der Exposition dieser Bilder, die manchmal bis an surrealistische Verwirrkunst reichen und doch vom Wirklichkeitssinn ihres Autors plastisch Zeugnis geben. Ich kenne keine genaueren, keine trau-

rigeren und zugleich würdigeren Schilderungen der grotesken und trostlosen Indiowelt in der deutschen Literatur. »Da draußen unter den weidenartigen Bäumen der Landstraße saßen jetzt an den Stationen indianische Weiber. Eine hatte drei Tomaten vor sich auf ein kleines Tuch bereitet. Drei rote, wie brennende Kohlen leuchtende Tomaten auf einem einfachen, blauen, gedruckten Leinwandtuch. Daneben hockte eine andere Indianerdirne, die hatte je drei gelbe Mangofrüchte in drei Häufchen vor sich... Eine andere hatte eine einzige hellgelbe Melone vor sich liegen; eine vierte nur zwei kleine, kurze Stummel von Zuckerrohr... Eine junge Dirne hatte eine weiße Rübe so geschält und gespalten, daß sie einer künstlichen Blume glich. Sie tauchte die Rübe in blaue Indigofarbe und bot die blaugefärbte Rübenblume den Trambahngästen als Kuriosität an.«
So farbig wie illusionslos ist die exotische Welt beschrieben, doch immer schwerer fällt dem fremden Besucher die Rolle des Beobachters, der leidenschaftslos notiert, was ihm auffällt. Die Erkundigung Mexikos führt ihn auf die Spuren eines Verbrechens, das dem Europäer nicht gleichgültig sein kann, weil seine eigene Geschichte und Kultur unlösbar darin involviert sind. Die Metapher von den Raubmenschen gewinnt damit ihre historische Dimension, verbindet Gegenwart und Vergangenheit Mexikos zur Geschichte eines unaufhörlichen Verbrechens. Der Gang des Ich-Erzählers durch die Totenstadt vermittelt davon die eindringlichste Erfahrung, weitet sich aus zu einer jener Allegorien, von denen die Literatur der Zeit voll ist, unheilkündend und verführerisch zugleich. »Die Bahnfahrt nach San Juan währte nur kurze Stunden. Ich ging dann zu Fuß unter dem endlos blauen Morgenhimmel über die scherbenübersäten Erdflächen. Milliarden Scherbenstückchen glitzern hier am Boden, wo vor Scherben kaum ein Grashalm wächst. Reste von Mauern, kaum einen Fuß hoch, zeigten noch rote Wandbe-

malungen in den Gemächern. Es sind Scherben und Mauervierecke zu riesigen, vom Erdboden verschwundenen Aztekenstädten. Stundenlang ging ich an den trübseligen, grauen Tonscherben und den blitzenden glasierten Splittern von alten, zerbrochenen Krügen vorbei, die, wenn man sie aufhob und näher betrachtete, noch die Spuren primitiver Linienbemalung zeigten.« Immer düsterer und gespenstischer wird dies Erlebnis, je weiter der Wanderer in die Staub- und Scherbenwüste vordringt. »Ich verlor alle Sicherheit der Wirklichkeit im Angesicht der ungeheuren Scherbenfelder vor mir.«

Doch zuerst ist dieser Roman ein Roman der Natur, die uns in allen erdenklichen Rollen begegnet, einer subjekthaften Natur, welche in tausend Zungen ihre eigene Sprache redet: »Die ganze Materie fühlt sich untereinander, und jedes Ding, das lebt und das wir sehen und benennen, sieht auch und nennt sich auch.« Dauthendey erzählt die Gipfelpunkte der Naturgeschichte, führt uns vor die »lichterzuckende Kristallwelt« des Himmels und in todbringende Erdhöhlen, in eine »Gebirgswelt aus Wasserbergen« oder die Wüsteneien erloschener Vulkane. Landschaften jener dynamisch-erhabenen Natur, die Kant rühmte, weil sie die moralische Widerstandskraft des Menschen stimuliert. Dauthendeys Interesse zielt dabei besonders auf die Umbrüche und Verwandlungen, auf die Szenen also, die an überraschender Stelle plötzlich und unvermutet die Allmacht der Natur hervortreten lassen, so daß die schöne und freundliche Erscheinung wie eine dünne Kruste bricht und die gewaltige, bedrohliche Seite zur Erscheinung kommt. »Die weiße Wolke hatte sich wie eine orangerote Lavaglutmasse entzündet, der Himmel war giftgrün geworden, wie eine Grünspankugel leuchtend, die Schlagschatten im Tal wurden indigoblau, und die Krater unten im Tal standen wie blau eingewickelte Zuckerhüte nebeneinander; die Landschaft hatte ein Augenblick verhext.«

Die Natur ist unberechenbar und zuletzt auch unbezwingbar, und dies nicht nur in der unberührten Landschaft in exotischer Ferne, sie beweist ihre Kraft, ihren verheerenden Willen ebenso in den Zentren der Zivilisation, wenn sie deren Schutzschild aufsprengt und Katastrophen hervorruft wie Schiffsuntergang oder den Brand der New Yorker Hochbahn.

Das Leitmotiv verheerender Feuersbrünste durchzieht das ganze Buch, sein apokalyptischer Sinn wird durch einen beiläufigen Hinweis auf Sodom und Gomorrha entschlüsselt. Die Katastrophe als Strafgericht der Natur über den Menschen, als Kulminationspunkt ihrer abenteuerlichen Geschichte. Doch vor allem aus einem anderen Grunde firmiert Dauthendeys Roman in den wenigen Literaturgeschichten, die überhaupt Kenntnis von ihm nehmen, als mexikanischer Abenteuerroman, denn er verknüpft fast alle der überlieferten Topoi und Motive der Gattung zu einem neuen, oft kolportagehaft grellen Bilde. Der Gegensatz Europa – exotische Ferne, »Lebensrechner« und Abenteurer als Grundspannung, die dann auch all die anderen vertrauten Konfigurationen heraufbeschwört: unheimliche Zufälle und rätselhafte Drohungen, heimliche Begegnungen und schicksalhafte Irrfahrten, geheimnisvolle Inkognitos und dunkle Verschwörungen, Verfolgung, Überfall und Rettung aus höchster Not.

Das beginnt schon an der Atlantikküste, wo dem Erzähler (mit dem leider preziösen Namen Rennewart) ein rätselhaftes Mädchen begegnet, eine junge österreichische Malerin, die stets einen Lodenmantel wie einen Schutzmantel um sich trägt und offenbar ein schlimmes Schicksal erleidet; setzt sich fort in den Begegnungen auf dem Ozeandampfer, vor allem mit Hanna, der unergründlichen jungen Frau eines nicht minder verschlossenen Astronomen; und kulminiert schließlich in Mexiko, wo er schon im Zug nach der Haupt-

stadt auf Orla trifft, eine schöne junge Abenteurerin, entfernt mit dem Präsidenten der Republik verwandt und in dunkle Machenschaften verwickelt. Rennewart verliebt sich, wird tief in die fremde Welt und die spannungsvollen Verwicklungen Mexikos hineingezogen, ist aber hilflos einem Intrigen- und Umsturzwesen ausgeliefert, entgeht schließlich nur knapp der Verhaftung durch einen korrupten Polizeipräsidenten, der statt dessen seine Wut an Orla kühlt, sie ermordet. Erschüttert und krank bis auf den Tod verläßt er das grausame Land, trifft auf dem Schiff wieder auf die blonde Hanna, deren Mann am Fieber gestorben ist und die selber gänzlich entkräftet in panischer Furcht nach Europa zurückdrängt. Auf der durch gewaltige Orkane bedrohten Überfahrt, in schlimmster Lebensnot entdecken die beiden Geschlagenen ihre Liebe, verlieren sich aber in Europa durch ein unglückliches Mißverständnis aus den Augen. Als er sie wiedersieht, liegt sie auf dem Sterbebett, Opfer eines Stadtbrandes, aus dem es diesmal keine Rettung gab.
In drei Frauen verkörpern sich die verschiedenen Stadien der Abenteuerreise, ja die enttäuschte oder unbefriedigt bleibende Liebe ist der eigentliche Beweggrund des Abenteuers, dessen Held freilich, näher betrachtet, so gar nicht mehr dem vertrauten Typus des Abenteuerhelden entspricht. Er ist von schier grenzenloser Passivität, läßt die Dinge auf sich zukommen; wenn Entscheidungen drängen, zwingt er sich, das Schicksal abzuwarten, dem Zufall zu vertrauen. In allen Fällen, in denen der klassische Abenteurer seine Bewährung sieht, versagt er: nicht er verhindert die Explosion eines überhitzten Dampfkessels, sondern die schöne Mexikanerin; wenn er zu einem mysteriösen Stelldichein gerufen wird, verschläft er die Zeit, wenn er tatkräftig für die Geliebte einzutreten, sie gar aus den Fängen des Polizeidirektors zu befreien hätte, flüchtet er in den sicheren Hort der deutschen Botschaft, und wenn ihn die Raubmenschen (womit zu-

nächst nur eine Gesellschaft von Kartenhaien gemeint ist) zu provozieren suchen, ergreift er ein Buch, um weiterzulesen. Vom Abenteurer hat dieser Rennewart wenig, er kennt die Sehnsucht nach der Ferne und weiß doch immer, daß man nie in der Fremde ankommt. (»Wir selbst, unser Körper, unsere gewohnte Art zu empfinden, unsere Art zu denken, – nichts von uns kommt jemals in einem fremden Land an.«) Er ist nicht Täter, sondern Beobachter, der mit sehnsüchtiger Intensität in das schäumende, wilde Leben blickt, der zuletzt immer nüchtern bleibt und nicht daran teilnehmen kann. So offenbart er sich uns als eine jener problematischen Künstlerfiguren, die seit Werther die deutsche Literatur durchziehen, immer auf der Suche nach dem fremden Leben, ohne jemals anzukommen.

In nichts ähnelt er seinem Autor mehr als in diesem alles beherrschenden Zug. Max Dauthendey war auch ein ruhelos Reisender, kannte Mexiko aus eigener Anschauung und hat seinem Rennewart auch noch einige andere autobiographische Kennzeichen mitgegeben: er ist wie Dauthendey bei Reiseantritt kaum dreißig Jahre alt, wie dieser im Juli geboren und stammt gleichfalls aus Bayern. Der Verfasser der *Raubmenschen* und anderer, dahinter keineswegs zurückstehender exotischer Erzählungen (besonders: *Die acht Gesichter am Biwasee)* hielt es nie lange daheim aus, aber auch nicht dauerhaft in der Fremde. Sein Leben pulsierte zwischen Ausdehnung und Zusammenziehung, ja es bestand daraus, und wenn die Möglichkeit zu einem davon fehlte, verlor er jeglichen Lebensmut. Er starb im August 1918 mit einundfünfzig Jahren auf Java, dem Traumland seiner letzten Reise, ausgezehrt von der Fremde und nach vierjährigem Kampf um die Rückkehr nach Deutschland, die der ihn überraschende Kriegsausbruch verhindert hatte. Ein Schicksal, das er im Mexiko-Roman vorweggenommen hat. Denn nicht nur in Rennewart hat er sich gespiegelt, sondern

ebenso in jenem jungen Astronomen, der, wie später er selber, dem tropischen Fieber erlag. War der ausgezogen, eine Sternwarte zu bauen, so wollte Dauthendey eine Künstlerkolonie in Mexiko gründen, und wie seine literarische Spiegelfigur hatte er in seinem Gepäck die Abgüsse antiker Reliefs und Statuen, Reproduktionen und Photographien großer europäischer Kunstwerke mit sich geführt.
Doch ein prophetisches Buch ist dieser Roman noch in anderer Hinsicht: als Vision künftiger Katastrophen. Gewiß, die zeitgenössisch ganz übliche Weltangst, genährt durch die Marokko-Krisen von 1905 und 1911, die Erwartung einer kosmischen Katastrophe beim Durchgang der Erde durch den Schweif des Halley-Kometen, grundiert die ganze Romanhandlung – bis zur Antizipation der Titanic-Katastrophe, deren Untergangsstunde Dauthendey 1913 in einem eigenen Prosastück beschreiben sollte. Er legt dabei zunächst deren Ursache in die Natur, deren unbezwingbare elementare Kräfte freilich auch inmitten des »großen gesitteten, kulturreichen und geordneten Weltteiles« Europa durchbrechen können, wie der Roman demonstriert. Doch verknüpft er die Voraussicht solcher Katastrophen mit der menschlichen Geschichte, sieht sie als dauernde Möglichkeit in jedem Individuum und jedem gesellschaftlichen Verhalten.
Die Titelmetapher gewinnt daher schon bald über die engere anlaßbezogene Bedeutung hinaus einen weiteren und zugleich buchstäblichen Sinn. Raubmenschen sind eben nicht nur als die äußerlich wohl identifizierbaren Feinde, in Gestalt von Verbrechern, korrupten Polizeioffizieren, verantwortungslosen Staatsmännern, eine ständige Bedrohung der Kultur und Gesittung, mit größtem Erschrecken erkennt Rennewart das räuberische Wesen auch in sich selber. Begehrte er nicht früh schon die blonde Frau des Astronomen und war in »meiner Seele und meinem Herzen ein Raubmensch gewesen«, und hatte er nicht »die schöne Me-

xikanerin als ein schönes Beutestück« nach Europa bringen wollen? Nicht anders als jene Conquistadoren der Vergangenheit, deren völkermörderisches Wirken er an den tiefen Spuren, die es bis heute hinterlassen hat, erkennen kann.
Die Reise nach Mexiko hat den verkehrten Abenteurer bis in seine nächste Nähe vor sich selbst geführt, so daß ihm alle Selbstgewißheit verging, die vertrauten Masken abfielen und ein Fremder ihm vis-à-vis stand. »Immer zersprangen die Figuren des täglichen Daseins und wurden zu Grimassen ohne Ende.« Diese Erfahrung ist grundlegend für alle Personen des Romans und bildet seine ästhetische Antriebskraft. Alle Bildreihen und Gleichnisse enden in Mißgeburten, spät triumphieren die barbarischen Blutgötter über die Eindringlinge und verwandeln sie in die Ungeheuer, die sie insgeheim immer schon waren. Ein apokalyptisches Buch in all seinem Farben- und Formenrausch, ein Buch des verzweifelten Lebens, der vergeblichen Liebe auf der Tierra Caliente, der heißen Erde, die nicht aufhört, von Schrecknissen zu brennen.

Glanz und Farben und Verzweiflung

Peter von Matt über Eduard Graf von Keyserling: *Wellen* (1911)

Es dauert einige Zeit, bis man die Irritation durchschaut, die von diesem Buch ausgeht. Sie berührt einen von der ersten Seite an, aber man führt sie, voranlesend, auf immer wieder andere Ursachen zurück. Weil die gesellschaftliche Wirklichkeit des Romans, der preußische Landadel der Jahrzehnte vor 1914, mit seinem Grundbesitz, seinem Klassenbewußtsein und seinen starren Verhaltensregeln so gründlich aus aller Gegenwart verschwunden ist, rechnet man das merkwürdige Befremden zunächst der fremdgewordenen Welt zu. Doch was spielt in der Literatur nicht alles in verschwundenen sozialen Ordnungen, und niemand stößt sich daran. Lesen wir Fontane nicht, als wären die Baronessen, die Leutnants und Freiherren unsere Zeitgenossen?

Daran kann es nicht liegen, und so sucht man die Erklärung in der literarischen Kultur der Jahrhundertwende, im symbolistisch Weichen, Farbensüchtigen, in der kostbaren Gestik der Metaphernsetzung und Stilnuancen. Aber auch da ist Keyserling behutsamer als andere. Er schreibt, wie seine Zeit es liebt, aber er treibt es nie ins Orgiastische. Sein Jugendstil ist beherrscht, formklar und geschmackssicher, und man hat an dieser Prosa sein historisches Vergnügen, ohne sich auf eine rein historische Würdigung beschränken zu müssen.

So tastet der Leser nach Deutungen für die seltsame Beklemmung, die er überall spürt. Die sehr helle, stark besonnte Welt scheint einen nebelhaften Rand zu haben, eine schwankend verhängte Grenze, die sich zurückzieht, wenn man sie ins Auge faßt, und wieder da ist, sobald man wegschaut.

Edvard Munch kommt einem in den Sinn; weit mehr als an andere Schriftsteller muß man an diesen Maler denken, an die Interieurs mit verloren herumstehenden, einsam dasitzenden Leuten, und daneben die wilde Freiheitlichkeit der ungebrochenen Farben und der furchtlosen Pinselzüge.
Aber da ist etwas, das auch diese beiden Künstler noch trennt. Munch erfährt man als einen, der eines Tages aufgebrochen und ausgebrochen ist und nun auf Distanz steht zu dem, was er malt, einer Distanz, die leidenschaftliche Anteilnahme und Analyse zugleich ermöglicht. Auch Keyserling analysiert und durchschaut seine Figuren, fast zu bösartig, will es gelegentlich scheinen. Aber, und das ist nun die Erkenntnis, die erst nach und nach aufdämmert, er hat trotzdem keine Position außerhalb seiner scharfäugig betrachteten Welt. Wie ein Gefangener lebt er selber unter diesen Leuten, als der einzige vielleicht, der von der Gefangenschaft aller weiß, und doch nicht sieht, wo anders er den Fuß hinsetzen könnte. Manchmal denkt man, Tschechow hätte ihn erfunden. Er gehöre zu den Herren, die bei den drei Schwestern zum Tee kommen.
Die gesellschaftliche Ordnung als ein Gebilde, das den einzelnen einsperrt und ihn überall an Gitter und Stäbe stoßen, an verrammelte Türen anrennen läßt – das ist in der Literatur jener Jahre nicht selten. Aber selbst wo die Menschen zuletzt ersticken, gehört es sonst zum schriftstellerischen Verfahren, daß der Autor irgendwann in die Richtung deutet, wo der Weg ins Freie führt, auf neue Horizonte hin, in eine chancenreiche Zukunft. Bei Tschechow wie bei Wedekind und auch beim alten Fontane, mit denen allen Keyserling seine Berührungspunkte hat, färbt dieses Bewußtsein des Autors die Werke atmosphärisch ein. Die Figuren mögen hilflos erstarren oder verkommen – ihre Tragik verschärft sich vor der aufdämmernden Wirklichkeit neuer Räume, die der Schreiber ahnt.

Es gehört nun gerade zur Bedeutung Keyserlings und zur Leistung dieses Romans – *Wellen* ist 1911 erschienen –, daß er sich jede billige Lösung solcher Art versagt. Er bleibt mit seinen Figuren in beklemmender Weise solidarisch und weigert sich, ihnen aus dem Arsenal zeitgenössischer Welterlösungsprogramme zuletzt noch eine Broschüre oder einen kleinen Prediger ins Haus zu schicken.

Wellen ist fast zur Gänze der Roman einer Frau. Was diese äußerlich erlebt und innerlich erfährt, nimmt sich aus wie die Verwandlung der atmosphärischen Irritation, die vom Roman ausgeht, in eine einfache Handlung. Doralice möchte weg, hinaus aus dem, worin sie steckt, und sieht doch nichts als Orte, wo sie wieder so stecken würde. Sie hat sehr jung einen alten Grafen geheiratet, wie man das in ihren Kreisen eben tut, wenn man eine Partie ist und eine machen soll, ist von ihm in subtiler Weise zurechtdressiert worden – die drei, vier Seiten über diese Ehe gehören zu den unvergeßlichen Passagen des Buches –, hat sich dann in den derben bürgerlichen Maler verliebt, der sie porträtieren sollte, ist mit ihm weggelaufen und hat ihn geheiratet, und da steckt sie nun wieder. Die Raffinesse in der Erfindung besteht darin, daß ein ganzer Ablauf von Aufbruch und Befreiung bereits geschehen ist. Vollzogen wurde die entschiedene und kühne Aktion der Selbstbestimmung einer Frau, und das Erzählen beginnt nun in dem Moment, wo diese Frau dasitzt und sagt: Das ist es nun also ...

Er ist ein gutmütiger Mensch, ihr Maler, begabt und tatkräftig und liebesfähig, bürgerlich-tüchtig, durchaus kein Philister, mit einer Neigung vielleicht zu Sprüchen von etwas voreiliger Weisheit. Vor allem von »freien Menschen« redet er gern, und wie sie beide nun als solche »freie Menschen« ihr Leben einrichten wollen, er arbeitend und sie zu Hause, einen Freundeskreis pflegend ganz nur nach eigenem Gutdünken und Gefallen. Aber alles, was er ihr da so begeistert schildert, berührt sie wie ein neuer Käfig, ohne daß sie es begründen könnte. Sie hat keine Vision von dem, was sein sollte, kann nicht benennen, wonach sie sich sehnt. Deshalb ist sie hilflos gegenüber seinen Entwürfen vom gemeinsamen Leben, in dem, was er stolz »unsere Ordnung« nennt, und wenn ihn der Tatendurst packt, wird sie, in einem unwillkürlichen Gegenzug, sehr müde.

Müde ist sie überhaupt, in einer Art Grundbefinden; »müde« ist das Wort, das am häufigsten, am insistierendsten wiederkehrt, wenn es um Doralice geht. Man meint zunächst, das sei nichts weiter als ein lyrisch-sentimentales Moment der Erzählung, modisch, ein Zugeständnis an den zeitgenössischen Geschmack. Immer deutlicher aber erweist sich dann diese Müdigkeit, das viele Liegen und Dämmern der Frau, als das schwere Symptom eines aussichtslosen Lebens. Dieses bleierne Nichtstun ist immer noch um eine Spur weniger falsch als alles, was sie tun könnte, was man sie je tun ließe, aber es ist deshalb nicht leichter zu ertragen.

Die entsetzliche Erschöpfung dessen, dem alle Arbeit fehlt, eine Erschöpfung, in die hinein die blockierten Energien gesamthaft fahren, um sich als zehrende Reglosigkeit auszutoben, sie wird in diesem Roman in allen denkbaren Abstufungen gezeigt, von der akuten Qual über die vielfältigen Zwischenzustände der leidenden Frau, der »Nervösen« im epochentypischen Sinn, bis hin zu einem süß verschwimmenden, genießerischen Halbschlaf. Die einfachen Umrisse der Handlung, das fast Lapidare aller Situationen und Figurengruppen in diesem Roman, verleihen der Frau, Doralice, einen frappant exemplarischen Charakter.

An ihr dürften sich die vielen halbkranken, von diffusen Schmerzen, Unpäßlichkeiten und Benommenheiten verfolgten Frauen modellhaft studieren lassen, die die Romane des späten 19. und frühen 20. Jahrhunderts so auffällig bewohnen. Und es dürfte sich an ihr studieren lassen, daß die Rezepte für eine erfolgreiche Therapie weniger eindeutig sind, als man es sich in den heutigen frauengeschichtlichen Darstellungen gerne zurechtlegt.

Es ist nämlich durchaus nicht so, daß dieser Doralice mit einem handfesten Beruf, einem Medizinstudium oder einem umsatzstarken Hutladen geholfen wäre. Zu sehr wohnt ihr in Leib und Seele eine aristokratische Vornehmheit, die mit dem munteren bürgerlichen Zupacken, dem alltäglichen Werken und Sichrühren bis zum guten Feierabend, wenig anfangen kann. Der Gedanke daran macht sie nur auch wieder müde, und ein gelegentlicher Versuch endet rasch mit der gewohnten körperlichen Gebärde: »Doralice saß da und nähte. Das tat sie jetzt gern, denn es sah beruhigt aus, sah aus, als sei alles in Ordnung. Nur hielt sie es nicht lange aus, das Säumen der Leinwand machte ihre Finger nervös. Bald warf sie die Arbeit fort und streckte sich auf ihrer Decke aus, um zu den Wolken hinaufzustarren.«

Man mag nun sagen: Was gehen uns die luxuriösen Seelennöte eines funktionslos gewordenen, von der Geschichte überholten Adels an? Was kümmern uns die innerlichen Bewegungen einer Gräfin, die ihren Kreisen entläuft ins Bürgerliche hinein und dann doch wieder – so die Romanhandlung – ein Spiel beginnt mit einem glitzernden jungen Baron? Wenn sie leidet an ihrer Untätigkeit, leidet an der Tätigkeit ihres Mannes und noch mehr leidet an allen Möglichkeiten eigener Tätigkeit – mag die Person daliegen und mit Empfindung in die Wolken schauen, uns geht sie nichts an. Das stimmt auf seine Weise schon. Als gesellschaftlicher Typus geht uns Doralice heute tatsächlich so wenig an wie alle andern vornehmen Personen, die das Buch bevölkern und die skandalöse Abtrünnige ihrer Klasse je nachdem verächtlich oder ironisch, verständnisvoll oder fasziniert beobachten.

Dieses Seebad an der Ostsee, wo alles spielt, ist für uns

fernab ins Exotische gerückt. Gerade dadurch aber beginnt die Dialektik des Fremdartigen, die für die Literatur denn doch weithin konstitutiv ist, zu wirken. Die Beziehungen, Liebesnöte und Leidenschaften, die Nüchternheiten und Zynismen, die Rituale der Annäherung, Lockung und Abweisung, die Intonationen der Konversation und die sittlichen Kategorien, die in sie hinein durchschlagen – das alles ist genau so weit weg, daß es wieder ganz beispielhaft wird, an die Anlage eines Experiments erinnernd, ein großes, bewegliches Musterbild, an dem sich schwierige Regeln zwischenmenschlicher Dynamik in geläuterter Form und überwirklich scharfer Konturierung studieren lassen.
Was einen bei Schnitzler heute so stark berührt und was diesem Autor wohl zu seinem neuen Erfolg verholfen hat, das gilt auch von Keyserlings *Wellen*. Der schleiernde Impressionismus, die Kultur der Zwischentöne und tausendfachen Abschattierungen, die man einst für das eigentliche Wesen solcher Kunst hielt, zeigt sich in gegenwärtiger Betrachtung als ein leichter Vorhang, durch den hindurch Konstellationen und Konflikte sichtbar werden, deren Aufbau und Durchführung mit Stimmung um der Stimmung willen wenig, mit naturwissenschaftlicher Kompromißlosigkeit im Analysieren und Sezieren dagegen sehr viel zu tun hat.
Allerdings muß man auch entsprechend lesen. Man darf der verführerischen Oberfläche mit den oft hinreißenden Landschafts- und Naturmomenten, den magischen Meer- und Wolkenzuständen nicht vorschnell verfallen. Das ist Dekoration auf höchstem Niveau, eine vollkommene Kunst der literarischen Kulissenbildung. Sie gipfelt in der Sturmnacht, in welcher Doralices braver Maler ertrinkt, einem grandiosen Unwetter, das literarisch seinesgleichen sucht und das doch nur den Hintergrund abgibt für den ganz einfachen Ablauf der Vereinsamung dieser Frau, die sich selbst mit jeder Geste der Freisetzung ein Stück weit eingesperrt, mit je-

dem Akt der Begegnung um eine Spanne tiefer isoliert hat, und die zuletzt an der Seite eines skurrilen, buckligen Alten sinnlos am Strand auf und ab geht, wochenlang, vor sich ein Meer, das keine Zukunft, hinter sich ein Land, das keine Geborgenheit mehr verspricht.

Das Ende einer Gewaltnatur

François Bondy über Franz Nabl:
Ödhof (1911)

Franz Nabl, der 1883 im böhmischen Lautschin geboren wurde und in Graz, wo er eine zweite Heimat fand, im Alter von 91 Jahren starb, war seit 1911 – dem Erscheinungsdatum des Romans *Ödhof* – ein hochangesehener, von Arthur Schnitzler geförderter deutscher Schriftsteller.
Ödhof, mit dem Untertitel »Bilder aus den Kreisen der Familie Arlet«, ist damals in deutschen Zeitungen und Zeitschriften eingehend besprochen, in seiner Eigenart treffend gewürdigt worden. Einen Roman und mehrere lange Novellen hat später die *Frankfurter Zeitung* abgedruckt. Heute jedoch ist Franz Nabl nur mehr eine österreichische – fast könnte man sagen: eine steirische – Lokalgröße.
Außerhalb Österreichs erschien von dem einst viel gelesenen Autor, der nicht zuletzt als Dramatiker einige große Erfolge hatte und sich damit nach dem Verlust seines beträchtlichen geerbten Vermögens wieder selbständig machen konnte, nur wenig.
In Österreich hingegen wurden nach dem Krieg Romane, biographische Aufzeichnungen und eine Sammlung von Novellen mit einer für die Wiederentdeckung Nabls wesentlichen Einleitung Peter Handkes im Residenz Verlag gedruckt. Auch die anderen »jungen Grazer« schätzten Franz Nabl als Mensch und als Autor. Der Styria Verlag in Graz setzt sich nunmehr nachhaltig für das ganze Werk ein. Bei ihm ist letztes Jahr eine Aufsatzreihe *Über Franz Nabl* herausgekommen; dabei ist bezeichnend, daß die Verfasser aus Graz, Klagenfurt und Zagreb stammen – kein einziger aus Deutschland. Der Einsatz der österreichischen Nachkriegsautoren

und auch das Engagement Elias Canettis haben nicht zu einer deutschen Wiederentdeckung des einst Berühmten geführt. Warum blieb sie aus?
Es mochte an der penetranten Huldigung liegen, die Franz Nabl im Dritten Reich entgegengebracht wurde und die er sich gefallen ließ. Da war ein persönliches Glückwunschschreiben von Joseph Goebbels, da war das Angebot, sich zum Bevollmächtigten für die Steiermark der Reichsschrifttumskammer ernennen zu lassen. Dies allerdings setzte den Beitritt zur Partei voraus, den der Autor verweigerte. Mit seinen Schriften und Äußerungen hatte Nabl sich nicht zum Führerstaat bekannt, er hat in diesen zwölf Jahren des organisierten Ruhms kein einziges großes Werk verfaßt. Erwin Ackerknechts Monographie aus jener Zeit hat Nabl der Blut-und-Boden-Literatur einverleibt – doch das tat damals auch eine deutsch-schweizerische Dissertation gegenüber Charles-Ferdinand Ramuz, dem es mit Recht nie angelastet wurde.
Es trifft zu, daß Nabl Autoren gelobt hat, die literarisch tief unter seinem Niveau lagen und politisch peinlich waren, von Burte und Blunck bis zu Dwinger und Kolbenheyer. Auch hat er Hans Grimm polemisch gegen den Autor des *Zauberbergs* ausgespielt, doch hat er den Einfluß der *Buddenbrooks* auf mindestens ein Kapitel von *Ödhof* nie verleugnet, so wenig wie seine Dankesschuld gegenüber Arthur Schnitzler. Nabl hat damals einen einzigen Auftrag angenommen: die Mitarbeit an der Schulung zur Anfertigung besserer Propagandafilme – doch brachte das nichts anderes als die Freundschaft mit Ernst Penzoldt, der mit dem gleichen Auftrag ebenfalls nach Berlin geholt wurde. Die Machthaber wollten den Sohn eines Gutsverwalters, der die großen Städte haßte, gegen die »verjudete« Wiener Dekadenz ausspielen, aber Nabls Hauptwerke boten da weniger Bestätigung als Verlegenheit.

Im Wirtshaus des Dorfes Gramatitz – dort spielt *Ödhof* zum Teil – erscheint ein junger Lehrer namens Himmelhofer, der nie »Guten Tag« oder »Prost« sagt, sondern »Heil« brüllt und fordert, daß man ihm mit dem gleichen Gruß antworte. Johannes Arlet, die Hauptfigur des Romans, ein Individualist von zerstörerischer, aber auch imposanter Unabhängigkeit, weigert sich: »Die meisten gaben (dem Lehrer) das gleiche Wort zurück, der Postmeister Velari wiederholte es sogar drei- oder viermal, als hätte er sein Leben lang keinen andern Gruß gekannt. (...) Als der Lehrer mit Johannes Arlet das erste Mal am Tische saß, erhob er auch gegen ihn im Lauf des Abends das Glas und sagte: ›Heil!‹. Arlet griff nach seinem Glas und nickte ihm freundlich zu: ›Prost, Herr Lehrer!‹. Der Himmelhofer setzte nicht zum Trinken an. Sein Bubengesicht wurde blutrot, und man merkte, wie krampfhaft er sich anstrengen mußte, seine blauen, ein wenig hervorquellenden Augen fest auf Arlet gerichtet zu halten. ›Haben Sie vielleicht etwas an meinem deutschen Gruß auszusetzen?‹ ›Nein, ich kann aber auch sagen, was ich will.‹«
Im erwähnten Buch *Über Nabl* wirft ein Mitarbeiter dem Erzähler allen Ernstes seine Objektivität vor, die »dem Leser häufig die Entscheidung unmöglich macht, wessen Verhalten nun vom Erzähler verurteilt wird und wem seine Sympathien gelten«. Das ist brav »fortschrittlich« gemeint – und hätte doch mit den gleichen Worten der Vorwurf eines »braunen« Kritikers sein können.
Als der im Dorf unbekannte Arlet ein großes Gut oberhalb des Dorfes ersteht, fragen sich die Bauern und Handwerker im Wirtshaus: »Und wann er oa Jud ist?« Da heißt es nun: »Ein Jude war für diese Menschen noch immer der Inbegriff alles Schmutzigen und Verwerflichen ... Wenn ein-, zweimal im Jahr der Hänteljud Simon Perlis durchkam, ein armer Kerl, der die Häute der geschlachteten Tiere oder die Felle des gejagten Raubzeugs zusammenkaufte, so hielt sich ein

jeder von vornherein für den Betrogenen. War aber das Geschäft einmal gemacht, dann konnte der Jude schauen, daß er weiterkam (...) Die Kinder auf der Straße höhnten ihm nach, bewarfen ihn mit Schmutz und Unrat, und die Alten standen in den Türen und lachten dazu.« So wenig eignete sich Franz Nabl zu ideologischer »Vereinnahmung« – oder Verurteilung.

Ödhof ist die Geschichte einer Gewaltnatur. Neben Johannes Arlet siecht die Gattin – er entriß sie dem schwächeren Bruder, den sie liebte – und stirbt dahin. Mit ihrem Begräbnis beginnt der Roman. Von drei Söhnen halten sich zwei vom Vater fern. Heinz, der Jüngste, ist dem Onkel nachgeraten und wird sich schließlich unter dem unerträglichen Druck dieses Vaters das Leben nehmen.

Es entspricht einem dramatischen Aufbau, wenn in den ersten vier Kapiteln Johannes Arlet nicht auftritt. Wir begegnen dem frisch Verwitweten in den Gesprächen der Geschwister, deren Erinnerungen ganz aus Ressentiments bestehen. Johannes hat ihre freie Entfaltung behindert. Diese Menschen sind aber niemals nur Statisterie. Frau Meser hofft auf »grauenvolle Enthüllungen«. »Das Gesicht, der ganze Körper, verfiel in unzählige kleine Zuckungen, sie löste sich auf in lauter fieberhafte, unausgesprochene Bitten und Beschwörungen.« Und Frau Brandeis genießt es, den gehaßten Bruder dieser »dienstmädchenhaften Neugier« preiszugeben. Auf den letzten Seiten begegnen wir ihnen nach Johannes Arlets Beisetzung wieder. »Es war ein schwerer Gang«, sagt Herr Brandeis dem Schwager mit dem vollen Behagen eines Menschen, der in seinem Innersten mit einer traurigen Begebenheit nichts zu tun hat.

Eigenes frühes Leid unter einem Vater, der zu Hause keine Weihnachtsfeier, kein Geburtstagsfest gestattete und gegen den die feingeistige Mutter nicht ankam, ist hier besser verarbeitet als im unmittelbarer autobiographischen, spät er-

schienenen Roman *Vaterhaus*, dessen zweiter Band ungeschrieben blieb.
Johannes Arlet findet das Glück im quasiehelichen Zusammensein mit der Haushälterin Fuchstaler. Die aber spürt die sexuelle Not des jungen Heinz und läßt ihn eines Nachts mütterlich-mitleidig gewähren, gesteht den Fehltritt und verläßt den Hof. Von da an verkommt Johannes. Seine Brutalität vernichtet Heinz – aber auch ihn selber. Einer Wirtshauswette zuliebe hackt er sich einen Finger ab und stirbt am Wundfieber. Doch wirkt er nicht nur abstoßend. Er ist unabhängig von der Meinung anderer. Das erwies schon der Zusammenstoß mit dem deutschtümelnden Lehrer. Johannes nimmt zwei im Dorf übel Beleumundete bei sich auf. Er weiß den Hauslehrer Meser und dessen Vater zu schätzen, weil sie sich in ihrer stillen Art gegen ihn behaupten. Er verachtet nur jene, die das nicht vermögen. Als Heinz in der Beichte lernt, daß Sexualität »Schmutz« sei, tritt Johannes samt dem Sohn aus der Kirche aus.
Peter Handke sieht in *Das Grab des Lebendigen* (1917) den Höhepunkt von Nabls Schaffen. Dort ist es die Tochter Josefine, die die verwitwete Mutter und die Geschwister beherrscht und den Bruder schließlich einmauert. Dieser Roman wird im Untertitel als »Studie aus dem kleinbürgerlichen Leben« bezeichnet. Das läßt an Balzac und Zola denken, noch mehr an Wilhelm Raabe, den Nabl verehrte. Doch ist diesem Roman ein »Happy-End« aufgesetzt, das verwundert, auch wenn es zeigt, wie nach dem Selbstmord Josefines die Hinterbliebenen weiter nur in engsten Verhältnissen leben mögen.
In *Ödhof* gibt es keine Harmonisierung, kein Glück im Winkel, nur tragische Konsequenz. Der Vergleich mit den *Buddenbrooks* ist nicht abwegig, angesichts der Eigenart von Nabls Erzählwert für den Österreicher auch nicht erdrükkend.

Dieser Erzähler bekennt sich zur Heimat, zu dem engen, vertrauten Bereich, außerhalb dessen der Mensch entwurzelt ist. Zwar liebt er Hermann Hesse, aber von dessen »Fernweh« hat er kaum einen Hauch gespürt. Doch was erleben wir in den Romanen, den Novellen? Unerträgliche Nähe, Intimität ohne Verständnis, Unterwerfung, heillose Verstrikkung. Zwischen der gepriesenen und der erschreckenden Enge klafft ein Widerspruch. Mit ihm hat Nabl sich nicht auseinandergesetzt und vielleicht dadurch seine Mißdeutung als »Schollendichter« begünstigt.

Allerdings drückt am Anfang von *Ödhof* Professor Meser Sehnsucht nach der Welt »hinter dem Schneeberg« aus: »Da fängt es überhaupt erst an – und hört nicht mehr auf.« Der weitgereiste Herr Brandeis bringt ihn davon ab: »Am Ende sind Sie doch nie dort gewesen, wo Sie sich hingewünscht haben.« Nicht, daß der Erzähler zwischen dem schwächlich Fernsüchtigen und den Schablonen des Selbstzufriedenen Partei ergriffe! Dieses Motiv ist nur ein Anlaß wie jeder andere, um ein folgenloses Unbehagen, ein philiströses Behagen beim Wort zu nehmen. Das ist nicht so hintergründig böse wie manche Dialoge Flauberts und ist dennoch auf seine eigene Weise ebenso spöttisch.

Ist *Ödhof* naturalistisch – und das heißt: vom Wirklichkeitsverständnis einer bestimmten literarischen Richtung geprägt? Man hat vom Einfluß des Darwinismus gesprochen, doch Johannes Arlets Schicksal beweist, daß der Stärkste nicht notwendig der zum Überleben Tauglichste sein muß. Auch Nietzsche wurde genannt, doch ist die entschieden antichristliche Kraftnatur des Johannes eher verkrüppelt als die eines »Übermenschen«. Wohl darf an Schopenhauer gedacht werden. Fortschrittsglaube und Übermaß des Willens sind in *Ödhof* das zweifache Unheil.

Mit *Ödhof* war Franz Nabl kein unverstandener Autor, eher ist er es heute – in Österreich betreut, aber bisher ohne die einstige Ausstrahlung in den ganzen deutschen Sprachraum. Es mag der »Backlash« des falschen Hochjubelns im Dritten Reich sein. Vielleicht hat es auch damit zu tun, daß Nabl sich schwer einordnen und etikettieren läßt. Doch bedarf der Leser keiner gelehrten Wegweisung, um diese konzentrierte Prosa und die Kraft der Gestaltung auf sich wirken zu lassen. An den reichen Motiven eines Musil oder Broch darf die kleine Welt Franz Nabls nicht gemessen werden. Doch steht der niederösterreichische Romancier an Erzählergabe hinter diesen Größeren gewiß nicht zurück.

Im Morgenland der Dinge

Gert Ueding über Franz Hessel: *Kramladen des Glücks* (1913)

Es gibt Geschichten, die begeistern so, daß man sie gleich wieder vergißt. Sie haben eine direkte Verbindung zu unserem unbewußten oder nur halbbewußten Leben und tauchen so schnell darin unter, daß sich die Oberfläche kaum etwas kräuselt. Was nicht heißt, daß sie dadurch unwirksam würden oder verschwänden. Im Gegenteil üben solche Bücher den größten Einfluß aus, weil sie ihre Macht in unseren Wünschen und Hoffnungen, Ängsten und Verzweiflungen entfalten, unsere Träume mit ihren Figuren bevölkern und ein unerschöpfliches Wunderhorn unserer Sehnsucht sind. Franz Hessels *Kramladen des Glücks* gehört dazu. Schon kurze Zeit nach der Lektüre verblaßt die Erinnerung an konkrete Details, nicht etwa weil es so wenige gäbe oder sie unzulänglich beschrieben wären, sondern weil sie sich unmerklich mit den vielen Bildern verbunden haben, die seit Kindertagen die Seele bewohnen. Denn das ist ein weiteres Merkmal dieser Bücher, sie sprechen beinah umweglos unser Kinder-Ich an, das wir im Drange der erwachsenen Geschäfte aus den Augen verloren haben.

»Er geriet in eine schmale Gasse, die abwärts führte, und blieb vor einem Spezereiladen stehen, in dessen Fenster ein Goldfischbassin zu sehen war und darüber auf einem Brett Holzspielzeug, Spagatrollen und Gläser voll bunter Bonbons. Wenn ich ein kleiner Bube wäre, könnte ich jetzt da hineingehen, dachte er, und mir für zehn Pfennig was kaufen. Warum bin ich denn erwachsen? Und seit wann? Und wieder besah er das liebe Allerlei der Auslage. Da waren noch Nudeln, gezackte und runde, neben Kinderbällchen und Tuchproben und weiter Behälter mit Lindenblütentee und Kamillen und Korinthen.«

Von derart kuriosen Dingen erzählt Hessels Buch, und wer darin liest, wird immer wieder die schmale Gasse abwärts gehen, an deren Ende er sich selber, mit erwartungshungrigen Augen und bonbongefärbten, klebrigen Händen, begegnet. Die eigentliche Handlung fällt dabei wenig ins Gewicht: daß der Held Gustav Behrendt heißt, in einem großbürgerlich-jüdischen Elternhause aufgewachsen ist, an der Hand der liebereichen Mutter eine glückliche Kindheit erlebt hat und dann als Student in München sein Leben zwischen bunter Boheme und ernster Bürgerlichkeit einrichtet. Die äußere Biographie bildet eine Art Faden, auf dem wie bunte Glasperlen die wesentlichen Ereignisse aufgereiht sind: das lärmende, staubsaugende Ungetier, das sich dem kleinen Gustav unaufhaltsam nähert und in letzter Minute die Rettung durch die sichere Hand der Mutter; die spielenden Hinterhofkinder, die ihn erst mitlaufen lassen, doch dann kommt einer, »den er noch nicht kannte, zeigte mit dem Finger auf ihn und rief ein böses Wort. Und die andren wiederholten es. Gustav erschrak und fragte den langen Wilhelm, der ihm entgegenkam: ›Was ist das, ein Jude?‹«

Die Schulzeit mit ihren Stockungen und Seligkeiten, da erinnert manches an Tonio Kröger, der wie er mit Schillers *Don Carlos* in die Wonnen der Freundschaft eingeweiht wurde; und immer wieder die Kramläden und Kuriositätenkabinette der Großstadt, die Gustav nicht nur hinter Schaufenstern und Ladentüren, sondern auch im Mädchenzimmer der Geliebten entdeckt: »Er streichelte die Seidenkissen der Diwans und die Bauernhäubchen, die darüber hingen. Er blätterte weiter in ihren Heften. Dann nahm er eine kleine Schachtel mit Farbstiften in die Hand und sah sie lange an, die langen und die kurzen, die breiten und spitzen, und hätte sie, so lächerlich es ihm vorkam, am liebsten geküßt.«

»Tücke des Objekts« hatte Friedrich Theodor Vischer die widersacherische Gestalt der Dingwelt genannt, und wir alle kennen ihre Erscheinung in den Bildergeschichten Wilhelm Buschs, wo sie ein merkwürdiges Eigenleben entfaltet. Eine Stuhllehne bricht im ungeeignetsten Moment, ein Ast knackt, der Hocker macht sich selbständig, der Boden gibt nach: die ganze Welt ein bewegliches, unzuverlässiges Getümmel von mehr oder weniger lebendigen Wesen. Auch für Hessels Helden gibt es keine toten Dinge, doch stehen sie mit ihnen auf gutem Fuß. »Ich habe Freude an Dingen, die mich nichts angehen«, sagt Gustav, doch geht diese Freude nie über in Okkupation, in den Trieb nach Besitz. Weil Gustav die Selbständigkeit der Dinge respektiert, ja gerade an ihr sich erfreut, begegnen sie ihm freundlich. So kommt Feindseligkeit gar nicht erst auf, das Verhältnis ist brüderlich, die streichelnde Hand verrät die Sehnsucht, zu sein wie eine dieser schlummernden Monaden. »Haben nicht vielleicht die sogenannten toten Gegenstände ihr eigenstes Glück, ihre Wollust, wenn sie die süße Berührung der blutbewegten und atmenden Wesen in regungsloser Hingabe auskosten?« fragt der Held einer anderen wunderbaren Geschichte von Franz Hessel, die vor Jahren einmal, 1969, im Rogner & Bernhard Verlag neu aufgelegt worden ist (*Von den Irrtümern der Liebenden*). Auch Gustav beherrscht die Kunst, sich im Morgenland der Dinge zu verlieren, aus öden Häuserblocks Feenpaläste zu machen und geschmacklose Reklamebilder in zarte Arabesken zu verwandeln. Eine Kunst, die man nur auf dem Wege der Absichtslosigkeit erwirbt.

Die Geschichte Gustavs ist der Bildungsroman des Flaneurs, der durchs Leben spaziert und alle Sinne aufs Beobachten gestellt hat. Das beginnt schon beim Knaben, dessen liebster Platz das Fenster ist, der sich auch späterhin immer als einen Danebenstehenden erfährt (»er stand dabei und freute sich über die klugen und eifrigen Freunde«) und dem Bruder in einem langen Brief schreibt, daß er am liebsten allein sei. »Es ist doch wunderschön, halbe Tage lang kein Wort reden zu müssen, ungekannt herumzulaufen und irgendein geringer Student zu sein.« Beobachtung heißt die Muse des Flaneurs, doch inspiriert sie alle Sinne, nicht nur das Auge. »O wäre ich doch blind und ein Krüppel und hörte nur deine Stimme«, notiert sich Gustav ins Tagebuch. Auch dies Begehren will keine Überwältigung, ist frei von der Lust nach Verzehr oder Angleichung. Glück kommt aus selbstvergessenem Versenken, ist eine Einwanderung in den Gegenstand, ohne ihn zu versehren, gar zu verändern, mit anderen Worten: die Erfahrung größter Nähe durch das Medium der Ferne. Gustav, »ganz in den Anblick einer Dame vertieft... die allein an einem Tisch saß und durch einen Strohhalm Cocktail sog«, überlegt: »Sie war gewiß sehr grausam und kühl.« Beobachtung und Deutung gehen Hand in Hand. Gustav liest in der Welt wie in einem riesigen Bilderbuch, seine Gedanken sind die erläuternden Verse, und er macht sich die eigenen Reime auf alles, was ihm begegnet. Es gibt nur eine wirklich ernste Gefährdung: die Liebe, und sie bringt ihn denn auch zeitweise wirklich aus dem Gleichgewicht.

Denn wer beobachten will, darf nicht mitspielen – doch welcher Liebende findet darin sein Genügen? Gustav, der Bruder Rudolf und Kornelie, die beiden zugetan ist, laufen in die Nacht hinaus, weg von einem spannungslosen, konventionellen Konzertabend, finden eine Herberge. »Kornelie lehnte sich an Rudolfs Schulter und nahm Gustavs Kopf in den Arm... Als er aufwachte, lag sein Kopf nicht mehr in weichem Arm, sondern auf harter Tischplatte. Er richtete sich auf und sah draußen im Licht die beiden umschlungen gehen.« Später begleitet er einen Schulfreund in ein Tanzlokal im Grunewald, doch findet er sich auch dort schließlich in einer Saalecke wieder, »um nur noch zuzusehen«: »Schade, daß ich nicht mitzuspielen verstehe.« Noch manche Anfechtungen dieser Art gefährden die Lehrjahre des jungen Flaneurs. In München begegnet er Gerda von Broderson (die im wirklichen Leben Franziska zu Reventlow hieß), ist glücklich in ihrer Nähe, doch über die ersten Schritte gelangt er nie hinaus. Während sie aufs Land fährt (»Ich weiß übrigens, daß sie dort nicht allein ist«), hütet Gustav die Wohnung, und auch die vielen Wunderlichkeiten dieses neuen Gehänges können ihn nicht ganz über den Verlust trösten.

Erst Marianne, die ihm ganz unvermutet durchs Johannisfeuer in die Arme springt, heilt ihn von der »Angst, das Leben zu versäumen«. In ihr begegnet er der verwandten Seele, die »nichts von sich selbst weiß«, an deren Hand er zurückfindet zum Kramladen der Kindheit. »Gustav konnte nicht sehen, ob sie wirklich schlief. Er kam ganz langsam näher, bis er ihren leisen Atem fühlte. Ihre Augen blieben geschlossen. Er küßte ihren Hals, da wo der Puls pochte. Und dann war plötzlich all seine Sehnsucht still. Seine Lippen blieben an ihrem Halse. Die Augen fielen ihm zu.« Zum Schluß verläßt er sie, weil das Glück, das sie gefunden haben, nur auf dem Schmerz der Entsagung gebaut ist.

Die Liebe rührt an den desperaten Grund von Gustavs Existenz. Nicht mitspielen können, unbeteiligt sein, für das Leben immer empfangsbereit und ihm doch ewig fremd gegenüberstehend: das ist die Schattenseite von der Tugend des Flaneurs. Seine unbändige Lust am Basar der Wirklichkeit, am kunterbunten Kram des Lebens ist der Ausdruck eines verzehrenden Mangels: »Alle Bilder, die ich sehe, alle Musik, die ich höre, Theater, Gedichte machen mir nur eine Sehnsucht: wirklicher zu werden, etwas Wirkliches aus dieser Erregung zu machen, ein Fest.« – Was Gustav nicht gelingt, hat sein Urheber erreicht, indem er Literatur aus den

Erregungen seines Lebens machte, und siehe: es ist auch ein Fest daraus geworden.

Franz Hessel (1880 in Stettin geboren, 1941 in der Emigration in Sanary-sur-Mer gestorben) ist trotz einiger Wiederbelebungsversuche ein unbekannter Schriftsteller geblieben, kaum ein Dichterlexikon nennt ihn, für die Literaturgeschichten existiert er nicht, nur hier und da findet er als Freund Walter Benjamins, als Lektor Ernst Rowohlts und Herausgeber von dessen Monatsschrift *Vers und Prosa* einmal Erwähnung, auch daß er mit Benjamin zusammen Proust übersetzt habe, kann man hier und da lesen. Dabei war er ein großer Erzähler (Benjamin pries sein episches Talent) von europäischer Gesinnung, der einen urbanen Stil kultivierte, aber sonst wenig von sich hermachte, auch die spektakulären Sujets scheute, ein Meister des Nebenbeigesagten, der Erzählung, der Novelle, den Roman liebte und die große Form vermied. »Die Überzeugung, ein Dichter zu sein, habe ich, von keiner Skepsis gestört, eigentlich nur als Kind gehabt« – nun, er war ein Dichter, und hätte er nichts anderes geschrieben als diesen seinen ersten Roman, der 1913 bei Rütten und Loening erschienen ist. Ein Rückblick auf die eigene Kindheit und Jugend, deren Reichtum er noch einmal vor sich ausbreitete, dem liebevollen Sammler gleich, der seine Schätze auch sehen muß, wenn er sich daran erfreuen soll und ihnen bei der Präsentation die Fassung gibt, in der sie ihn durchs Leben begleiten. Einem späteren Buch (*Spazieren durch Berlin*, 1929) hat er ein Motto von Barbey d'Aurevilly vorangestellt, das auch seinen frühen Roman miteinbezieht: »Man findet Herculaneum unter der Asche wieder; aber einige Jahre verschütten die Sitten einer Gesellschaft besser als aller Staub der Vulkane.«

Und wirklich: In Hessels *Kramladen des Glücks* wird eine längst verschüttete Welt wieder lebendig: die Welt einer gesicherten, zuverlässigen Bürgerlichkeit kurz vor ihrem Ende, in der alles noch so gut zusammenstimmt, daß es einen Wohlklang ergibt, selbst mit dem entgegengesetzten Lebensprinzip des Künstlervölkchens, das seine bizarren Ornamente am Rande bildet. Eine selbstverständliche Freizügigkeit im Denken und Fühlen, im Umgang der Geschlechter und in den Formen der Geselligkeit zeigt noch einmal ihre ganze Anziehungskraft, auf daß wir Späteren die Größe unseres Verlustes wenigstens ahnen. Der Flaneur und die Abenteuerin sind schon jenseits davon, Übergangsfiguren ohne Heimat. Erklärt Gerda von Broderson ihrem Verehrer: »Reisen: das ist noch das Beste. Von Hotel zu Hotel, immer nur Leute sehen, die wohlgekleidet sind, höflich, und einen nichts angehn, Abenteuer haben und Seelenruhe.« Wogegen ein Freund Gustavs heidnische Passion kurz und bündig zusammenfaßt: »Sie wollen Gott vergessen über seinem Werk.«

Bis an die Knöchel im Geld

Werner Fuld über Bernhard Kellermann: *Der Tunnel* (1913)

Man bedient sich des schnurlosen Telefons, die Autos werden längst elektrisch betrieben, die Bahn fährt auf einer Magnetschiene, und auf der Transatlantik-Linie befördern die Schiffe ihre Passagiere in drei Tagen von der Neuen in die Alte Welt. Die Eröffnung der Verkehrsverbindung unter dem Ärmelkanal steht in diesem Jahr bevor und soll weltweit im Fernsehen übertragen werden. In New York präsentiert der Ingenieur MacAllan vor einem Konsortium kapitalkräftiger Industrieller seinen Plan eines neuen technischen Großprojekts. Nach fünf Jahren intensiver geheimer Vorarbeit sucht er nun Geldgeber für das »größte und kühnste Projekt aller Zeiten«: für den submarinen Tunnel, der Europa und Amerika verbinden soll.

Das war die Sensation des Jahres 1913, zumindest literarisch. Bernhard Kellermanns utopischer Roman *Der Tunnel* erschien im April 1913 im angesehenen S. Fischer Verlag und wurde sofort ein Riesenerfolg. Innerhalb der ersten vier Wochen waren zehntausend Exemplare verkauft. Bereits im Oktober stand die Auflage bei hunderttausend, und im Dezember-Heft der *Fackel* schlug Karl Kraus einen Literaturpreis für denjenigen vor, der diesen Roman noch nicht gelesen hatte. In kürzester Zeit wurde das Buch in vierundzwanzig Sprachen übersetzt und 1914 zum erstenmal verfilmt. Einen vergleichbaren Erfolg hatte die deutsche Verlagsgeschichte noch nicht vorzuweisen; *Der Tunnel* war der erste moderne Bestseller.

Sein Autor Bernhard Kellermann schien zu diesem Zeitpunkt durch die vier zuvor erschienenen Romane bereits festgelegt zu sein auf subtile psychologische Charakterstudien und einen eher impressionistischen Stil. Seit seinem vielgelesenen Erstling *Yester und Li – Die Geschichte einer Sehnsucht* (1904) galt er als Stimmungsmaler, der das Helldunkel verfeinerter Seelen so schmerzlich-zart aufs Papier zu bringen wußte wie etwa Herman Bang. Die Überraschung, von diesem Autor, dessen Vorzüge man scheinbar kannte, einen technisch-utopischen Roman zu lesen, war größer, als es bei der Entdeckung eines unbekannten Autors hätte sein können. Oskar Loerke, der Lektor des S. Fischer Verlags, schreibt in seinen Erinnerungen: »Man sah das Buch in allen Wagen der Untergrund-, Stadt- und Straßenbahn. Selbst ein so vielbeschäftigter, in technischen Dingen erfahrener und anspruchsvoller Mann wie Walther Rathenau erzählte uns, daß er das Buch in einem Zuge ausgelesen habe.«

Wenn man den gelben Band, dessen zierlich verschnörkelte Titelschrift in sonderbarem Gegensatz zu seinem Inhalt steht, heute wieder liest, versteht man noch immer den damaligen Leserausch. Man versteht ihn eigentlich erst heute richtig. Kellermanns Roman traf 1913 auf eine Gesellschaft im Wartezustand. »Geschähe doch einmal etwas. Würden einmal wieder Barrikaden gebaut. Ich wäre der erste, der sich darauf stellte, ich wollte noch mit der Kugel im Herzen den Rausch der Begeisterung spüren. Oder sei es auch nur, daß man einen Krieg begänne, er kann ungerecht sein. Dieser Frieden ist so faul, ölig und schmierig wie eine Leimpolitur auf alten Möbeln.« Was der junge Georg Heym hier 1910 ins Tagebuch schrieb und in einer Skizze zu den Reichstagswahlen 1912 wiederholte, ist nicht die Meinung eines überspannten Einzelgängers.

So ähnlich fühlten insgeheim viele Deutsche, die dann 1914 den Kriegsbeginn begeistert als Erlösung aus bleiern tatenloser Zeit feierten. Kellermanns Buch traf deshalb so genau

den Nerv der Zeit, weil es die große Aktion zum Thema hat, die ersehnte Mobilisierung aller Kräfte und Talente im Kampf mit einem mächtigen Gegner. Erst im nachhinein versteht man, daß dieses Buch eine literarische Wunscherfüllung der Massenphantasie war: *Der Tunnel* war das erste Kriegsbuch – ein Jahr vor dem Krieg.
Dieser Aspekt, der damals zugunsten der utopischen Faszination des Tunnelbaus in den Hintergrund trat und nicht beachtet wurde, weil er einfach zu selbstverständlich zeitgemäß war, tritt jetzt um so stärker hervor. Erst heute fällt auf, wie konsequent Kellermann Bilder und Vergleiche dem militärischen Vokabular entnahm, um in scheinbar tiefster Friedenszeit die Durchführung eines technologischen Großprojekts zu beschreiben. Verblüffend sind aus heutiger Sicht auch weniger die inzwischen (mit Ausnahme des Tunnels selbst) vielfach Realität gewordenen technischen Phantasien des Autors, als vielmehr die späteren Parallelen der politischen Wirklichkeit mit der Romanhandlung.
Der Tunnelbauer Allan ist nicht nur Ingenieur, sondern auch ein Demagoge, der weiß, daß und wie Massen manipulierbar sind. »Selbst unfruchtbar, stürzten sie sich von jeher auf fremde Ideen, um sich daran zu erwärmen, zu entflammen und über die eigene Dumpfheit und Langeweile wegzutäuschen ... Die alten Kulturen waren bankrott.« Also setzt er ein neues Ziel: »Er versprach etwas Handgreifliches, das jeder verstehen konnte: er wollte ein Loch durch die Erde graben.« Die Idee eines Tunnels unter dem Meer ist ebenso simpel wie kühn und deshalb massenwirksam. Jeder ist glücklich, sich an dem Projekt beteiligen zu können: Hunderttausende durch ihre Arbeitskraft, Millionen durch ihr Geld, das sie in Aktien der »Tunnel-AG« anlegen.
»An manchen Tagen war der Andrang so groß, daß die Beamten gar nicht die Zeit hatten, das einkassierte Geld zu ordnen ... (Sie) warfen das Geld einfach hinter sich auf den

Boden. Sie wateten bis an die Knöchel im Geld.« So beginnt eine »Völkerschlacht des Kapitals«. Der Gegner ist die Natur. »In Schweden, Rußland, Ungarn und Kanada wurden Wälder niedergemäht«, um zu provisorischen Stützbalken verarbeitet zu werden. Die Gezeiten der Meere dienen Kraftwerken zur Energiegewinnung für die Belüftung und Beleuchtung des Tunnels. Der Hauptfeind aber ist, fünftausend Meter unter dem Meer, der Berg. Unter den Bohrern des Vortriebs »schrie er wie tausend Kinder auf einmal in Todesangst, er lachte wie ein Heer Irrsinniger, er delirierte wie ein Lazarett von Fieberkranken, und endlich donnerte er wie große Wasserfälle«. Genau in der Mitte des Buches wird er zurückschlagen: in einer gewaltigen Explosion vernichtet er »auf dem Schlachtfeld der Arbeit« fast dreitausend Menschenleben.

Die Darstellung der Katastrophe ist das Zentrum des Romans. Auf vielen Seiten nimmt Kellermann hier die späteren Schilderungen aus Materialschlacht und Bombenchaos vorweg. »Überall kletterten Gestalten, blutig, zerfetzt, schreiend, wimmernd, wortlos und keuchten so rasch wie möglich vorwärts. Sie kletterten über Gesteins- und Materialzüge, die aus den Schienen gehoben waren, sie krochen Schutthaufen hinauf und hinunter, zwängten sich zwischen Balken hindurch ... Sie stiegen brutal über die Leiber der langsam kriechenden Verletzten hinweg, sie schlugen einander mit den Fäusten zu Boden, um einen einzigen kleinen Schritt zu gewinnen ... Die Revolver knallten, und die Schreie der Getroffenen vermischten sich mit dem Wutgeheul jener, die einander erdrosselten.« All dies ist wenig später auf den Schlachtfeldern des Ersten Weltkriegs Wirklichkeit geworden.

Der Niederlage folgt die Revolution. Im siebten Jahr nach Baubeginn ist der Tunnel, 420 Kilometer vom Eingang entfernt, zerstört. Die Wut der Überlebenden gilt dem Initiator

Allan: »In jeder Hand befand sich plötzlich ein Stein, die Waffe des Volkes... Einer der Gründe, warum man in Großstädten gern asphaltierte Straßen anlegt!« Der Demagoge Allan versucht die revoltierende Masse zu beschwichtigen: »Die Arbeit hat die dreitausend getötet! Die Arbeit ist eine Schlacht, und in einer Schlacht gibt es Tote!« Wenige Jahre später wird der Soldat Ernst Jünger diese Argumentation umkehrend übernehmen und den Krieg zur Arbeit erklären.

Der Revolution folgt der wirtschaftliche Zusammenbruch. Durch die Katastrophe verlieren nicht nur Hunderttausende ihre Arbeit, sondern Millionen ihre optimistisch angelegten Ersparnisse. Weltweit gehen Industrien, die vom Tunnelgeschäft lebten, bankrott. Die Aktien fallen ins Bodenlose. Banken werden gestürmt, weil Kunden um ihre Einlagen fürchten; eine Bank nach der anderen bricht zusammen, der internationale Geldverkehr kommt zum Erliegen. Täglich begehen immer mehr Ruinierte Selbstmord. Die Heere der Arbeitslosen ziehen plündernd durch die Städte. »Das war der moderne Krieg.«

Die Mechanismen der Katastrophe von der Anfangseuphorie bis zur Weltwirtschaftskrise, die 1929 dann eintrat, hat Kellermann beeindruckend präzise dargestellt. Über diese historische Perspektive hinaus ist aber der *Tunnel* gerade dort ein moderner Roman, wo er die Antiquiertheit des technischen Fortschritts zeigt. Der Tunnel wird nämlich nach zweijähriger Pause tatsächlich weiter- und fertiggebaut; nach sechsundzwanzig Jahren Bauzeit kann schließlich »die große Maschine« eingeweiht werden. Das Ziel des Tunnelbaus war eine sensationelle Verkürzung der Reisezeit auf vierundzwanzig Stunden Eisenbahnfahrt gewesen. Dieses Ziel wird zwar erreicht, aber inzwischen befördern Flugzeuge in der Hälfte der Zeit ihre Passagiere über den Atlantik.

Außerdem muß der Ingenieur Allan zugeben, daß alle technischen Einrichtungen des Tunnels im Lauf der Zeit veraltet sind; ihre Erneuerung würde so viel Geld kosten, daß der Tunnel wahrscheinlich unrentabel würde. Wir kennen dieses Problem, daß dem Technologen die während der Entstehungszeit eines Bauwerks scheinbar auf der Höhe der Erkenntnis eingefrorene Gegenwart zur Vergangenheit zerrinnt, aus einigen Großprojekten, die man wider besseres Wissen nur zu Ende baut, weil ihr eigentlich nötig gewordener sofortiger Abriß noch kostspieliger wäre. Bei Kellermann verwandelt die ungeheure Anstrengung des ganzen Unternehmens den nicht mehr vorhandenen Vorzug der Zeitersparnis in den Vorteil eines gemütlichen Luxus: die Tunnelzüge sind mit all jenem altertümlichen Komfort ausgestattet, den Fluggäste bis heute entbehren.

Der Erfolg des Romans durch Jahrzehnte war auch deshalb so groß, weil er eine Welt zeigt, die selbst globale Katastrophen überstehen kann, solange sie nur Geld kosten. Damit soll Kellermanns künstlerische Leistung keineswegs geschmälert werden: seine suggestive Sprache verfehlt ihre Wirkung auch auf den heutigen Leser nicht. Bis in den Satzbau hinein wird Feuchtwanger in seinem ersten Roman *Jud Süß* den Rhythmus und das Tempo dieser Sprache nachahmen. Natürlich wurde von anderen auch das Motiv der kollabierenden Megamaschine aufgenommen: Thea von Harbous Buch und der danach entstandene berühmte Film von Fritz Lang *Metropolis* sind besonders in den Massenszenen eine genaue Kopie des *Tunnel*-Vorbilds.

Leider konnte dann die spätere zweite Verfilmung des Originals mit Paul Hartmann und Gustaf Gründgens die Bilderkraft von *Metropolis* nicht mehr annähernd erreichen. Umgekehrt blieb Thea von Harbous Buchvorlage weit unter dem künstlerischen Niveau von Kellermanns Roman, von dem Arthur Schnitzler 1913 in seinem Tagebuch notierte, er habe ihn »mit besonderem Vergnügen ausgelesen. Wohl etwas schwindelhaft, aber genialisch. Colportage – aber Kraft.« Solch seltene Mischung lohnt die Lektüre immer.

Eine schwerblütige, wollüstige Erregung

Wolfgang Koeppen über Thomas Mann:
Der Tod in Venedig (1913)

Husum und Heidemarschen sind Lübeck nah, derselbe Wind, die gleichen Nebel, Theodor Storms Werke lagen im Bücherschrank der Buddenbrooks, der Schimmelreiter streifte das Haus, mehrte den Legendenkram der Familie, ruinierte in den Erben die Firma, galoppierte die Mengstraße hinunter zur Trave, auf der noch stolz die Handelsschiffe lagen, Salz, Heringe, Rüben, Torf, Korn, manchmal Wein aus Bordeaux, auch Gewürze ferner Sonnen, die Segel auf befriedigende Bilanzen gerichtet, während die Nacht dem träumenden Knaben lieb war und schwer.

Thomas Mann verehrte Storm als einen Meister der Novelle, den Lehrer seiner frühen Jahre als »Urgewalt der Verbindung von Menschentragik und wildem Naturgeheimnis« und liebte gar den Lyriker Storm, »so alt man wird und sooft man etwas davon liest«, und immer wieder, süß und weh, das Gedicht *Hyazinthen* mit der hypnotischen Zeile »ich möchte schlafen, aber du mußt tanzen«.

Das ist eine schwerblütige, täuschend träge, egoistisch einsame und schließlich wollüstige Erregung. Der Franzose Bernanos nannte Dichtung eine Essenz aus Balsam und Gift. Ich denke an die kleine Mouchette, dic nicht hierher gehört. Es war eine Landschaft voller Gebüsch. Die Lübecker Schwermut zog es nach Süden – München, Florenz, Venedig. Zu Storm kam Platen: »Wer die Schönheit angeschaut mit Augen, ist dem Tode schon anheimgegeben.« Thomas Mann, in seinem schönen, mitfühlenden Platen-Essay, glaubte, hier »eine Ur- und Grundformel der Beziehung des Geistes zum Leben« zu erkennen.

Das deutsche humanistische Gymnasium lehrte den Platon, doch der Knabe Phaidros spielte ihm Streiche. Als Dornauszieher stand er auf der Kommode im Salon, ein domestizierter Eros hinter Gardinen. Ihn zu berühren, war gefährlich. Die Scherben konnten ins Zuchthaus zu Reading fallen. Und dem Streben nach der Welt der Ideen droht der Tod des Sokrates oder das Schicksal des Friedrich Nietzsche. Das beginnende zwanzigste Jahrhundert bot grade noch Zeit für eine Operette. Prinz und Dollarprinzessin erkannten einander und dachten, der Pakt für das Glück sei geschlossen für ihre Zeit. Das Operettentheater macht, wenn der Vorhang gefallen ist, neugierig auf das Drama, das nun beginnen könnte. Das Leben band *Königliche Hoheit* den Helm fester, denn selbst der Kopf war in Gefahr.

Der Tod in Venedig war eine Höllenfahrt. Thomas Mann liebte solche Reisen. Er wiederholte sie. Schließlich blieb es beim Fegefeuer. Der Dichter kam heil wieder heraus, feierte Auferstehung, geläutert, gestärkt, auf einer höheren Sprosse des Ruhms.

Das Buch erschien 1913. Der Autor war sich des Wagnisses bewußt. Er hatte ausweichen, er hatte sich verkleiden wollen, hineinschlüpfen in die Liebe des alten Goethe zur minderjährigen Ulrike von Levetzow. In seinen Aufzeichnungen sah Thomas Mann darin »eine böse, schöne, groteske, erschütternde Geschichte«, eine Erniedrigung. Widerlich und als Werk verlockend war ihm, wie der Alte der Jungen nachlief, sich preisgab, ein großes Leben ihr in den blühenden Schoß warf. Mann hatte schon an Othello gedacht. Er suchte einen Helden. »Einen Helden der Schwäche«, heißt es in Thomas Manns Selbstbespiegelung *On Myself*. Venedig erschien am Horizont.

Schicksal, Zufall, die sicheren Wege des Schreibenden, Thomas Mann kam nach Venedig, erlebte den Tod, tragisch, überschwenglich, ironisch, amüsiert und heimlich lachend,

Eros und Todesbote ein schöner Knabe, vierzehnjährig, fremdländisch-polnisch, vertraut humanistisch griechisch, des Platon Idee, des Sokrates Liebling. Die Provokation der Familienglückgesellschaft des deutschen Kaiserreichs, die Provokation, deren Kühnheit erst nach den Tagebuchbekenntnissen über homoerotische Neigungen des Dichters ganz zu ermessen ist, verging unbegriffen. Der Romanheld der Schwäche, Gustav von Aschenbach, war tot. Sein Urheber lebte in guten Verhältnissen in München und Tölz.

Noch im Jahr des Erscheinens waren über hundert Besprechungen des Buches zu lesen. Die Rezensenten verneigten sich hochachtungsvoll vor dem Stil der Novelle, ihrem gedankenverschlungenen Aufbau, der vornehmen humanistischen Bildung auf jeder Seite. Die Päderastie war kein Thema des Feuilletons. Daß ein Knabe statt eines Mädchens geliebt wurde, nahm man als Verfremdung, List eines Artisten, Begehren in die Abstraktion der Gedanken zu lenken, Gefühle parodistisch zu beschreiben, originell, aber sauber in der guten Gesellschaft zu bleiben. Vorwürfe, Einwände brachten den alten, lieben Tadel der Dekadenz, doch vorsichtig. Man ahnte 1913 schon, daß der Dekadente vielleicht der Überlebende, im Rückblick der Mann der Epoche sein könnte. Massive Schmähungen kamen nur und schon damals von einigen völkischen Barden, denen die ganze Richtung nicht paßte. Einzig eine alte Freundin aus Lübeck und Kollegin dazu, Ida Boy-Ed, wehrte sich gegen die Verführung des *Tod in Venedig* aus moralischen Bedenken, die Thomas Mann, wie er der »verehrten gnädigen Frau« im Brief erklärte, »sehr ernst nahm«.

Ich war etwa fünfzehn, so alt wie der Knabe Tadzio, als ich den *Tod in Venedig* las. Ich hatte vorher von Thomas Mann nur den kurzen Text *Schwere Stunde* in einer Zeitschrift gefunden. Dieses Genrebild von Schillers Leiden, Arbeit und Lieben hatte mich sehr beeindruckt. So kam es wohl, daß ich

Herrn von Aschenbach als Schiller sah, einen schon berühmten Schriftsteller, kämpfend und leidend. Ich glaubte Aschenbach alle bedeutenden Werke, die Thomas Mann seiner Figur beigegeben hatte, und ohne jede Ironie. Ich identifizierte mich nicht mit Tadzio, ich ging als Aschenbach durch Venedig. Liebe, Leidenschaft, Verstrickung, Lust interessierten mich bei dieser Lektüre nur, soweit sie in Aschenbach lebten, in seiner Brust bebten, in seinem Kopf geschönt wurden zu den platonischen Ideen. Ja, ich versuchte den *Phaidros* griechisch zu studieren und scheiterte nach wenigen Seiten. Aschenbach rief mir »durchhalten« zu, und ich genoß die Übersetzung von Schleiermacher.

Die Liebe zu einem Knaben schien mir ästhetischer, ethischer und intellektueller zu sein als Mädchenliebe, fern der Gefahr fleischlicher Zeugung und der Familiengründung. Doch hatte sich mir aus Schillers schwerer Stunde eingeprägt, wie sich der von Nachtarbeit erschöpfte Dichter bei bläulichem Ampellicht zärtlich über das Haupt seiner schlafenden Frau beugt. Ich dachte aber an die kindliche Sophie des Novalis und an Sophiens blauen Schleier im *Heinrich von Ofterdingen*. Ich liebte damals nach Büchern.

Ich kannte Venedig noch nicht, nicht den Casanova, nur ein Bühnenbild zum Othello, etwas Dogengeschichte, Canaletto, die Kirche Redentore aus einem Palladiowerk meines Onkels. Selbst Goethe in Venedig lag noch vor mir. So fand ich die Stadt, die Thomas Mann beschrieb, einfach toll. Ich wäre gern auf einer Totengondel durch die Kanäle gefahren. Das Hotel auf dem Lido beschäftigte mich weniger. Die polnische Familie fand ich langweilig wie den Adel in Pommern. Ich hätte mehr über die Cholera lesen mögen, ihren Einbruch in das Inselleben. Aschenbachs Tod bewegte mich mit Neid und der geziemenden Achtung, die Thomas Mann verlangte.

1935 wohnte ich in Holland und arbeitete an einem Roman.

Ich las viel. Französisch, englisch, ich entdeckte für mich die holländische Literatur. Deutsche Neuerscheinungen kamen immer weniger in die Buchhandlungen in Den Haag. Auf einmal sehnte ich mich nach deutscher Prosa; drei Seiten täglich vor Arbeitsbeginn. Ich dachte an den *Tod in Venedig* als an *les plus belles pages* Thomas Manns. Ich bewunderte die Novelle wieder, aber auf andere Weise. Die schönsten Seiten waren selten geworden. Oder ich war schon zu alt, im Ernst noch zu jung für diese Gefühle. Es war zu viel passiert. Ich war in Venedig gewesen und hatte in Venedig gehungert. Aschenbachs Leidenschaft und Tod waren ein Luxus, den ich mir vielleicht gern geleistet hätte und nicht leisten konnte.

Ich lebte mit Raskolnikow in der schönen Stadt und nicht länger mit dem bedienten, umhegten Gast des Hotels auf dem Lido. Ich bedachte nicht, daß Aschenbachs äußeres Wohlleben durch angestrengte Arbeit erworben war. Ich vergaß, daß er gelitten hatte. Sein Wort »durchhalten«, das noch den Knaben beeindruckt hatte, war mir zu einem Schwadronierwort des unangenehmen Deutschen geworden; die Bücher, die Aschenbach schreiben wollte, konnten nun Hilfen des platten Nationalismus sein. Daß er Knaben liebte, störte mich gar nicht, aber ich sah darin auch kein Verdienst und eine Weihe höheren Hellenentums.

Es war der Aufbau des Werks, des Kunstwerks, seine Verstrickung mit allerlei Boten auf der konsequenten Bahn des Todes, den Figuren des Verfalls, der Demütigung, des Zweifels am Ich, den Elend- und Traumgestalten der Angst vor der Ausstoßung aus einer Gesellschaft, die Aschenbach teuer war, die geniale Sprachmauerung lobte ich, der ich mich nun Schriftsteller nannte, ohne Begeisterung. Ich legte den *Tod in Venedig* weg und las Bruder Heinrichs ersten Band des *Henri Quatre*.

Noch einmal *les plus belles pages*, die alte Sehnsucht, der

Balsam, das Gift. Venedig stand unter Wasser. Ich war im November dort. Auf dem Markusplatz schwankte mein Gang über Planken. Das Café Quadri, das Café Florian, der große Palast spiegelten sich im Naß. Goethe hatte von der Biberstadt gesprochen, von ihren Bewohnern, den Froschmenschen. In den *Venetianischen Epigrammen* sind Glück und Verdammung. Es war ein Höhepunkt seines Lebens. Danach drohte der Tod in Weimar. Aschenbach hätte ihn sich gewünscht. Ich stapfte durch eine Pfütze in die Markuskirche. So viele Gebete, noch mehr Verfluchungen. Aschenbach hat das grausame Venedig nicht bemerkt. Goethe hat es geahnt. Schiller hätte die Geschichte schreiben können. Casanova hat es getan. Kriminalschriftsteller haben sich Venedigs bemächtigt und sitzen in Henrys Bar. Niemand braucht Knaben oder Mädchen in dunklen Gassen zu verfolgen. Das internationale Strandgut des Sommers, die Hängengebliebenen des Jugendtourismus spielen Goethes feilen Schatz. Die Nacht ist frostig.
Ich las im geheizten Zimmer den *Tod in Venedig* zum dritten-, wohl zum letztenmal. Ein Gedanke für Venedig, in Venedig. Das Buch hielt stand. Es weiß um den Zauber der Stadt. Ich gab mich ihm hin. Ausgesperrt von den Reizen, allein, im Hotel, mit Wein, mit Goethe, mit Aschenbach, mit Thomas Mann. Vergessen alle Deutungen und das Mißgefasel, geschenkt die Kommentare den Kommentierern, die Zweitliteratur in die Lagune geschüttet, wenn ihre Verfasser nicht den eigenen Tod in Venedig und anderswo beschreiben können, so groß, so hell, so dunkel, wie Thomas Mann es geschafft hat. *Der Tod in Venedig* ist einfach ein schönes Buch. Vielleicht keine schönsten Seiten, doch des Dichters schönstes Werk. Keine Patina, die hatte es bei seinem Erscheinen, eine Schutzschicht aus der Kultur, ich meine, keine Alterung. Die Schutzschicht ist dünn geworden, das verjüngt.

Ich nehme an, daß Thomas Mann diesen Knaben Tadzio, dessen Existenz erwiesen ist, geliebt und begehrt hat. In Liebe fallen, ist ein schönes, ein unheimliches Wort. Da dies einem Schriftsteller geschah, hat er es überlebt und den *Tod in Venedig* geschrieben, wie Goethe den *Werther*. Literaten haben ihre unglücklichen Lieben, aber sie sterben nicht an ihnen, sie nähren sie. Thomas Mann führte mit Gattin und Kindern ein bürgerliches, ein fast großbürgerliches Leben, das ganz klar sein Leben war, bis die Geschichte ihn in die Welt jagte. Aber sein Leiden an Tadzio war echt und schwer, die Leidenschaft steht in dem Buch, ihre besondere, so oft verfemte Art brach aus langer Unterdrückung, vermählte sich mit der Stadt, drang tief in sie ein, die so gern jedermanns Geliebte ist.

Kein Platon, kein Streben nach der Welt der Idee, kein Phaidros mehr. Realität! Geschenk des Dichters an den einsamen Leser in der stillen Nacht Venedigs. Der Leser folgt diesmal willig. Auch er wird sich bestätigt finden.

»Es war still, Gras wuchs zwischen dem Pflaster, Abfälle lagen umher. Unter den verwitterten, unregelmäßig hohen Häusern in der Runde erschien eines palastartig, mit Spitzbogenfenstern, hinter denen die Leere wohnte, und kleinen Löwenbalkonen.« Welch ein Bild! Der Tod ist nah. Der Beobachter, der Liebhaber des Schönen, sitzt am Strand. Der Knabe, ins weite Meer gewatet, löst sich auf »vorm Nebelhaft-Grenzenlosen«: »Herbstlichkeit, Überlebtheit schien über dem einst so farbig belebten, nun fast verlassenen Lustorte zu liegen, dessen Sand nicht mehr reinlich gehalten wurde. Ein photographischer Apparat, scheinbar herrenlos, stand auf seinem dreibeinigen Stativ am Rande der See, und ein schwarzes Tuch, darüber gebreitet, flatterte klatschend im kälteren Winde.«

Lust? Eros war von Thomas Mann vom Anfang des Buches an, zum Psychagogos bestimmt, zum Liebesgott, der die

Fackel des Lebens löscht. In Thomas Mann lebte eine eingefleischte Moral von Schuld und Sühne. Er mochte sich nie zu den Unordentlichen setzen. Tonio Kröger wollte wie alle sein. Ein Widerspruch zur Existenz des Künstlers; Thomas Mann hat ihn erlitten. Der antike Tod, ein Museumsstück aus dem Gymnasium, holte die Helden in die Schattenwelt. Verachtete er den Helden der Schwäche, verstieß er ihn, überstellte er ihn seinen unlösbaren Problemen? Durchhalten? Im Sichunterwerfen unter die Konvention, durchhalten im Widerstand gegen sie? Der Dichter mochte sich lange mit dem Erfolg seines Dichtens begnügen. Der schöne Knabe wurde aufgenommen in die Biographie. Die eklen Schaudertypen alter, verlebter, mißbrauchter, armer Homosexueller traten zurück vor gebilligten Gestalten aus dem Lexikon. Die Leidenschaft, der Liebesdrang ist als Glück nur den Göttern gewährt. Für August von Platen gab es den Tod. Für Theodor Storm den Schlaf mit dem erotischen Traum. Für Mann-Aschenbach das Spiel mit dem Verhängnis, das der Kluge gewann.

Albrecht Soergel urteilte in seiner nach dem Ersten Weltkrieg sehr beliebten und bürgerlich besonnenen Literaturgeschichte *Dichtung und Dichter der Zeit* über den *Tod in Venedig*: »das gebotene Bild vom Künstler ist von einer lähmenden Egozentrik«. Johannes Klein in seiner *Geschichte der deutschen Novelle* nennt das Buch »von Schwermut überschattet«, erkennt aber diese als Quelle dichterischer Kraft. Ich meine, Thomas Mann hat mit dem *Tod in Venedig* seine Schattenlinie überschritten, die Gewißheit von seinem Sein und des immerwährenden Sterbens an seinem Sein.

Ich habe mir einmal etwas herausgenommen, eine Paraphrase auf den Schlußsatz des *Tod in Venedig*. Ich möchte Herrn von Aschenbach in all ihrer Reinheit die Zeile zurückgeben: »Und noch desselben Tages empfing eine respektvoll erschütterte Welt die Nachricht von seinem Tode.«

Tiefe des Glücks, Tiefe der Welt

Peter Demetz über Ernst Weiß: *Die Galeere* (1913)

Verleger, Kritiker und Rezensenten, zumindest die Klugen unter ihnen, zählen die Bücher von Ernst Weiß längst wieder zu den bedeutenden Zeugnissen der Weimarer Republik. Ob man das auch von den Bücherfreunden sagen darf, die lesen, weil sie wollen, und nicht, weil sie müssen? In unserem Prager Familienkreis war sein Name eine Art von Haushaltswort. Mein Vater inszenierte (1919) sein Revolutionsdrama *Tanja* unter lautem Beifall der Bürger (in Wien wurde das Stück dann ausgepfiffen), die Schauspielerin Rahel Sanzara, später für Jahre die Lebensgefährtin von Ernst Weiß, spielte erste Rollen, und seine Romane waren im Familienbücherschrank, zu Recht oder Unrecht, auf den Ehrenregalen der jungen Expressionisten zu finden, zusammen mit Johannes Urzidil, der damals noch manchen Urschrei von sich gab, Walter Hasenclever, Ernst Blass und Paul Kornfeld.

Im Familiengespräch war man sich auch, ohne gelehrte Ansprüche stellen zu wollen, über literarische Verhältnisse im klaren, die dann später im Undeutlichen und Allgemeinen verschwammen – zum Beispiel darüber, daß Ernst Weiß aus der Textilstadt Brünn stammte, dem »mährischen Manchester«, also (ungeachtet Leoš Janáček oder František Halas) aus einem fernen literarischen Sibirien, und deshalb als Teilnehmer wechselnder Prager Kaffeehausgesellschaften (später zum einen Prager Kreis mythisiert) ein Zugereister aus der Provinz war, zu deren »alten Häusern« und »Wäldern bei Blansko« er sich später gerne bekannte. Deshalb war es ja zu verstehen, daß dieser Brünner so viele Jahre in Wien und Berlin lebte – und nicht nur aus Gründen seiner medizinischen Studien. Die Brünner Künstler deutscher Zunge, ob Juden oder nicht, zog es immer ins nahe Wien (wie den Komponisten Wolfgang Korngold oder den Lyriker Richard Schaukal), und nur die Prager Schriftsteller oder solche, die es werden wollten, lebten in Berlin, wo sie im Romanischen Café eher zu finden waren als auf dem Prager Wenzelsplatz oder auf der Wiener Kärntnerstraße. Zwischen einer Prager und einer Brünner Herkunft liegen Abgründe.

Ich zähle also zu jenen Lesern, die Ernst Weiß und seine *Galeere*, den Erstlingsroman (1913), nicht ohne Vorurteile lesen, und die autobiographischen sind noch hartnäckiger als die anderen. Meine Erinnerung an die erste Weiß-Lektüre, mit siebzehn oder achtzehn, verbindet sich mit dem Gefühl einer rasanten oder fiebernden Großstadtgeschichte, und ich muß nun sogleich gestehen, daß mich meine Erinnerungen an die erste Lektüre getäuscht haben – von Metropolis und Hektik ist keine Rede, diese »Galeere« ist ein zuzeiten fast altmodisches Kammerspiel von Liebe, Ehrgeiz, Hingabe, Krankheit und Tod, ein Buch der »Beziehungen« (wie das Zeitalter der »Neuen Subjektivität« sagen würde), eher still als lärmend, eher nachdenklich als aggressiv, ein Roman, der selbst etwas von jener »Traumtiefe« hat, die Ernst Weiß in den Erzählungen Adalbert Stifters entdeckte. Diese Geschichte des Röntgen-Physikers und Egoisten oder besser: Amoralisten Erik Gyldendal entbehrt nicht ihrer spannenden und melodramatischen Momente, aber der Erzähler rückt sie in eine bald ironische, bald melancholische Distanz, in welcher sie uns nicht mehr verletzen.

Erik flieht aus der Armut seiner Empfindungskräfte in die wissenschaftliche Arbeit, mißachtet das fühlende Leben, um Laboratoriumsresultate zu erzielen, putscht sich mit Drogen auf, um fortarbeiten zu können, und drängt sich dann auch noch zu den Frauen hin, um sich in seiner Kälte und Leere trösten zu lassen, ohne auch nur das Geringste seines Selbst an andere Menschen hinzugeben; und schon die erste Jugendaffäre mit dem slowakischen Dienstmädchen, das er besitzen will, ohne ein Wort der Zärtlichkeit für sie zu haben, nimmt voraus, was andere Frauen an ihm haben werden – die zärtliche und wilde Russin Dina, die er von sich stößt; die fühlende und zu allen Opfern bereite Helene, die sich eine Woche lang, auf dem Lande, an ihre Illusionen klammert; und ihre Schwester Edith, welche sich zu seinem Entsetzen als menschlich-allzumenschliches Wiener Mädel zeigt und nicht als die erwünschte Liebesgöttin aus Marmor.

Sie alle sind, wie eine von ihnen sagt, nichts als »Meerschweinchen«, die er für seine privaten Experimente verwendet; und selbst seine Mutter, die ihn mehr liebt als irgend jemanden in ihrem Leben, findet keinen Weg zu ihm. Es ist die Natur seiner wissenschaftlichen Forschungsobjekte selbst, die sich an ihm rächt, auch im Namen des unterdrückten und mißachteten Lebens, und für all das, was er nicht hingeben will. Ein Röntgenkrebs wird entdeckt, und als Erik nach der Amputation eines Armes im Morphiumdämmer versinkt, sieht er noch oder glaubt zu sehen, wie sich Vater und Mutter küssen und umarmen, als ob sie ihren Lebensbund, ohne ihn, erneuerten (ein ähnlicher Schluß ist in Kafkas *Verwandlung* zu finden, nachdem der »Mistkäfer« dahin ist).

Ernst Weiß' erster Roman fand seine freundlichsten Anwälte im *Sturm* und in der *Aktion*, den radikalen Zeitschriften der artistischen und politischen Avantgarde; in den Reihen jener Kritiker wie Albert Ehrenstein, Paul Mayer, Berthold Viertel oder Kurt Pinthus, die Fürsprecher der neuen Literatur waren. Man glaubte, das Energische, Moderne und Zukunftsträchtige deutlich zu spüren, und während ein konservativer Rezensent im *Hochland* fast wegwerfend und in wenigen

Zeilen Zweifel an seiner Kunst ausspricht (denn es »hapert mit der dichterischen Kraft«), rühmen ihn ebenjene Kritiker, die wir in der Literaturgeschichte mit einer zunächst tastenden und später zielbewußten Verteidigung expressionistischer Kunstübungen verbinden.

Albert Ehrenstein nannte die *Galeere* ein »modernes Buch«, ganz und gar nicht in der Art eines »landläufigen, süßholzraspelnden Jungwienerromans«. Sein Held »gibt sich in einer so klar fiebernden Dumpfheit der Liebe und dem Tode hin, daß diese dämonische Schicksalsgebundenheit im hohen Sinne tragisch wirken kann« – mit Ausnahme Heinrich Manns (also nicht: Thomas Manns oder Arthur Schnitzlers) habe in Deutschland niemand mehr »an gestaltender Leidenschaft« zu vergeben.

Paul Mayer sucht, in der *Aktion*, den jungen Schriftsteller Weiß von der Wiener Vergangenheit der zärtlich-psychologischen Einfühlungen zu trennen und in ihm einen Autor zu sehen, der zukünftig »Schule machen« wird. Weiß mag ja Österreicher sein, »aber einer, der auf ... schwarz-gelbe Exportartikel« verzichtet; er arbeitet als »Operateur« und »Menschenanalytiker« energisch und geschickt und ohne dem Leser die Möglichkeit zu geben, ihn mit seinen Gestalten zu verwechseln.

Rudolf Leonhard, nicht viel später ein dezidierter Anwalt expressionistischer Ideen, erhebt zwar berechtigte Einwände gegen den symbolisierenden Titel, entdeckt aber das besonders Wirkungsvolle des Romans in der »fabelhaften Sicherheit«, mit welcher Weiß die »Depravation« menschlicher Beziehungen darstellt und das »hilflos Leere auch der nichtbürgerlichen Moral« so aufzeigt, »daß wir zerschmettert wären, wenn nicht alles so schön wäre«.

Ich kann das »Wienerische«, als Tradition und Atmosphäre, in der Grundstimmung des Romans nicht mehr so leicht ignorieren wie Ernst Weiß' frühere Apologeten. Heute stehen mir nicht das alte Jungwienertum und der neue Expressionismus in Frage, denn sie gehören, das Ältere und das Alte, beide der Geschichte an; und ich kann mein Urteil über das Buch nicht mehr an Alt und Neu orientieren, sondern nur daran, mit welcher Kunst Weiß die verschiedenen Elemente verschränkte. Nach meiner jüngsten Lektüre neige ich eher dazu, dem fast liebenswürdig Traditionellen des Romans das größere Gewicht zuzusprechen.

Es war eine ästhetische Entscheidung von weitreichender Bedeutung, den Protagonisten Erik Gyldendal und seine Freundin Dina Ossonsky zu nennen und so an die skandinavische und russische Romanwelt zu erinnern, die (im Kontrast zum brutalen Naturalismus sozialkritischer Interessen) das feine Spirituelle und die psychologische Intensität hervorhebt und keiner materiellen Begründungen bedarf (die Figuren der *Galeere* leben alle von Renten und Zinsen und dürfen sich auf ihre Seelenerlebnisse konzentrieren oder auf Röntgenexperimente, die der Vater-Bankier bezahlt). Erik, ein entfernter Cousin des Malte Laurids Brigge, und Dina (Tonio Krögers Lisaweta enger verbunden, als uns lieb sein mag) leben aber in einem bürgerlichen Wien besonderer Verhaltensformen und altösterreichischer Stimmungen von seltener Suggestionskraft. Ich werde das Gefühl nicht los, daß dieses Wiener Buch nur die Arbeit eines Brünners sein kann, der sich (während seiner Lehrzeit in einer Berliner Klinik) eine doppelte Nostalgie nach der zauberisch-giftigen Stadt vom Leibe schreiben wollte, selbst um den Preis, daß er dabei an den Rand des Kaiserstadt- und Mailüfterl-Kitsches geriet.

Das sind aber seltene Augenblicke; die stampfenden Tänzer auf den Brettern der Praterbuden und die Nacht-Café-Szenen prägen sich dem Gedächtnis mühelos ein, und auch die Wienerwald-Impressionen sind einfach und klar. Ich wundere mich nur, daß die neuere österreichische Literaturgeschichte, die sich sonst nicht scheut, ihre Autoren auch aus dem fernen Triest herbeizuholen, den jungen Brünner Ernst Weiß, der von Wien nicht lassen kann, noch immer nicht zu den Ihren zählen will.

So geht es mir darum, die *Galeere* ins Altösterreichische beizudrehen? Mitnichten; ich sehe die anderen Elemente genau, die sich später in seinen Romanen zu expressionistischer Ausschließlichkeit erheben, aber ich finde sie hier noch sehr gebunden, gedämpft, um nicht zu sagen: harmonisiert, und nur selten jäh hervorbrechend. Als Arzt und Chirurg nutzt Ernst Weiß die Analyse um vieles schärfer als sein älterer Kollege Arthur Schnitzler, und die Gestalt Eriks als eines Röntgen-Physikers, an den äußersten Grenzen einer experimentellen Disziplin in rapider Entwicklung, fordert mehr als verblümte Stimmungskunst. Das zentrale Leitmotiv seines sterilen Charakters ist nichts anderes als die Röntgenröhre, »ein luftleerer Raum mit einem Mantel von Glas darüber« (Symbolismus und Technologie in allerdings fragilem Gleichgewicht), und jeder Versuch, seine Unfähigkeit, mit den Frauen ins reine und Zärtliche zu kommen, drängt auf individualpsychologische Diagnosen hin, die impressionistischen Andeutungen strikt entgegenarbeiten.

Ernst Weiß stimmt mit Eriks Kollegen überein, der seinen Fall (eher mit Alfred Adler als mit Sigmund Freud) als »neurasthenische Kompensation« zu erklären sucht; es ist, sagt er, »wie wenn ein Herzfehler kompensiert wird«, denn Erik »hat durch das kaputtgewordene Rad sozusagen alle anderen in doppelte Energie versetzt, er hat sein Defizit ausgeglichen«. Zugegeben: von diesem Erik führen Entwicklungslinien zu den besessenen Figuren der expressionistischen Prosa bis auf Elias Canetti hin, aber in der *Galeere* hat sich der wissenschaftliche Hagestolz noch nicht gelöst von Welt und Atmosphäre, »zu unserer tiefsten Befreiung und Befrie-

digung«, um ein anderes Wort von Ernst Weiß über Adalbert Stifter zu zitieren.
In der neueren Rezeptionsgeschichte der *Galeere*, nach dem Zweiten Weltkrieg, haben Franz Kafkas Urteile ihre besondere Rolle gespielt. Hans J. Fröhlich hat die Publikation der Suhrkamp-Ausgabe zum Anlaß genommen, Kafkas Meinungen über die Arbeit seines Freundes genauer zu lesen – seinen warnenden Hinweis auf das »Konstruktive«, welches das blendende »Lebendige« im Innern wie »das Gitter« eines Käfigs umgibt, und auf den Mangel an epischer Kontinuität, »ausgerechnete Sprünge von Heuschrecken«; nicht, wie Kafka es lieber gewollt hatte, Vorgänge »Schritt für Schritt«. Fröhlich hat ganz recht, Kafkas Einwände als Gedanken zu einer Selbstdefinition oder als Beschreibung einer ganz anderen Romanform zu erklären (ganz abgesehen von den »Heuschreckensprüngen« in *Schloß* und *Prozeß*), aber sonst?
Darf der an Kafka erinnernde Kritiker auch sagen, der fühlbare Mangel des Romans liege »in der Überfülle des Stofflichen, die der sprachlichen Eigenentwicklung kaum Raum läßt«? Daran glaube ich nicht. Die Sprache der *Galeere* zieht ihre ästhetischen Anziehungskräfte aus ihrem Kombinationsspiel, aus dem Hin und Her zwischen der Neigung zum psychologisierenden Wiener Roman und dem anderen (das man immerhin Expressionismus nennen mag). Die wunderbare Lebendigkeit der Liebes- und Haßgespräche war den Lesern seit jeher deutlich (auch Kafka), und meine Lektüre hat sich diesmal rasch in den Gleichnissen verfangen, welche die artistischen Grundbewegungen auffangen und in Schwebe halten; in diesem Prozeß ist die Tradition ebenso gegenwärtig wie das Moderne, Nervöse und Urbane.
In der Sprache der *Galeere* finde ich den Schriftsteller Ernst Weiß, eher als anderswo, auf der Suche nach sich selbst, an

der glasdünnen Grenze der Zeitalter und der Romanformen, der Sache noch lange nicht gewiß und doch schon auf ihrer unverlierbaren Spur. »Er ahnte an der Tiefe seines Glücks die Tiefe der Welt« – so einen Satz wird der Leser, gerade der heutige, nicht wieder vergessen.

Generalissimus Tod

Jochen Hieber über Ricarda Huch: *Der große Krieg in Deutschland* (1914)

»Wer dieses herrliche Buch zu lesen versteht, der liest es mit ergriffener Spannung und wird sich bewußt, daß er mit einer der größten Leistungen der deutschen Literatur zu tun hat.« Nicht jeder Rezensent hat so hymnische Töne gefunden wie Friedrich Sieburg vor gut dreißig Jahren in der *Frankfurter Allgemeinen Zeitung*. Aber ohne tiefen Respekt, ohne ehrfürchtiges Staunen und Bewundern kommt kaum jemand aus, der sich über Ricarda Huchs *Der große Krieg in Deutschland* äußert. Gigantisch, gewaltig, grandios – solch hehre Worte begleiten den Weg des Werks, das zwischen 1912 und 1914 in drei Bänden zum ersten Mal erschien und ab der sechsten Auflage von 1929 den lakonischeren Titel *Der Dreißigjährige Krieg* erhielt.

Indes, es gibt Gründe für den Verdacht, daß all die Verbeugungen so selbstlos nicht sind. Mit überschwenglichem Lob, so scheint es, hält man sich eine Last vom Leib, vermeidet gar das Eingeständnis einer Kapitulation. Eine Kapitulation etwa schon vor den in der Tat immensen Ausmaßen des Werks: selbst in der eng und mit sehr kleiner Schrifttype gedruckten Taschenbuch-Ausgabe, in der es gegenwärtig zu erhalten ist, umfaßt es noch weit mehr als tausend Seiten. Enormes Wissen, historisches Handwerk und literarische Phantasie haben jedenfalls einen Erzählkosmos entstehen lassen, der durchaus einschüchtern kann.

Aber ist nicht bereits die Rede vom Erzählkosmos eine neue Kapitulation, eine Verlegenheit wenigstens, die sich als Metapher tarnt? Wie denn soll man dieses umfassende und zugleich detailbesessene, dieses so ungeheuer düstere und

gleichwohl facetten- und farbenreiche Panorama des Dreißigjährigen Krieges nennen, das Ricarda Huch entfaltet? Geschichtsschreibung im wissenschaftlichen Sinn ist es gewiß nicht, will es nicht sein: es erzählt fingierte Träume und referiert erfundene Selbstgespräche, es legt auf strenge Chronologie keinen Wert, nimmt Jahreszahlen nur am Anfang einigermaßen wichtig, unterschlägt überdies zumindest ein markantes Ereignis und verschweigt wenigstens eine prägende Gestalt der Epoche nahezu ganz: kein Wort also über Wallensteins Ermordung, kein einziges Kapitel über den Katholiken und Kardinal Richelieu, der als Frankreichs erster Minister dem Krieg 1630 durch sein Bündnis mit dem protestantischen Schweden eine machtpolitische Wende jenseits der Konfessionen und gegen Habsburg gab.
Also ein Epos? Aber von *poetischer* Form, von gesteigerter, rhythmisierter oder gar metrisch gebundener Sprache, nicht eine Spur. Die Verfasserin selbst hat rückblickend vom Versuch gesprochen, »ein historisches Geschehen auf moderne Art, aber im Sinne der alten Epen zu schildern«. Wenn man es denn kompliziert und im Stil des neunzehnten Jahrhunderts will, kann man das Werk eine Prosa-Epopöe nennen. Aber es ist einfacher und genügt völlig, von einem historischen Roman zu reden – freilich im Bewußtsein, daß dieses Genre höchst geduldig, ja fast indolent ist gegenüber Verstößen an seinen ohnedies lockeren Gesetzen.
So gibt es hier keinen einzigen Teil der Handlung, der von Anfang bis Ende durchgehalten würde, keine einzige Figur, die dem Leser vor Augen bleibt – selbst die herausragenden Persönlichkeiten, Wallenstein also und Gustav Adolf von Schweden, fallen nach ihren großen Auftritten fast ganz dem Vergessen anheim, werden zu Zeugen dafür, daß in der Welt alles eitel und nichts beständig sei. *Vanitas* – der Erztopos des Barock ist der eigentliche Held des Buches, das auch bei der barocken Sprache einige Anleihen macht, ohne insge-

samt jedoch den eher nüchternen, kühl berichtenden Stil preiszugeben.

Ricarda Huch hat gegen Ende ihres Lebens den *Großen Krieg in Deutschland* als ihre bedeutendste Leistung angesehen – und dafür gibt es manchen Grund. Gewiß, um die säuberliche Trennung von Wissenschaft und Literatur hat sie sich nie gekümmert. Eine wirkliche Synthese aber ist ihr wohl nur zweimal gelungen: im Buch über *Die Romantik* von 1899 und eben mit ihrem Geschichtsroman. Stichhaltig zudem das Argument von Wilhelm Emrich, dem Herausgeber ihrer gesammelten Werke: in keiner anderen Arbeit habe sie vermocht, ihre Idee vom Menschen, ihre Anschauung der Welt auf ästhetisch so überzeugende Weise darzustellen. Und zwar, paradox genug, durch Aussparung und Verzicht. Der forciert lyrische Ton, der zumal ihre frühen Romane, die *Erinnerungen von Ludolf Ursleu dem Jüngeren* (1893) etwa oder *Vita somnium breve* von 1903, heute recht ungenießbar macht, die gelegentliche Penetranz, mit der die Figuren dort Programme, Thesen und Theorien der Verfasserin zu verkörpern haben, die Versuchung andererseits durch Klischee und Sentimentalität wie etwa im Roman *Der Fall Deruga* von 1917 – all dies fehlt im *Dreißigjährigen Krieg* ganz und gar.

Und es fehlen die ethischen Postulate, die moralischen Wertungen ihrer in erster Linie literar- und kulturgeschichtlichen Schriften – wohl zu Recht spricht Emrich von der »horrenden Selbstüberwindung«, die Ricarda Huch bei solchem Verzicht leistete. Denn natürlich wurde der Krieg, den sie beschrieb, trotz aller sehr profanen Interessen der Beteiligten auch und zuallererst um religiöser Überzeugungen willen geführt, um die richtige Idee vom Menschen mithin und die richtige Weltanschauung. Was aber richtig sei und wer recht habe, die Katholischen, die Lutheraner oder die Calvinisten: darüber debattieren vom Kaiser bis zum Bettelweib viele der aberhundert Figuren des Romans ausgiebig und fortgesetzt – die allwissend arrangierende Erzählerin Ricarda Huch indes hält sich, ganz gegen ihre Natur, aber zugunsten ihrer Kunst, dabei vollkommen bedeckt. Jocher, den erfahrenen Rat des Bayernherzogs Maximilian, läßt sie einmal bemerken, es »sei doch im Grunde einerlei, ob man diesen oder jenen Katechismus auswendig lerne. Ein gescheiter Mann denke sich dabei, was er wolle...« Galt das, dreihundert Jahre danach, nicht erst recht für eine gescheite Frau? Mag sein, aber damit ihr Jocher nicht zum Sprachrohr gerate, fügt sie seinem aufgeklärten Credo gleich den jovialbarocken Zynismus hinzu: »...und inzwischen werde der Pöbel im Zaum gehalten.«

Überaus euphorisch hat sich Ricarda Huch in einem späten autobiographischen Text zur Entstehung des Romans geäußert: »Ich schrieb ihn«, heißt es da, »mit einer solchen Versessenheit, als würde ich meine Geschichte schreiben. Während Kriege durchweg mich langweilten, hatte der Dreißigjährige Krieg mich von jeher angezogen; er hat mich berauscht... das Tragische dieser Zeit, die Zerrüttung und der Untergang machen den Zauber erklärlich, von dem ich befallen war... Wie ein ungeheurer Sturm rauschte es an mir vorüber; ich brauchte meine Erregung nur auf das Papier zu übertragen.«

Daß daran manches Legende ist und Verklärung, belegt ein Brief aus der Entstehungszeit selbst: »Ich bin manchmal halb blödsinnig vor Müdigkeit«, schreibt sie einer Freundin, »gegen Abend fang ich immer beinahe zu weinen an vor Erschöpfung.« Kein Wunder, wenn man betrachtet, was sie damals zustande brachte. 1906 erschienen, in drei Teilen, *Die Geschichten von Garibaldi*, 1907 publizierte sie einen Band mit *Neuen Gedichten*, 1908 wieder ein Buch zum italienischen Freiheitskampf, *Das Risorgimento*, 1910 *Das Leben des Grafen Federigo Confalonieri*, ihren wichtigsten Roman

nach dem *Dreißigjährigen Krieg*, einen Novellenband zudem und eine längere Erzählung noch im selben Jahr.
Dies alles in der schwierigsten Zeit ihres privaten Lebens. 1906 ließ sie sich scheiden, nach acht Jahren Ehe mit dem Arzt Ermanno Ceconi, der zunächst die gemeinsame Tochter behielt. 1907, mit nun dreiundvierzig Jahren, heiratete sie den seit ihrer Jugend geliebten Vetter Richard Huch, der sich für Ricarda von deren Schwester trennte. Aber die neue Ehe wurde eine Katastrophe und zerbrach nach kurzer Zeit auch. Umzüge, finanzielle Probleme, die Sorge um das Kind, das nun bei ihr wohnte, kamen hinzu. Etwas von der Bewunderung für den großen historischen Roman ist also den Umständen geschuldet, unter denen er entstand.
Aber Legenden und Verklärungen sind immer auch wahr. Man spürt den »ungeheuren Sturm«, in dessen Zentrum sich das Buch gleichsam selber schrieb, noch beim Lesen mehr als siebzig Jahre danach. Den gefährlichen »Zauber« aber, der von der »Zerrüttung« ausging: Ricarda Huch hat ihn gebändigt im auktorialen Erzählen, durch das Stilprinzip der indirekten Rede auch, mit dem sie Positionen wie Charakter ihrer Figuren kenntlich macht und zugleich die immensen Stoffmassen bewältigt. Ihr umfangreiches Quellenstudium – vorab aus den zwölfbändigen *Annales Ferdinandei* des Diplomaten und Hofmannes Frantz Christoph Khevenhiller, der von 1578 bis 1651 lebte, bezog sie Fakten und Farbe – hat sich denn auch nur in ganz seltenen, und dann meist die Genealogie von Fürstenhäusern betreffenden Fällen wie Mehltau auf die Sätze gelegt.
Auf drei, oft kunstvoll ineinander verwobenen Ebenen erzählt Ricarda Huch die Geschichte Deutschlands zwischen 1585 und 1650 als schier unendliche Fülle einzelner Geschichten nach. Zum einen naturgemäß auf der Ebene der Haupt- und Staatsaktionen, beginnend bei der Hochzeit des Herzogs Jan Wilhelm von Jülich-Cleve mit Jakobe von Ba-

den: ein ebenso heiteres wie flüchtiges Tableau am Anfang einer sich rasch verfinsternden Zeit. Wenn dreiunddreißig Jahre danach und nach gut zweihundert Seiten mit dem Prager Fenstersturz der Dreißigjährige Krieg beginnt, hat der Roman die »ungeheure europäische Bartholomäusnacht« atmosphärisch längst vorbereitet, hat Menschen und Mächte vorgestellt, die ihren Einbruch beförderten oder sich ihr vergebens entgegenzustellen suchten.

Die habsburgischen Kaiser von Rudolf II. über Matthias und Ferdinand II. bis zu seinem Sohn Ferdinand III., die Päpste Urban und Innozenz, die Reichsfürsten von Maximilian von Bayern bis Friedrich von der Pfalz, die Heer- und Söldnerführer beider Parteien von Tilly über Mansfeld bis zu Bernhard von Sachsen-Weimar, die Bürgermeister der Städte, die nachgeordneten Würden- und Bedenkenträger, die Helfer und Helfershelfer, die legitimen Erben und Bastarde, der Krieg um Böhmen, die Siege der katholischen Liga, die Karrieren, Pläne und Desaster Wallensteins, der unaufhaltsam scheinende Heerzug Gustav Adolfs durch Deutschland, die Phase der nicht enden wollenden Erschöpfungsschlachten und der Erschöpfungsfriede von Münster und Osnabrück – im Geschichtsbuch der Ricarda Huch findet alles, finden alle einen Platz.

Trotz äußerster Objektivität aber läßt der Roman wie nebenbei Vorlieben der Autorin erkennen. Vorlieben vor allem für Gustav Adolf und seinen lauteren Mut, für den Landgrafen Moritz von Hessen und seine Reformen, für Bernhard von Weimar und seine Melancholien, für Tilly schließlich, den sie indirekt gegen Friedrich Schillers große Anklage in Schutz nimmt: für die Plünderungen Magdeburgs macht er den kaiserlichen General in seiner *Geschichte des Dreißigjährigen Krieges* verantwortlich, für eine »Würgeszene…, für welche die Geschichte keine Sprache und die Dichtkunst keinen Pinsel hat«. Bei Ricarda Huch ist es nun gerade Tilly, dem die »Konservation der Stadt« am Herzen liegt, der zu verhindern sucht, was sich nur verhindern läßt, und der am Ende weiß, daß sich der Sieg »in unsern Händen in Schimpf verwandelt« hat.

Sehr schlecht hingegen kommen die deutschen und zumal die protestantischen Fürsten davon. Ein ums andere Mal, meist durch Gustav Adolf und seine Offiziere, werden sie der Lauheit und des Verrats geziehen – auch daß Magdeburg nicht entsetzt werden konnte, rechnet der Roman letztlich ihnen an. Ricarda Huchs Abneigung gegen Kriegsgewinnler hat den Fürstenkritikern ihres Buchs wohl die Argumente geliefert – denn wenn es irgend Gewinner gab im Jahre 1648, dann waren es vor allem die deutschen Fürsten, die ihre Freiheit, ihre »Libertät« gegen die kaiserliche Zentralgewalt und die Einheit des Reiches behaupteten und stärkten.

Fürstenhöfe aber sind allemal für Feste gut. Wenn also die trostlose Szene der Schlachten nach anekdotischem wie animalischem Ausgleich verlangt, dann wird dort gefressen, gesoffen und gehurt. »Es sei gar zu anstrengend, Mensch zu sein«, meint der Herzog von Württemberg einmal, »man müsse sich von Zeit zu Zeit in der Säuerei davon erholen.« Ricarda Huch inszeniert solche Säuereien nicht ungern und zugleich meisterhaft. Denn fast immer bleibt der Hintergrund erkennbar, vor dem die hohen Herrn sich vergnügen. Und in den sie dann oft unvermutet schnell abtreten.

Der Tod, ein Meister aus Deutschland – Jahrzehnte vor Paul Celan hat ihn Ricarda Huch so gesehen und dargestellt. *Der große Krieg in Deutschland* ist deshalb vor allem ein Buch des Sterbens, eine Fibel der Todesarten. Für Jakobe von Baden, die so glänzend Hochzeit gefeiert hatte, ist darin das erste von zahllosen Kapiteln reserviert. Einige Absätze lang darf sie schwärmen von künftigem Glück, von »Liebessehnsucht« und großen »Beseligungen«, die ihrer harren. Unmittelbar darauf aber wird sie »tot im Bette gefunden«. Eine »nachdenkliche Sache« sei dies, heißt es dann, denn niemand habe irgendein Übel an ihr wahrnehmen können.

Ein Giftmord am Beginn, ebenso lakonisch geschildert wie später etwa das Sterben an der Pest, an Kriegswunden, am Galgen, unter der Folter, mitten im Kampf oder mitten im schönsten Leben. Die Plötzlichkeit des Tods oder sein schleichender Triumph, die Abbitten der Sterbenden, die Qualen ihrer letzten Stunden, wenn alles Erlebte nochmals vorüberzieht, das Aufbäumen gegen und das Einverständnis mit dem Ende: es ist schon ungeheuer, was Ricarda Huch solchen Szenen literarisch abzugewinnen versteht, wie sie in immer neuen Ansätzen und allemal ohne jedes Pathos den Feldherrn porträtiert, der diese drei unendlich lang erscheinenden Jahrzehnte und nicht nur sie beherrscht: den »Generalissimus Tod«.

Bevorzugt in anonymer Gestalt – als marodierender Landsknecht oder landfahrendes Hungergespenst – sucht er die kleinen Leute heim. Bürger und Bauern also, Händler und Hirten, Juden, Zigeuner, Spiel- und Fahrensleute, die Kinder: sie bilden keineswegs nur die Staffage für die Hauptakteure, gleichberechtigt vielmehr schildert der Roman ihre Geschichten – Geschichten von Opfern zumeist. Immer beklemmender werden sie mit dem Fortgang des Kriegs – und wenn in dessen letzter Phase dann »Menschen und Tier miteinander um den letzten Grashalm« kämpfen, sind sie kaum noch erträglich. Aber selbst das Schlachten von Kindern, das Ausgraben der noch frischen Toten, nur damit irgend etwas zu essen sei, will und kann uns die Chronistin Ricarda Huch nicht ersparen.

Auf der dritten Ebene des Romans finden sich die Gelehrten, die Wissenschaftler und Künstler. Der Jesuit Friedrich Spee von Langenfeld zum Beispiel als Streiter wider den Hexenwahn, der Astronom Johannes Kepler als ebenso bedächtiger und wie entschiedener Gegner von Aberglaube und Glaubenszwang, der Komponist und Kapellmeister Heinrich Schütz: ihm vor allem und seiner Musik hat Ricarda Huch die wenigen hoffnungsfrohen Passagen vorbehalten, die sie ihrem Roman erlaubt.

Einer seiner ersten Leser war der Germanist Otto Walzel. Er verteidigte den pessimistischen Grundton des Werks, hielt das »melancholische Grau«, das vorab den Schlußteil beherrsche, für gerechtfertigt. Denn ein helleres Ende, so argumentierte er, »feierliche Siegfanfaren« gar, hätten nur verdeckt, »wie wenig mit einem Schlage die Roheit und Zuchtlosigkeit zu beseitigen waren, die sich in Deutschland eingewöhnt hatten. Die entmenschte Welt mußte zunächst menschliches Fühlen wieder lernen.« Veröffentlicht wurde Walzels Kritik im Frühjahr 1914. Im Sommer brach der Erste Weltkrieg aus.

Weltuntergang ostelbisch

Helmut Koopmann über Eduard Graf von Keyserling:
Abendliche Häuser (1914)

Eigentlich war alles längst bekannt: die steifen Adelsfiguren auf ihren ostelbischen Schlössern, die erstickende Luft in deren großen Räumen, die versteinerten Familienbeziehungen, die unerbittlichen, ungeschriebenen Sätze eines Ehrenkodex, die sinnlosen Duelle, das feindselige Mißtrauen allem Neuen gegenüber. Dazu eine erzkonservative Politik, ein entsetzliches Pflichtbewußtsein und das oft sinnlose Bestehen auf »gewissen Ansichten und Grundsätzen«, der leere Konversationston, wenn dieser Baron jenem in der Nachbarschaft seinen Besuch machte: da stand bereits fest, wie er ausgehen werde, bevor er überhaupt angefangen hatte. Und über allem das Unerträgliche enger Lebensverhältnisse, das zur Weite der Landschaft in groteskem Gegensatz stand: hat nicht Eichendorff so ähnlich schon den verknöcherten Adel im *Schloß Dürande* beschrieben?

Er hat es, aber noch deutlicher hat uns Fontane das alles vorgestellt. Auf Schritt und Tritt scheint er hinter Keyserlings Schloßgeschichten herumzuspuken. Im *Stechlin* und in *Effi Briest* hat er die Adelswelt seiner Zeit porträtiert, in *Irrungen Wirrungen* und anderswo; sie unterscheidet sich nicht wesentlich von der Keyserlings. Etwas freundlicher und verständnisvoller vielleicht hat Fontane die noble Welt seiner Tage literarisch präsentiert: seine Adeligen sind geistreicher, lieben die Causerien so wie ihr Autor, halten im Grunde genommen aber auch nichts vom hochgekommenen Neuen und leben ihr selbstgenügsames Dasein, selbst wenn dabei gelegentlich die Duellkugeln durch die Luft der guten alten Zeit fliegen.

Was unterscheidet Eduard Graf von Keyserling (1855 bis 1918) von Fontane? Auf den ersten Blick wenig; das, was sie verbindet, ist nicht nur die, so scheint es, fast immer ebenso liebevoll wie kritisch ausgemalte Adelswelt, sondern auch die Klage um deren lautlosen, schleichenden Verlust. Ob sie nun in Pommern, Mecklenburg oder Kurland angesiedelt ist, tut nichts zur Sache, aber daß diese Welt untergehen wird, sehen beide voraus: so treten sie zwangsläufig als erzählerisches Dioskurenpaar auf, als äußerst sprachbegabte Kopisten einer Welt, die um ihr eigenes Ende durchaus insgeheim wußte, es aber dennoch nicht recht wahrhaben wollte. Nur: Fontane hat das alles schon früher beschrieben.

Fontane könnte auch die Geschichte erfunden haben, um die es in *Abendliche Häuser* geht: da ist das Schloß Paduren (Keyserling wurde in Kurland auf Schloß Paddern geboren), in dem der Baron und seine Schwester ein gespensterhaftes Dasein führen; verständlich, daß die Tochter des Hauses, die schöne Fastrade, sich auf der Suche nach ein bißchen Wirklichkeit in ihren Hauslehrer verliebt, ihm nachzieht, als er gehen muß, aber nur, um ihn, den Kranken, schließlich zu Tode zu pflegen.

Nun ist sie zurückgekommen ins väterliche Schloß, um die Alten zu bedienen und nebenbei auf etwas zu warten, das vielleicht doch noch kommen wird, auf das Leben nämlich. Willkommene Gelegenheit für den jungen, adeligen Tunichtgut Dietz Egloff, der sich dem Spiel, den Frauen und der nächtlichen Herumzigeunerei in den endlosen Schneelandschaften des Ostens ergeben hat, der Schönen nachzustellen, und es kommt, was kommen muß: eine Liaison spinnt sich an, eine Verlobung folgt, zwei Außenseiter scheinen sich gefunden zu haben.

Es wäre sicherlich nicht für immer, aber vielleicht doch eine Weile gutgegangen, hätte sich jetzt nicht Fontanes Vorbild ausgewirkt: Egloff, der etwas allzu leichtfüßige Adelige, hatte zuvor das, was Effi Briest mit dem Schürzenjäger Crampas hatte: ein Techtelmechtel mit der Frau eines adeligen Nachbarn – in aller Heimlichkeit, wie sich versteht. Der Ehemann der zur Liebe Verführten bekommt Wind von der Sache, gibt seiner Frau 24 Stunden, um das heimatliche Schloß zu verlassen, aber dann kehrt sich das Fontanesche Schema um: nicht der Verführer fällt im Duell, sondern der gehörnte Gatte.

Die Geschichte macht natürlich auf den Schlössern die Runde: Fastrade gibt ihren Ring zurück, die Verlobung geht in die Brüche. Das Ende der Affäre ist nochmals blutig: Egloff, der ohnehin stark im Spiel verloren hatte, erschießt sich in seiner Jagdhütte, in der er sich oft mit Fastrade getroffen hatte. Die alten Herren Barone gehen wieder zum adeligen Müßiggang über. »›Nichts Neues in der Gegend?‹ fragte der Baron Warthe. ›Nein, nichts‹, erwiderte der Baron Port, ›Gott sei Dank ist hier alles wieder ruhig.‹ ›Das ist gut‹, meinte der Baron Warthe in belehrendem Stimmtone, ›man hat im Leben ja auch seine Unruhe gehabt, nun will man Ruhe im windstillen Winkel.‹« Die beiden alten Herren freuen sich bei dem Gedanken an den guten Padurenschen Rotwein. *Effi Briest* also einmal andersherum, einschließlich der mit dem Revolver wiederhergestellten Ehrengesetze.

Etwas spukhaft alles, dieses vergehende Leben, dieser Triumph der Form, der den Tod bedeutet. Keyserling gilt als Meister der Beschreibung dieser zwielichtigen Abendstimmung, die nicht nur über dem See lag, den die alten Herren gerne besuchen: ein Impressionist von Rang (der sich vom Impressionisten Lovis Corinth porträtieren ließ), bei dem der Realismus des 19. Jahrhunderts gewissermaßen in sein Endstadium getreten ist. Hier schien das Adelsleben auf den großen Schlössern verklärt und gleichzeitig auch mit Resignation beschrieben worden zu sein, und wer nicht Fontane

in den Schloßgeschichten wiedererkennen wollte, der konnte es, was die dichterische Ahnherrenschaft anging, mit Herman Bang oder mit Turgenjew halten.
Ein Stimmungsvirtuose großen Formats, Klang und Farben, Rhythmen und Atmosphäre: adelige Lebensluft am Ausgang des 19. Jahrhunderts, zu Beginn noch unseres Säkulums. Kein Geringerer als Thomas Mann hat Keyserling auf das Fontanehafte festgelegt, wenn er zu Keyserlings Tod schrieb: »Man wird den Namen Fontanes immer nennen, wenn von Keyserling die Rede ist. Die Aszendenz ist deutlich. Es gibt Stellen bei Keyserling, Dialogstellen zumal, die wörtlich so bei Fontane stehen könnten.« Freilich sei sein Werk »schmaler, graziler, später, wählerischer, es hat nervöseren Puls; der Blick auf das Leben ist kälter geworden, die Ironie geistiger, das Wort präziser, der Gesamthabitus ungemütlicher, künstlerischer und weltläufiger – man spürt die Europäisierung der deutschen Prosa seit 1900«. Recht hat er, natürlich: von den Nerven ist ohnehin ausführlich genug die Rede in Keyserlings Roman.
Keyserling, wiedergelesen: ist er tatsächlich nur einer jener Fin-de-siècle-Dichter, der die Stimmung des niedergehenden Lebens in den alten Adelsschlössern so geschmeidig und suggestiv eingefangen hat? Thomas Mann hat seinen Gefallen gefunden an der Sprache Keyserlings, an deren unerhörter Flexibilität und Genauigkeit. Aber das ist bei Keyserling mehr als zeitgenössischer Impressionismus, das ist die Sprache der Kritik. Denn er nimmt es nicht hin, daß das Leben wie eine quälende Krankheit zu Ende geht auf diesen Schlössern, er steht auf seiten derer, die das Leben suchen, und sei es auch im Spiel oder im amourösen Abenteuer. Eigentliches Thema ist nicht das vergehende Leben, sondern das nicht gelebte Leben und der Protest, der so ohnmächtige wie bedingungslose Protest dagegen. Wenn der wilde Egloff nachts durch die Wälder und über die Schneewüsten jagt, so jagt er

dem Leben nach, so wie Fastrade es zu zwingen sucht, indem sie ihrem Hauslehrer ins Krankenhaus folgt. Ans Ziel kommt niemand. Denn das Leben ist eine Bestie, die nicht zu zähmen ist; deswegen jagt man so gerne in diesen Wäldern, wenn auch ohne Erfolg.

Nichts also mit Nervenkunst der Jahrhundertwende und Stimmungsmalerei: hier wird Anklage geführt gegen die, die sich dem Leben mit ihrer Konvention in den Weg stellen. Leben möchten sie alle, der Herumtreiber Egloff wie Fastrade, die erst ihrem Hauslehrer und dann dieser zweifelhaften Spielernatur folgt, aber leben will auch jene kleine Baronin, die die Erinnerung an glückliche Tage in Dresden nicht vergessen kann, leben will die von Egloff Betrogene, die nicht in die Langeweile ihres Ehedaseins mit einem dieser entsetzlich korrekten Männer zurück will. Aber was sich als Leben dann wirklich ereignet, ist schaler Ersatz: Keyserling läßt das Surrogathafte dieser Lebenslösungen, die am Ende alle keine sind, erbarmunglos durchscheinen. Und mit der Pistole löst man Lebensprobleme so wenig wie mit dem Ehrenkodex dieser adeligen Landmänner. Aber ein anderes Ende fällt den Beteiligten nicht ein, kann ihnen nicht einfallen, da sie auch dort noch, wo sie gegen die Lebenslangeweile des adeligen Schlösserdaseins protestieren, am Ende doch die Gefangenen dieses Daseins bleiben. Nichts kann sie daraus befreien – es sei denn, der Tod erbarmte sich ihrer. So gehen die Rebellen unter, ausnahmslos: das Leben findet nicht statt, was übrigbleibt, ist der Traum davon, wie das Leben hätte sein können, oder auch eine zumeist nur schale Erinnerung an Lebensmomente, die am Ende, genau besehen, dann doch keine waren.

Bei Fontane blieb die Form; auch wenn sie von *Effi Briests* Innstetten begreiflicherweise angezweifelt wurde, blieb der Anspruch einer Gesellschaft, die sich nicht aufgab, auch wenn sie unterging. Keyserling wischt das alles mit einer

Handbewegung hinweg, er fährt gleichsam wie der alte Baron Warthe »mit der Hand von oben nach unten durch die Luft«: vorbei ist es mit adeliger Würde und junkerhafter Contenance, der Lebensersatz ist tödlicher Natur. Nichts könnte unbarmherziger sein und radikaler an Keyserlings Urteil als die letzte Szene des Romans: die alten Herren sind wieder zur Tagesordnung übergegangen, die jungen Leute sind tot oder dämmern einer altjüngferlichen Haustochterrolle entgegen.

Das behagliche Lachen der beiden alten Herren kann einem schon das Herz zerschneiden, und Keyserling braucht nichts hinzuzutun, um deutlich zu machen, daß das ein Lachen des Todes ist, daß hier die Greise die Überlebenden sind und nicht die Jungen. Lächerlich, grausig das Ganze, sehr viel mehr als eine untergehende Adelswelt: hier geht das Leben unter, und schrecklich daran ist, daß die alte, längst abgestorbene Adelswelt gerade weiterbesteht.

In der Tat ist Keyserling ein Meister impressionistischer Farbmischungen, aber sie sind nicht ihrer Lichtreize wegen in den Roman gebracht. Das rote Abendlicht um die Häuser herum hat eine Kontrastfarbe: das Grau der Gestalten der Arbeiter und die grauen Häuser, das Grau der Domestikenwelt. Blanker Hohn ist es, wenn der alte Baron sagt: »Es genügt nicht, als Edelmann geboren zu sein, man muß auch Edelmann sein wollen.« Auch hier braucht Keyserling nicht zu kommentieren, das Grau der Arbeiterwelt ist Kommentar genug. Die eigentliche Verliererin in diesem diabolischen Spiel aber ist Fastrade, und sie erkennt, was sie eingebüßt hat: nicht nur den Verlobten, sondern ihr Dasein, ihre Zukunft, und so kann sie denn nur noch schweigend dasitzen und auf den See hinausschauen: an einem der folgenden Abende, viele Abende lang, immer.

Der Roman ist 1913 geschrieben – ein Jahr später nur, und er würde weniger Betroffenheit auslösen. Vaterlandsgerede und Traditionsbewahrerei, Adelsprinzipien und das Gute, Alte, Wahre; vom notwendigen »Bollwerk gegen die neuen, zerstörenden Ideen«, von den alten bewährten Traditionen war damals viel die Rede. Keyserling zerpflückt das alles unbarmherzig, und das bittere Ende der Lebenssuchenden will heute wie ein Menetekel erscheinen. Sollte Keyserling prognostiziert haben, daß das Alte dann doch fortexistieren würde, während die Jugend unterging, bei Tannenberg, Langemarck und anderswo? Der Roman wäre dann von unheimlicher Prophetie: kein Blick auf die untergehende Welt zurück, sondern ein solcher auf die untergehende Welt voraus. Darin wäre Keyserling ein unbestechlicher Prophet, der den Verfall des Lebens als trostloses Ende der Jugend beschrieben hätte. Vieles spricht für eine solche Deutung. Die Jungen sterben, die Alten überleben und freuen sich am abendlichen Licht über dem See. In den Adelshäusern werden die Lichter angezündet, ein Hauch von Heimeligkeit und Zufriedenheit breitet sich aus – eine fatale Täuschung. Fastrade sitzt schweigend neben den Alten da, horcht in sich hinein. Die Liebesschwüre Egloffs – vergangen, fast schon vergessen. Was bleibt, ist der Schmerz darüber, und Fastrade fürchtet, daß auch das »schläfrig werden, untergehen« könnte, so wie die abendlichen Häuser, die in Dämmerung und Nacht versinken, nicht nur an jenem Sommerabend und mit diesem Roman enden. Nichts bleibt von der »Hochburg des adeligen Lebens in dieser Gegend«. Meint man nicht schon das Weltgepolter des ein Jahr später ausbrechenden Weltkriegs vorauszuhören? Aber nein, es war doch wohl nur ein einfallender Entenschwarm mit seinem Geschnatter.

Weinberge, Kasematten

Martin Gregor-Dellin über Leonhard Frank: *Die Räuberbande* (1914)

Wie beginnt man einen Roman? Mit Glockenläuten, etwa so: »Plötzlich rollten die Fuhrwerke unhörbar auf dem holprigen Pflaster, die Bürger gestikulierten, ihre Lippen bewegten sich – man hörte keinen Laut, Luft und Häuser zitterten, denn die dreißig Kirchturmglocken von Würzburg läuteten dröhnend zusammen zum Samstagabendgottesdienst. Und aus allen heraus tönte gewaltig und weittragend die große Glocke des Domes, behauptete sich bis zuletzt und verklang.«

Der Erzähler, der sich – anders als der Mönch Clemens im *Erwählten* siebenunddreißig Jahre später – hinter dem Geist der Erzählung bedeckt und verborgen hält, der zugleich allwissend und anonym bleibt wie in ganz einfachen Romanen, läßt den Glockenschall, den Glockenschwall über der Stadt, der alle anderen Laute auslöscht, schnell wieder verklingen: »Die Unterhaltungen der Bürger und die Tritte einer Abteilung verstaubter Infanteristen, die über die alte Brücke marschierte, wurden wieder hörbar. – Über der Stadt lag Abendsonnenschein.« Das ist raffiniert, gekonnt und verblüffend, und war doch die erste ernst zu nehmende Prosa, die Leonhard Frank niederschrieb. An dieser halben Seite will Frank drei Monate »jeden Tag bis in die Nacht« gearbeitet haben. In der Tat ist selten (und von diesem Autor nie wieder) ein Werk so genau kalkuliert und zugleich bis zum Hören, Sehen und Riechen anschaulich eingeleitet worden.

Schon im Verlauf der nächsten Sätze aus diesen ersten drei Monaten, die den Beginn einer Schriftsteller-Laufbahn markierten, werden nahezu alle Lebensthemen angeschlagen: Die Weinernte hat begonnen, ein paar Knaben spielen zu

Füßen der Brückenheiligen, und »Herr Mager, der Volksschullehrer und Tyrann vieler Generationen Knaben, schritt über die Brücke«. Eine Seite später ist von Furcht und Angst die Rede, von Magers »Technik im Strafen«, jetzt fehlt nur noch der Anlaß, aber man ahnt schon, wohin das alles treiben wird.

Hier wird unter dem Titel *Die Räuberbande*, den der dreißigjährige Leonhard Frank stolz über sein erstes Buch setzte, keine Jugendseligkeit angeboten, keine Abenteuer-Romantik und kein herziges Schulstück, sondern die Melancholie des Schreckens, der Reiz des Heimlichen, eine Welt, die ebenso geliebt wie gehaßt wird. Es riecht in diesem Roman förmlich nach Wasser und Burggraben, nach den Weinbergen und Kasematten der Festung, in denen die Räuber ihren geheimen Treffpunkt, ein versiegeltes »Zimmer« besitzen, es duftet nach Most und Brot, nach dem Leder des Schusters und den Feilen und Schraubstöcken des Spenglers, nach dem Holz des Schreiners und den Fischen des Mains, aber alle Lust an nächtlichen Streifzügen und Streichen ist von Anfang an überschattet von Trauer und Armut.

Bleicher Kapitän, Rote Wolke, Falkenauge, Winnetou, Kriechende Schlange und Oldshatterhand, die wir natürlich alle nicht vergessen können in ihrer großmäulig-kindlichen Altklugheit, es sind arme Teufel, und der Autor ist sich in einer ihrer Unternehmungen selbst historisch geworden. Rote Wolke, sich selbst Mut zusprechend wie einer, der im Walde pfeift: »Es wird heißen: Im Herbst des Jahres achtzehnhundertneunundneunzig stattete die gefürchtete Räuberbande von Würzburg den königlichen Weinbergen ihren Besuch ab ... in dunkler Nacht.« Ach, gefürchtet! Den Hosenboden kriegen sie voll, und das von Lehrer Mager nach peinlicher Gerichtsverhandlung.

Neben den Würzburger Meistergestalten, dem Fischer, dem Glaser, dem Wirt, dem Tischler, die im »Ochsenfurter Män-

nerquartett« noch einmal erinnert werden, bleibt Lehrer Mager als traurige Hauptfigur vor allem haften. Leonhard Frank litt an den Demütigungen seiner Kindheit, wie nur selten ein Dichter an der Kindheit gelitten hat. Er kam nicht los vom Schultyrann Mager, den er als Lehrer Dürr in der Erzählung *Die Ursache* auferstehen – und umbringen ließ. Das ist Autobiographie quälendster und prophetischster Art.
Der Roman *Die Räuberbande*, 1914 erschienen, überschritt das in der Jugend Erlebte, er legte alle weiteren Themen und Handlungsverläufe nahezu schon fest, da kam nichts mehr, biographisch gesehen – außer der Trivialität einer politischen Wirklichkeit, die diesen Schriftsteller, der ein Heimatdichter war und nur außerdem noch gegen Krieg, Arbeitslosigkeit und den Lehrer Mager, gleichsam wie zum Hohn zweimal aus dem Land vertrieb. Die verbrecherische Absurdität und absurde Konsequenz alles dessen, was aus der nazistischen Pseudoideologie hervorging, einschließlich der Massenhysterie, die das Volk um seine Identität und sein Selbstverständnis brachte – woran soll es sich noch deutlicher ablesen lassen als an dem Schicksal eines Schriftstellers wie Leonhard Frank, der im Grunde seines Wesens von geradezu altfränkischer Deutschheit war?
Die Stoffe und Handlungen seiner Bücher waren so sehr seinem Leben entlehnt, daß er seine Romanfigur Michael Vierkant aus der *Räuberbande* in seiner Autobiographie *Links wo das Herz ist* mit seinem eigenen Ich verwechseln durfte. Das Paradoxe haftete diesem aus einfachen Verhältnissen stammenden Autor an, als sei er ein verwunschener Prinz, der in immer neuen Gewändern eine immer gleiche Rolle spielt: den Part des »einfachen Autors«, des ewigen Autodidakten. Er machte das Beste daraus und sublimierte das ihm angeborene Talent zu einer Kunsttheorie.
Sein Kunstideal tendierte auf einen 300 bis 400 Seiten langen Gesellschaftsroman, der in »klarer, einfacher Sprache«

alles Wesentliche zusammenfasse und dennoch einen »ruhigen Fluß der Geschichte« erziele. Ein auf diese Weise geschriebener Roman könne unvergleichlich mehr an Lebensvorgang und Menschenschicksalen enthalten als ein breit geschriebener Roman in drei Bänden über dasselbe Thema, und er fessele stärker das Interesse des Lesers. Dieses Ziel hat Leonhard Frank in der *Räuberbande* zweifellos erreicht.
Max Brod schrieb anläßlich des Wiedererscheinens der *Räuberbande* im Jahr 1927: »Diesem Dichter gerät so ziemlich alles, was er mit seiner gegliederten Prosa anpackt: die Öde einer Fabrik, die Komik einer Gerichtsverhandlung, Schmiedewerkstatt und Schlosserei, die Prozession und die grausame Schulstunde, selbst düstere und erschütternde Szenen; all dies steht in wirbeligem Glanz da, umfangen von dem eigentümlichen Milieu der engbrüstigen, gotischen Stadt Würzburg.« Ist das zutreffend? Hat er recht?
Brods Urteil erweist sich noch heute als richtig und zugleich auf seltsame Weise separierend, ausgrenzend in dem, wovon es nicht spricht, ganz ähnlich der Lese-Erfahrung, die ich seit dem Zweiten Weltkrieg hatte: denn das ist ja nicht der ganze Inhalt der *Räuberbande*! Es ist nur das, was in Erinnerung bleibt, nämlich die Brückenszene, der Besuch im königlichen Weinberg mit seiner grotesken Burggrabenromantik, die Schulstunde, Magers Terror, seine sadistische Bestrafung der Schüler, der Lehrlingsalltag, all das, was man wieder und wieder gelesen hat, weil es große Anthologie-Literatur ist, auszugsfähig, schulbuchreif, von umwerfender Genauigkeit und Typik – und das andere? Michaels Arbeit als Klinikdiener, die Münchner Lehrjahre des Zeichners und Malers Michael Vierkant, seine Reise nach Italien, überhaupt sein und aller Aufbruch in die Welt, und schließlich Oldshatterhands Denunzierung bei der Polizei, sein unzeitiger und daher überflüssiger Selbstmord?
Ich habe die *Räuberbande* im Lauf dreier Jahrzehnte zwei-

oder dreimal gelesen, und ich hatte all das glatt vergessen, es hat sich seltsamerweise nicht eingeprägt. Es ist der »zum Fremden gewordene Oldshatterhand« Michael Vierkant alias Leonhard Frank, der die Welt zu flüchtig durchstreift und daher als Autor mit seinen Stoffen und thematischen Vorwürfen immer Schwierigkeiten bekam, sobald er Würzburg und das benachbarte Ochsenfurt verließ. Das macht schon dieser Roman auf beunruhigende Weise deutlich, sobald er nach Dresden, München oder Italien ausschweift oder den anderen Lebenswegen, dem Schicksal der übrigen Räuberbande, nachzugehen versucht. Und doch kommt man beim Wiederlesen aus dem Staunen nicht heraus, weil soviel vorweggenommen und festgelegt ist; der Aufbruch in die Welt, wie er in dem Roman *Von drei Millionen Drei* beschrieben wird, der Lehrermord in der *Ursache* natürlich, aber auch nicht wenige der Erzählungen und ein gutes Teil der Autobiographie *Links wo das Herz ist*, in dem der versehentliche Selbstmörder der *Räuberbande*, Michael Vierkant, dann in der Tat wieder zum Leben erweckt wird.

Die Stärken dieses Erstlings und die Stärken dieses Autors findet man in der vorweggenommenen Bilderwelt eines Otto Dix und George Grosz, die beide jünger waren als Leonhard Frank. Die Schwächen des Romans sind die Schwächen des Romantyps, wie sie sich beim frühen Wassermann (etwa im *Gänsemännchen*) oder beim frühen Kellermann antreffen lassen und die wohl überhaupt in der Zeit lagen: eine wenig zielstrebige Handlung, der Vorrang von Atmosphärischem gegenüber dem gesellschaftlich oder psychologisch determinierten Konflikt, die ungenügende Signifikanz regionaler Besonderheiten. Das Problem des Dialekts vermochte der junge Leonhard Frank nicht zu lösen; es ist eine halbherzige Imitation des Mainfränkischen und Berlinischen im Dialog, weder genau genug noch stilisiert genug.

Es zeigt sich aber auch beim Wiederlesen, daß die Zeit- und

Sozialkritik dem Lebenswerk Leonhard Franks von Anfang an eingeprägt war und daß sie über die Anlässe hinaus unverminderte Bedeutung behalten hat, als Kritik an der Unvollkommenheit und Fragwürdigkeit einer Welt, die nicht auf Gerechtigkeit, Solidarität und Menschlichkeit gegründet ist. So herrlich dieses Würzburg der Brücken, Kirchen, Glokken und Weinberge »leuchtet«, sowenig ist seine brütende Dumpfheit verschwiegen, und fern aller Heimatseligkeit entlädt sich am Ende – in einer Philippika Michael Vierkants – die ganze Kritik des für immer verwundeten Autors, dem die Heimatstadt denn auch lange genug gram blieb. Die ganze dumpfe Stadt ist eine Lügnerin, und alle, die darin wohnen, sind Lügner. Lüge mit ihnen, und sie werden dir alles verzeihen, wenn du geworden bist wie sie. Schäme dich. Sieh, ich stehe auf einem hohen Land und sehe auf alle Kirchtürme hinunter. Die Stadt dunstet und stinkt da unten. Ich wende mich um, da ist die Luft dünn und blau. Und ich bin allein.

Frank hat gar nicht erst versucht, diese Kritik auf eine seiner Figuren abzuwälzen. Er war diese Figur selbst, und im Grunde hatte er mit seiner Kritik der Lügner und Anpasser ja schon damals recht, seine Genossen Mit-Räuber vielleicht ausgenommen, die er nach dem Zweiten Weltkrieg noch einmal wiedersah. Aber das weiß man nicht so recht. Leonhard Frank war in der *Räuberbande* vor allem ein zuverlässiger Beobachter seiner Zeit und seiner Welt, indem er den Hunger nach Gerechtigkeit, den Hunger nach Brot und den Hunger nach Schönheit beschrieb, von dem die Räuber umgetrieben werden. Die *Räuberbande* zeigt ihn als einen verwundbaren und wahrheitsliebenden Dichter, der sich anschickte, die Liebe unter den Menschen zu proklamieren, nicht weil der Mensch gut ist, sondern weil er gut wird, wenn er liebt.

Atemlose Langsamkeit

Helmut Koopmann über Alfred Döblin:
Die drei Sprünge des Wang-Lun (1915)

Als der letzte Krieg zu Ende war, wiederholte sich in den frühen fünfziger Jahren eine Mode aus der Zeit nach dem Ersten Weltkrieg: Die Zeit der Asien-Reisen begann. Nur literarisch, versteht sich, da an wirkliches Reisen kaum zu denken war; aber diese Reisen aus einer tief verstörten, desorientierten, verzweifelten und ungläubig gewordenen Welt nach Osten hin waren um so phantastischer.

Man las wieder Hesses *Morgenlandfahrt*, die östliche Philosophie blühte, Zen-Buddhismus und Taoismus fanden ihre Jünger: eine verschämte, verinnerlichte Gegenkultur begann, und der Osten, verlockend und unbegreiflich wie je, war bevorzugtes Reiseziel, wie schon in den zwanziger Jahren. Hat man damals, im allgemeinen literarischen Aufbruchstrubel, sich auch auf den Roman besonnen, der Döblin, den bis dahin unbekannten Schriftsteller, mit einem Schritt seinerzeit in die Weltliteratur gebracht hatte, auf *Die drei Sprünge des Wang-Lun*?

1915 war er erschienen, sofort von vielen enthusiastisch begrüßt als expressionistischer Roman von Rang. Doch dann war er bald halbwegs vergessen und schließlich mit seinem Autor ins Exil gegangen. 1949 aber kam der Roman neu heraus, und zu Anfang der fünfziger Jahre muß er mir in die Hände gefallen sein. Es war die unendliche Farbenpracht des Döblinschen Erzählens, die faszinierte – aber auch die Fremdartigkeit der östlichen Welt, der Versuch einer Religionsgründung, die Lehre der Gewaltlosigkeit jenes Bundes der »Wahrhaft Schwachen« und vor allem die Schilderung der Gemeinschaft der anderen, die gewaltlos rebellierten.

Schillers Räuberversammlung in den böhmischen Wäldern kam dagegen nicht an.

Wie liest sich der Roman heute? Der innere Abstand zu jener fernöstlichen Welt mag größer geworden sein, allen Annäherungen an das gegenwärtige China zum Trotz. Die Botschaft des Bettlerheeres der »Wahrhaft Schwachen«, Laotse und seine Lehre vom Nichthandeln und der Fatalität aller Eroberermentalität, der glückliche Traum von der Stille und vom Nicht-Widerstreben – gewiß bedenkenswert, aber der Konflikt mit dem wirklichen Dasein ist da schon mitgeliefert, und daß sich beides nicht miteinander vertragen kann, wissen nicht nur wir; das wußte Döblin schon selbst recht genau. In den Jahren des »Ohne mich« der Nachkriegszeit war das eine wundersame Botschaft, die Döblins Roman verkündete – heute, nach vierzig Jahren relativen Friedens, bleibt sie so unwirklich, wie sie es im Grunde schon immer war.

Also: Was bleibt? Man liest den Roman, fast 500 engbedruckte Seiten lang, und kommt kaum von der Stelle. Nichts für ungeduldige Leser. Unendlich langsam geht es voran, Döblin läßt sich Zeit, erbarmungslos viel Zeit; am Anfang erfahren wir von den kleinen Gauner- und Diebeskunststükken des Wang-Lun mehr, als es dem Roman gutzutun scheint. Das ist fremdartig, nie langweilig, aber mit ostasiatischer Gelassenheit erzählt. Dabei ist Döblin hier, schon am Anfang, ein höchst raffinierter Geschichtenerfinder. Er berichtet, gleichsam mit bewegungslosem Gesicht und doch mit funkelnden Augen, wie Wang-Lun seinen Lebensweg beginnt: als kleiner Groschendieb, als schlauer Bursche, als gewandter Clown. Als ihm selbst der raffinierteste Betrug jedoch nur zu Eintagsreichtümern verhilft, wandert er aus dem Heimatdorf aus. Die kleinkriminelle chinesische Variante des Taugenichts macht sich in der nächstgrößeren Stadt zu schaffen, bestiehlt Bonzen und Tempel. Doch dann findet der immer nur mäßig erfolgreiche Gauner seinen Lehrmeister, einen alten Priester, »ebensogroßer Menschenkenner wie Schelm«: Den besiegten Gegner macht er schlau zum Freunde und begründet damit die Laufbahn des später so gewaltigen Wang-Lun. Als ein Unschuldiger aufs grimmigste verfolgt wird, hat Wang-Lun sein Damaskus: Er rächt den grausam erschlagenen Menschenbruder am Hauptmann der Exekutionstruppe, flieht ins Gebirge und erfährt an sich die Lehre vom Nichtwiderstreben: »Die Welt erobern wollen durch Handeln mißlingt.« Wang-Lun hat in einem Einsiedler, der ihm das verkündet, seinen zweiten Lehrmeister gefunden.

Solche Lehre von der Gewalt der Gewaltlosen mutet nachträglich wie ein prophetischer Blick in eine düstere Zukunft an, die sich damals freilich bloß als Wetterleuchten am Horizont ankündigte; denn der Roman war ja in den Jahren 1912 und 1913 geschrieben worden. Der Krieg erst machte den Roman vom friedlichen Aufstand gegen Gewalt und Unrecht zum Friedensappell. Aber so hellhörig Döblin damals auch war – die Gegenwart war der Stachel im Fleisch, der Machthunger des Wilhelminismus war angegriffen in der Schilderung der chinesischen Kaiserherrlichkeit. Kein Zukunftsroman, keine Utopie der Friedliebenden, keine Vision des Gartens Eden in China, sondern Zeitkritik in exotischer Verfremdung – schon einmal hatten liberale Schriftsteller um 1830 vom »jungen China« gesprochen und das »Junge Deutschland« gemeint.

Natürlich ist die gewaltige Attacke auf die deutsche Kaiserherrlichkeit heute ihrer Wirkung beraubt. Und dennoch: Döblins Roman ist alles andere als ein historisch gewordener Zeitroman. Denn da ist die unvergleichliche Sprache, die hier und da den Leser überfällt, ihn nicht mehr entkommen läßt. Ein Schiff brennt: »Breiter und höher wuchsen die Flammen; wühlten wolkenartig ineinander. Sie traten wie dünner Sand zwischen den Fugen der seitlichen Bretter heraus, griffen mit tropfenden Händen nach den Bootsleuten. Prächtiger als rotes Papier wehten die feurigen Wimpel. Dann verlor der Schein alles Rötliche; ein weißes gleichmäßiges Licht blendete, und nun–. Alle fuhren zurück. Zischen, bläuliches Dampfen mitten in dem weißen Meer; lange bewegungslose Rauchlinie über den Gluten.« Ähnliche Passagen finden sich häufig genug. Sie bringen den beliebig fließenden Erzählerstrom voran. Denn im Grunde passiert nicht allzuviel in diesem Roman: Das Heer der wahrhaft Schwachen bewegt sich nur langsam durch die Lande, löst sich zuweilen auf, formiert sich neu; nicht Wang-Lun ist der Held des Buches, denn das besitzt gar keinen – es sei denn die Masse der armen Friedfertigen, aus der immer wieder einzelne hervortreten. Diese geraten ins Scheinwerferlicht, auch wenn sie namenlos sind; selbst beiläufige Szenen werden von Döblin scharf ausgeleuchtet. Wenn die friedlichen Brüder und Schwestern von den Kaiserlichen verfolgt werden, wenn die Gewaltlosen in ein Kloster strömen, um sich vor Gewalt zu schützen; wenn bösartige Geister beschworen und ausgetrieben werden müssen; wenn der Kaiser von Mißtrauen und Wahnsinn heimgesucht wird; wenn eine Stadt morgens sich belebt mit Händlern, Wasserträgern und Karren: dann ist der Erzähler da, und Döblin, der kleine Mann mit der überscharfen Brille, sieht ins Herz der Dinge, macht einzigartige Bilder aus dem Gesehenen. Man kommt dem mit dem Etikett des expressionistischen Erzählens nicht bei; da ist eine gewaltige Sprachphantasie am Werk. Ob Döblin historisches Material benutzt (er tut es oft) oder aus ihm sich herausschreibt: die Wirklichkeit ist dort, wo die Bilder sind, die Vergleiche, die scharfumrissene Gegenständlichkeit einer Landschaft, eine morgendliche Szene, ein Tagesanbruch: »Die ofenschwarzen Massen der Nacht lockerten sich. Ein graues dünnes Gas fügte sie auseinander und verteilte, verflüchtigte sie in große Räume. Der Katalpawald, abgedeckt, trat wie ein Bock hervor mit gesenkten Hörnern.«

Was sollen diese Bilder? Mit Futurismus hat das alles nichts zu tun. Döblin hatte Marinetti seinerzeit ironisch geschrieben, er solle nur seinen Futurismus pflegen, – er, Döblin, pflege seinen Döblinismus. Aber Döblins Roman lebt nicht aus irgendeiner negativen Abhängigkeit. Diese Bildfluten – sind es nicht Realitäten der Seele, ist es nicht die Phantastik des Unbewußten? Und hat hier nicht der Psychiater Döblin manchmal sogar von der aus den Gleisen geratenen Imaginationskraft der Kranken gelernt? Sie dürfte ihn zumindest angeregt haben. Mit entfesselten Phantasien war der Spezialist für Neurologie und Psychiatrie tagtäglich zusammengekommen. Das war eine andere Realität als die der Alltagswelt – und in China, diesem magischen Land, ließ sich eine derart exotische Bildwelt überzeugender darstellen als in irgendeinem Berliner Café. Wir aber betrachten diese imaginative Welt als Dokument dessen, was Sprache alles vermag.

Wollte Döblin das vielleicht auch? Möglicherweise – denn am Ende bleibt von der frohen Botschaft der Widerstandslosigkeit so gut wie nichts. Der Leser erkennt erstaunt, daß die Lehre keine Lehre ist, daß nur die Einsicht in die Vergeblichkeit jeder Lehre und jeden Tuns übrigbleibt: »Die Welt ist von geistiger Art, man soll nicht an ihr rühren. Wer handelt, verliert sie; wer festhält, verliert sie.« Das ist kein expressionistischer Aktivismus mehr – hier wird auch der Unterschied zu den damals futuristischen Programmen deutlich, etwas von Döblins Fatalismus sichtbar. Er ist das, was uns überzeugt; er ist echt. Denn seine Mystik, die Erlösungssehnsucht, jener Endzeit-Sozialismus – das alles mutet uns zweifelhaft an, die kollektive Befreiung erscheint heute als vergeblicher Wunschtraum jener Ekstatiker, die in der Masse

noch ihre Befreiung zu finden glaubten. Döblin war zeitweise einer von ihnen. Aber dann hat er sich wohl eher mit Wang-Lun als Ausgestoßener begriffen. Eine Lehre hat der Roman am Ende nicht zu verkünden, am Schluß steht die Frage: »Stille sein, nicht widerstreben, kann ich es denn?«
Aber das andere hat überlebt: die wilde Farbenpracht der Schilderung, die Bilderketten der Seelenträume, die Tuschemalereien verfließender Landschaften. »Eines der vollendetsten Sprachkunstwerke, die die deutsche Literatur besitzt«, schrieb Ludwig Rubiner 1917 über Döblins chinesischen Roman. Das klingt nach nicht eben originellem, aber dafür reichlich verteiltem Allerweltslob. Doch am Ende hatte der Kritiker recht. Ein anderer zeitgenössischer Rezensent hat das Paradoxe des zugleich atemlosen und langsamen Erzählens im gleichen Jahr direkter beschrieben: In immer wachsender Verblüffung merke der Leser, »daß die hemmenden Widerstände seines Bewußtseins sich zu lösen, daß ihn das Buch unterzukriegen beginnt, bis er schließlich atemlos seinem Bann erliegt und nicht losgelassen wird, bis er es zur letzten Seite durchrast hat«.
Liest man den Roman heute anders? Ja – etwas langsamer wohl.

Die Banalität des Horrors

Günter Kunert über Gustav Meyrink: *Der Golem* (1915)

Es lohnte nicht, über diesen einstmals berühmten und erfolgreichen Roman zu sprechen, läse man ihn nur unter einem ästhetischen Aspekt. Zur Zeit seines Entstehens (1915) war er formal ein Nachzügler, stilistisch konventionell, was soviel bedeutet wie: mit Zügen des Klischeehaften und Schablonierten behaftet. Aber zugleich enthält Gustav Meyrinks Buch, das damals bei Kurt Wolff erschien und für das zum ersten Male in der Geschichte des Verlagswesens mit Plakaten an Litfaßsäulen geworben wurde, doch eine Reihe von Merkwürdigkeiten, die das Wiederlesen erlaubt.
Wer war oder ist der »Golem«, die Titelfigur des Romans? Die Legende erzählt, wie im 16. Jahrhundert der Hohe Rabbi Löw, dessen Sitzplatz in der Altneusynagoge Prags noch heute gezeigt wird und dessen Grab man auf dem alten jüdischen Friedhof dortselbst besuchen kann, eine Lehmfigur schuf, eine Art »Schlattenschammes« aus Beton, der, nachdem ihm ein Zauberspruch in den Mund geschoben worden war, als Roboter alle niederen Synagogendienste versah. Eines Tages nun verabsäumte der Rabbi Löw, den Zettel zu entfernen, und der Golem, außer Kontrolle geraten, durchtobte zerstörerisch das Getto der Stadt, bis sich ihm der Rabbi in den Weg stellte und den Spruch entfernte. Wo die Figur danach abgeblieben ist (falls sie überhaupt existierte), läßt sich bei Egon Erwin Kisch nachlesen: Irgend etwas jedenfalls muß an der Sage durch Fakten motiviert sein – wie ja jede Sage einen auffindbaren, wahren Kern hat.
Als ich zum ersten Male in Prag gewesen bin, 1961 noch dazu, war meine Sicht der Stadt nicht nur durch Kafka und

Kisch, Hašek und Čapek, sondern auch und erst recht durch Gustav Meyrink beeinflußt, diesen Autor meiner frühen Jugendjahre, dessen Bücher mit schönem Schauder verschlungen zu haben ich mich nicht schäme. Die Altneusynagoge und der Hradschin, Kleinseite und Altstädter Ring, das »Goldene Gäßchen«, jene seltsame Ansiedlung der Alchimisten und Goldmacher Karls V. oben auf der Burg, und die »Daliborka«, der Hungerturm, traten mir als alte Bekannte entgegen. Denn sie spielen im *Golem* eine gewichtige Rolle: Sie sind mehr als nur Statisten, mehr als bloße Kulisse einer Erzählung, in der sich sämtliche Obsessionen des 19. Jahrhunderts ein groteskes Stelldichein geben.
Die Leitwissenschaft der Epoche, der Darwinismus, erscheint in präfaschistischer Form: Das Blut unterschiedlicher »Rasse« vermischt sich nicht. In unserem Falle erstaunlicherweise das Blut verschiedener jüdischer »Stämme«. Der Bösling des Buches, der Trödler Aaron Wassertrum, dem das halbe Getto gehört, hat einen unehelichen Sohn (der ihn umzubringen trachtet), den Studenten Charousek – ein Schwindsüchtiger, der seine Krankheit damit erklärt, daß sein Körper das Wassertrumsche Blut eben »abstoße«. Die von Antisemitismus und Philosemitismus geprägten Einstellungen stehen direkt und unvermittelt nebeneinander. Während der Trödler Wassertrum fast schon eine *Stürmer*-Karikatur darstellt, ist der »gute Jude« Schemaja Hillel, der Archivar des jüdischen Rathauses, eine Lichtgestalt, etwas wie einer der verborgenen sechsunddreißig Gerechten, ein Kabbalist und Gnostiker, dessen bildschöne Tochter Mirjam zum Sehnsuchtsziel der Hauptfigur des Buches wird, des Gemmenschneiders Athanasius Pernath, des Ich-Erzählers der mystifikatorischen Story.
Zum intellektuellen Sammelsurium jenes Zeitalters gehört außerdem noch die Pseudowissenschaft der Parapsychologie: Durch den Mund eines mit ihm in die gleiche Zelle ge-

sperrten Lustmörders empfängt Athanasius Pernath Botschaften von Mirjam und Hillel. Natürlich sitzt Pernath unter falschem Verdacht, den Wassertrum verursacht hat. Und es wird wohl ein allerletztes Mal derart ernsthaft thematisiert, was das ganze vorige Jahrhundert von der Spätromantik an bewegt hat: das Doppelgängertum. Pernath wird zum Doppelgänger unterschiedlichster Art. Sein Selbst ist derart diffus – übrigens ein Grundmotiv aller Meyrinkschen Romane –, daß seine Identität von anderen Gestalten und Wesen besetzt werden kann. So wird er selber zum Golem, zu jener gespenstischen Erscheinung, als er zufällig in den geheimen Raum gerät, in welchem der Golem nach seinem letzten Auftauchen auf Nimmerwiedersehen verschwunden sein soll; es ist ein Raum in einem der Häuser des Gettos, das sich über unterirdischen Gängen erhebt – wie das ganze übrige Prag.

Geheimnis und *Rätsel* sind die verbale Begleitmusik des Erzählten. Nicht allein, daß auf Pernaths ungewisser Identität die Idee des Romans basiert, er ist zu allem anderen auch noch ein Mann ohne Biographie: Er hat sein Gedächtnis verloren und weiß nicht, wer er ist. Im Ablauf des Geschehens, das er passiv erleidet, scheint sich eine persönliche Vergangenheit aufzuhellen, doch werden nur Bruchstücke deutlich: Er bleibt bis zum überraschenden Schluß von fast völliger Amnesie befallen. Dieser Schluß, eine romantische, fast malerische Apotheose, die an die bildende Kunst jener Zeit erinnert (Fidus – aber bekleidet!), vereint Mirjam und Pernath – aber Pernath ist nicht Pernath!

Unerwartet zeigt sich, daß alle Ereignisse, die uns der Gemmenschneider berichtet hat, nichts anders sind als Vorgänge aus zweiter Hand: Unser Erzähler, Pernath und Nicht-Pernath in Personalunion, hat irgendwo aus Versehen einen falschen Hut erwischt und aufgesetzt und die Abenteuer des Original-Hutträgers noch einmal durchlitten. Nun steht er an dessen Gartentor, einer unirdischen Idylle, mit diesem Hut in der Hand, in dessen Schweißband der Name Athanasius Pernath steht, um die Kopfbedeckung dem wahren Besitzer zurückzuerstatten. Und er selber, der Erzähler, bekommt nun sein eigenes Exemplar zurück und erfährt durch den Mund des Pernath-Dieners, jener habe diesen Hut nicht aufprobiert. Ein Verwirrspiel sondergleichen, bunt durchwirkt mit Fetzen aus jüdischen Legenden, zeitgenössischen Berichten über Telepathie und Okkultismus, über die Prager Unterwelt und die örtliche Historie.

Und das eigentlich war Meyrinks *Herzenssache*: der Okkultismus. Das *Übersinnliche* jeder Provenienz zog ihn, mit einem äußerst passenden Wort gesagt, *magisch* an. Kein Wunder daher, daß er später vom Protestantismus zum Buddhismus konvertierte. Denn Meyrink war kein Jude. Er war Besitzer des Bankhauses »Meyer und Morgenstern« in Prag, machte 1902 bankrott und wurde unter Betrugsverdacht verhaftet und eingesperrt: Die Beschreibung der Pernathschen Haft ist durchaus echt, weil selbst erlebt. Erst später erhielt er, der Sohn eines württembergischen Ministers und einer bayerischen Hofschauspielerin, vom bayerischen König die Erlaubnis, sich nach seinen Vorfahren »Meyrink« zu nennen. Nach seiner Haftzeit wurde er freischaffender Schriftsteller, Mitarbeiter des *Simplicissimus* und ein Satiriker von hohen Graden, der mit dem Autor jener mystisch und okkultistisch grundierten Romane nichts gemein zu haben schien: als wären hier zwei Personen am Werk.

E. T. A. Hoffmann und Edgar Allan Poe standen bei Meyrinks Büchern unfreiwillig Pate; doch was bei diesen beiden »Klassikern des Grauens«, wie man sie fälschlicherweise immer wieder apostrophiert, aus der Bodenlosigkeit der Zeit aufstieg, aus den Ängsten der Epoche geboren seinen, wenn auch transformierten Ausdruck fand, das alles trägt bei

Meyrink den Zug des Kalkulierten, der bewußten Umsetzung gängiger »Geistesrichtungen« jenes so unvorstellbar gewordenen Einst. Die Absicht, auf ein »zweites«, aller Materialität enthobenes Leben zu verweisen, welches das eigentliche wäre, ist unverkennbar: dies, abgesehen von der mangelnden künstlerischen Intention, macht seine Hauptschwäche aus. Und diese Schwäche verbietet es auch, ihn den Antipoden Franz Kafkas zu nennen, obwohl in dessen Werk so vieles ans Licht des geschriebenen Wortes drängt, das auch in Meyrinks Büchern kenntlich wird: ein Element, das wir außerhalb der so unterschiedlichen Begabungen zu suchen haben. Etwas, das wir hilflos mit dem Begriff des »Numinosen« bezeichnen oder gar abtun. Was unsere Ratio nicht beim ersten Zugriff erfaßt, wird automatisch entwertet, denn wir erteilen den Dingen die Schuld, daß wir sie nicht verstehen. Unser Sensorium ist stumpf geworden. Was nicht schwarz oder weiß oder schwarz auf weiß ist, wird verleugnet.
Nun will ich gewiß nicht, nachdem ich Meyrink nach langen Jahrzehnten wiederlas, diesen Autor und seine obskuren Ansichten rehabilitieren – so einfach mache ich es mir und dem Leser erst recht nicht. Aber gesagt werden muß, warum dieses Buch, dessen Glanz längst erloschen ist, immer noch etwas enthält, dessen Faszination – bei allen Einwänden gegen die Trivialität der Darstellung und der offenkundig werdenden Denkweise – man noch spürt wie das Nachwehen eines eindringlichen Traumes. Es handelt sich um die Atmosphäre der Stadt Prag, deren Einmaligkeit und Außerordentlichkeit Bücher wie das Meyrinksche inspiriert haben.
Auch Kafkas Romane und Erzählungen, längst abgelöst von ihrem Ursprungsort, bekommen eine neue und tiefere Dimension, wenn man sich einmal durch diese europäische Metropole bewegt hat. Und was im *Golem* wie ausgedacht und erfunden erscheint, übersteigert und verrückt, nämlich

die Kneipen mit ihren halbirren Musikanten, die Unterweltler, die Typen, die Geschichten in der Geschichte: vom Räuber Babinski, von den Hostienvergiftern – all das kann man noch einmal bei Kisch nachlesen, wo es, aller Mystik entkleidet, authentisch und dokumentarisch belegt erscheint.

Was diese besondere Atmosphäre Prags hervorgebracht haben mag, läßt sich allenfalls vermuten. Daß sie jedoch dichter und von größerem Einfluß als in den anderen alten Städten des Kontinents war, ist sicher: Die Literatur bezeugt es. Ja, ich selber habe mich damals bei meinem Besuch diesem Einfluß weder entziehen können noch wollen. Und so hat sich zugetragen, was in Meyrinks Roman mit der Banalität des Horrorhaften geschildert wird: Ich bin in jener Stadt, die selber so irreal zu wirken vermag, in einer abendlichen Gasse, deren mittlere Biegung von einer einzigen Gaslaterne erhellt war, einer Erscheinung begegnet, über die ich mir nie ganz klar geworden bin. Mir kam eine Gestalt in einem langen schwarzen Mantel entgegen, einen ebenfalls schwarzen und ganz unmodernen Schlapphut auf dem Kopfe, der das Gesicht völlig verbarg, so daß sich auch nicht der kleinste Schimmer erkennen ließ. Kurz bevor diese Gestalt mich erreicht hatte, ich war schon zur Seite getreten, sie passieren zu lassen, weil das Gäßchen so schmal war, wandte sie sich unerwartet um und ging den Weg zurück, den sie gekommen. Am Ende der Gasse, das ich gleich erreichte, war sie verschwunden.

Ich weiß, daß es sich um nichts anderes gehandelt hat als um irgendeinen älteren Prager Einwohner, dem sehr wahrscheinlich plötzlich einfiel, daß er seine Zigarren zu Hause vergessen habe, und der zurückgeeilt war, um sie zu holen. Aber daß mir diese Begegnung nicht nur ein Buch lebendig werden ließ, sondern daß auch ein Buch aus der Beiläufigkeit eines solchen Vorgangs »etwas zu machen« imstande ist

– das immerhin verdanke ich Gustav Meyrink, einem Autor, der von 1868 bis 1932 gelebt hat und dessen Arbeiten ins Vergessen gerieten, weil sie den Charakter des Märchens haben und weil unsere Zeit den Märchen wenig geneigt ist.

Weibsteufel und Dämonen

Werner Ross über Jakob Wassermann: *Das Gänsemännchen* (1915)

Als ich im *Fall Maurizius* die Geschichte von dem sechzehnjährigen Sohn des Staatsanwalts Andergast las, der seinem Vater zum Trotz sich auf die Suche nach Wahrheit und Gerechtigkeit begibt, war ich sechzehn Jahre alt. Die Bücherei meiner kleinen Heimatstadt hatte alle Neuerscheinungen, und ich – weniger wahrheits- als lesesüchtig – war ihr Stammkunde. Auf den zweiten Band, den *Etzel Andergast*, mußte ich bis zur Prima warten, der letzte, *Joseph Kerkhovens dritte Existenz*, mußte in Holland erscheinen und blieb meiner nächsten Lieblingsbibliothek, der Studentenbücherei in Bonn, versagt. Inzwischen hatte 1933 stattgefunden.
Erst jetzt staffelt sich Wassermanns Gesamtwerk vor meinen Augen, und *Das Gänsemännchen* bezeichnet so klar umrissen das altmodische, versponnene, skurrile kaiserliche Deutschland, in dem Wilhelm II. irgendwie verschwägert war mit Kaiser Rotbart lobesam, wie *Der Fall Maurizius* alle Zweifel und Plagen der Weimarer Republik.
In das neugegründete Reich war Wassermann hineingeboren, 1873, in ärmliche Verhältnisse, als Sohn eines jüdischen Kaufmannes, der eine kleine Fabrik begründet und Bankrott gemacht hatte, später als Versicherungsagent von Tür zu Tür wandern mußte, wie der Vater der Mädchen Lenore und Gertrud im *Gänsemännchen*.
Bei den Eltern also konnte von überliefertem Kulturbewußtsein und gar von der berühmten deutsch-jüdischen Kultursymbiose nicht die Rede sein. Wassermann mußte sich den Weg nach oben bahnen, nach vagabundierenden Jugendjahren, einer mühseligen Boheme. Sekretär beim

Überbrettl-Erfinder Ernst von Wolzogen, Mitarbeiter beim *Simplicissimus*: So arbeitete er sich vor in die feinsten literarischen Verhältnisse. Hofmannsthal und Thomas Mann wurden seine nahen Freunde; bei Wassermann lernte Rilke Lou Salomé kennen. Eine der schönsten Aufzeichnungen Hofmannsthals, die *Unterhaltungen über ein neues Buch*, sind Wassermanns *Drei Schwestern* gewidmet. Seine Freundschaft mit Hofmannsthal hat bis zu dessen Tode, die mit Thomas Mann bis zu seinem eigenen gedauert. Er war ein Glückspilz.

Diese besondere Konstellation verdeckte freilich nicht, daß er Jude war und blieb, unter Adligen, Halbadligen und Patriziersöhnen. Dieses Dilemma, diese Existenzfrage oder, wie man heute sagen würde, diese Identitätskrise wurde zu einem Ausgangspunkt von Wassermanns Schaffen, und sie liegt auf bestimmte Weise gerade dem *Gänsemännchen* zugrunde. Zwar nimmt *Das Gänsemännchen* den Konflikt nicht zum Thema; wie es der erste bedeutende Roman, *Die Juden von Zirndorf*, getan hatte, aber unterirdisch ist er überall spürbar, gerade in dem Bemühen, so etwas wie einen großen, klassischen Heimatroman zu schreiben.

Auch die Juden von Zirndorf waren im Fränkischen zu Haus. Zirndorf, heute Auffanglager für Asylanten, liegt in nächster Nähe von Wassermanns Geburtsort Fürth. Als »Ziondorf« war es für vertriebene und ausgewanderte Juden gegründet worden. Ein paar Meilen weiter, in Nürnberg, lebte jenes merkwürdige verstoßene, fremde Kind, das unter dem Namen Caspar Hauser aufwuchs. Wassermann erzählte seine Geschichte unter dem Titel *Caspar Hauser oder Die Trägheit des Herzens* als das Leben eines Nichteingebürgerten, dem niemand mit verstehender Humanität entgegenkam, den alle nur für ihre Interessen und Intrigen mißbrauchten, bis den lästigen Fremdling zum Schluß ein Messerstich aus dem Wege räumte. Und erst recht nürnbergisch ist der Roman *Das Gänsemännchen*, in dem das Wahrzeichen der Stadt, die Brunnenfigur vor Sankt Sebaldus, zuerst eine symbolische, zum Schluß sogar eine sprechende und wegweisende Rolle übernimmt.

Mit dem *Gänsemännchen*, das als erster Roman einer Trilogie geplant war, sollte in großem Wurf dargestellt werden, daß ein ur- und erzdeutscher Roman, ein von deutscher Geschichte und Philosophie durchdrungenes und getränktes Werk gerade von ihm, Jakob Wassermann, dem Juden aus Fürth, geschrieben werden könne, ja, geschrieben werden müsse. Durch lebendige Gestalt, durch organische Schöpfung sollte widerlegt werden, was damals schon als miese Rassentheorie umlief: daß deutsches Seelentum und Geistesleben nur von deutschstämmigen, deutschvölkischen Dichtern geschaffen werden könne. Wassermanns Irrtum war es, daß er meinte, ein Übersoll erbringen zu müssen, eine germanische Kraftleistung. Das ist die Hypothek, die auch auf dem *Gänsemännchen* liegt.

Der Roman war 1911 begonnen worden; aber er erschien erst 1915, als das patriotische Sturmgebraus aus allen Dichterkehlen hallte. Zehn Jahre später setzte Wassermann sich in einem offenen Brief an den Herausgeber einer Monatsschrift für kulturelle Erneuerung vom »jüdischen Ausbeuter- und Wuchergeist«, von »zersetzendem jüdischem Literatentum und negativem Wesen aller Art« ab. »Tut nichts, der Jude wird verbrannt«, war das höhnische Echo, das ihm immer lauter entgegenschallte.

Nürnberg, der Hauptschauplatz des *Gänsemännchens*, war seit alters her als Stadt des Hans Sachs, des Albrecht Dürer und – nicht zu vergessen – der *Meistersinger*, ein Hort altdeutscher Tradition. Mit der fränkischen Landschaft rundum fängt der Roman an: »Die Landschaft hat vielfaches Grün; vom Rednitztal bis zum Taubertal hinüber ziehen sich tiefe Wälder, meist Nadelholz.« Und gleich wird auch die Zeit angezeigt: »Das Städtchen Eschenbach liegt ganz flach in der Ebene. Es ist ein übriggebliebenes Stück Mittelalter ... Ansbach ist die nächste Stadt im großen Ring des Verkehrs; um sie zu erreichen, bedient man sich der Postkutsche. So heute wie damals, als Gottfried Nothafft, der Weber, dort lebte.«

So heute wie damals: *Das Gänsemännchen* spielt nicht geradezu im Mittelalter, aber in der guten alten, der Postkutschenzeit. Es werden hie und da Jahreszahlen genannt, Bismarck kommt als Zeitgenosse vor, vom Aufstieg der Sozialdemokraten ist die Rede. Aber das alles nur am Rande, wie aus einem Traum von Zeitlosigkeit erwachend. Auf den letzten Seiten wird die Jahreszahl 1909 genannt, sie führt fast an das Entstehungsjahr des Buches heran.

Das Gänsemännchen war ein deutscher Roman, wie er im Buche steht. Wassermann entschied sich für die deutsche Romantradition, gegen Dickens und Balzac, gegen Zola und Flaubert. Er setzte fort, was Goethe und Eichendorff, Novalis und E. T. A. Hoffmann begonnen, was Mörike mit dem *Maler Nolten*, Keller mit dem *Grünen Heinrich* aufgenommen hatten: statt des Gesellschaftsromans mit seinem Figurenpanorama den Bildungsroman, der den einen Helden von Stufe zu Stufe bis zur Vollendung als Persönlichkeit führt.

Wie der *Wilhelm Meister*, der *Maler Nolten*, der *Grüne Heinrich* ist auch *Das Gänsemännchen* ein Künstlerroman, und die Kunst, um die es darin geht, ist die deutscheste von allen, die Musik. Ein paar Jahre vorher hatte ein in Frankreich gerade berühmt werdender Autor, Romain Rolland, in mehreren Bänden die Geschichte eines jungen deutschen Komponisten erzählt, der durchaus absichtsvoll an Beethoven erinnert.

Der Held dieses Romans hieß »Jean Christophe«, mit vollem deutschem Namen Johann Christoph Krafft, und es läßt sich nicht verkennen, daß dies ein sprechender Name ist und daß er an den ebenso sprechenden von Wassermanns Komponisten-Helden Daniel Nothafft nicht nur wegen der barocken »ff« anklingt. Es kommt auch nicht darauf an, ob der eine vom anderen etwas abgesehen habe. Das Thema lag offenbar in der Luft: das Ringen und Aufwärtsstreben des Künstlers in einer Kleinwelt, in einem »Mittelalter«, das seine Größe verkennt und seine Genialität in Fesseln schlägt. Und das war auch für den Franzosen nur auf dem deutschen Hintergrund möglich: idyllisch und romantisch wie bei Mörike und dämonisch-skurril wie bei Gespenster-Hoffmann. Im *Doktor Faustus* hat Thomas Mann ein Menschenalter später noch einmal eine Variante dazu geliefert, mit der knorrig-mittelalterlichen Kulisse von Kaisersaschern und mit einem vom Teufel leibhaftig heimgeholten Musikus.

Wassermann verlegte seine Dämonen nach außen, vor allem in einen Weibsteufel namens Philippine. Er brachte – so sagt er's selber – »Schnörkelhaftes« hinein, »viel Skurrilität, Enges, Grelles, Kunterbuntes« – Kolportagehaftes, könnte man hinzufügen. Er war nicht nur an deutscher Seelenhaftigkeit und mystischer Künstler-Schöpferkraft interessiert, sondern auch an einer spannenden Erzählung, Knalleffekte eingeschlossen. So läßt er seinen musikalischen Daniel in eine doppelte Liebesbeziehung verfallen, zu zwei Schwestern, von denen die eine ein fröhliches Naturkind ist, hell und ungezwungen, die andere schwer und erdhaft, still und geheimnisvoll. Heftig und höchst dramatisch wird er hin- und hergerissen zwischen Lenore, dem Seelentrost, und Gertrud, der dunklen Schicksalsträgerin; ein tragischer Konflikt.

Die böse Nürnberger Kleinwelt sieht's freilich anders, und sie hängt dem Komponisten den Spitznamen Gänsemännchen an, weil er auch, wie die Brunnenfigur, zwei »Gänse« unter den Armen hält. Das bitterböse Mädchen Philippine treibt es noch toller: Sie zündet die Kompositionen Daniels an, die echt mittelalterlich in einer Truhe ruhen, die Vertonungen der Goethelieder *Harzreise* und *Wanderers Sturmlied* und die Prometheische Symphonie. Das ist der Sieg der Gemeinheit über das Genie, Daniel wird aufs Fieberlager geworfen, sein Geist verwirrt sich.

Als Fiebervision, aber mit heilender Kraft, dürfen wir dann den Besuch des Gänsemännchens verstehen, das den erlösenden Satz spricht: »Deine Musik kann den Menschen nichts geben, solange du in dir selbst gefangen bist.« In einer zweiten Vision sieht sich Daniel selbst als das Gänsemännchen, an seinem Platz mitten unter den Leuten: »Es ist Daniel, als sei ihm keiner fremd. Es ist ihm, als sei er in eines jeden Dasein enthalten ... Der Wasserstrahl, den er spendet, ist wie Schicksal, das rinnt und sich im Becken sammelt. Aus der Quelle empor strömt es ihm wie ewige Weisheit zu, die Stunde wird zum Säkulum. Wie auch sonst die Menschen beschaffen sind: wenn er in ihre Augen schaut, ergreift es ihn mit überirdischem Gefühl.« Was er da dem Daniel und dem Gänsemännchen in die Seele legt, die Lust, eins zu sein mit dem Volk, mit den Leuten, war sein eigener höchster Wunsch: »Angeboren war mir das Verlangen, in einer gewissen Fülle des mich umgebenden Menschlichen aufzugehen«, hat er von sich gesagt.

Heute, nach allem, was geschehen ist (und was Wassermann, der am 1. Januar 1934 starb, nicht mehr hat erleiden brauchen), kann man den Roman nicht ohne Rührung wiederlesen. Gewiß, das Tiefschürfende, das fortwährende Auswerfen des Seelen-Senkbleis, das »feierliche Geplapper«, wie Thomas Mann es genannt hat, nötigt uns, wie Thomas Mann, ein Lächeln ab. Aber der hat in dem gleiche Satz auch gesagt, daß Wassermann ein größerer Fabulierer gewesen sei als er selbst, und hat hinzugefügt: »Auf jeden Fall bedeutet sein Leben eine gewaltige und weltwirksame Anstrengung zugunsten des deutschen Romans.«

Zugunsten des *deutschen* Romans, so in der Tat. Denn wir werden nicht mehr zweifeln, daß Jakob Wassermann ein Deutscher war, ein Franke, ein Fürther, ordnungsmäßig. Es war sein Pech, in gewissem Sinne seine fixe Idee, daß er diese Deutschheit fortwährend mit Ausrufezeichen versah – wie viele seiner literarischen Zeitgenossen.

Der Wahnsinn macht den Bürger weich

Thomas Anz über Alfred Döblin: *Wadzeks Kampf mit der Dampfturbine* (1918)

»Ich liebe das Buch«, notierte sich Bertolt Brecht im September 1920. Eben hatte er jenen Roman Alfred Döblins gelesen, der, was Resonanz und Verkauf angeht, unter vielen Mißerfolgen einer seiner größten war. So uneingeschränkt positiv wie Brecht, der Döblin später einmal als einen seiner unehelichen Väter bezeichnete, urteilten nur noch wenige. Die meisten Leser, die sich über das Buch mit dem reißerisch klingenden Titel *Wadzeks Kampf mit der Dampfturbine* äußerten, fanden es, gemessen an der Novellensammlung *Die Ermordung einer Butterblume* (1913) und dem mit dem Fontane-Preis ausgezeichneten Roman *Die drei Sprünge des Wang-Lun* (1915), mißglückt.

Döblins Ende 1914 entstandener Roman, der auch von der Literaturwissenschaft wenig beachtet wurde oder allenfalls als überholte Vorstufe zu *Berlin Alexanderplatz* Interesse fand, erschien 1918 und wurde danach nicht mehr aufgelegt. Er dürfte heute eines seiner unbekanntesten Werke sein, und erst 1982 hat ihn die von Anthony W. Riley verdienstvoll weitergeführte Döblin-Edition wieder zugänglich gemacht.

Die Lektüre lohnt sich, ja sie ist über weite Strecken ein außerordentliches Vergnügen. Zu entdecken ist Döblins wohl witzigster Roman, und er zeigt sich dem heutigen Leser in einer stilistischen Frische und thematischen Unverbrauchtheit, wie wir sie bei einer Erzählprosa dieses Alters nicht allzu häufig finden können.

Wie beinahe alle Erzählwerke Döblins ist der *Wadzek* die Beschreibung eines Kampfes und ein Psychopathogramm derer, die ihn mit sich selbst oder mit anderen führen. Nicht zuletzt der Schauplatz des Romans macht seine Modernität aus: die Großstadt Berlin im Zeitalter fortschreitender Industrialisierung und der zunehmenden Monopolbildung des Kapitals.

Franz Wadzek, Gründer einer »Lokomobil- und Dampfmaschinenfabrik«, ist mit seinen veralteten Fabrikaten den neu entwickelten Dampfturbinen seines Konkurrenten Jakob Rommel nicht mehr gewachsen, wird im »Kampf um Sein und Nichtsein« von der Dynamik des technischen Fortschritts überrollt. Die Aktienkurse des Unternehmens fallen, die Aktionäre ziehen ihr Kapital ab, Gerüchte über eine Fusionierung mit der Fabrik Rommels gehen um. Dieser läßt heimlich die bald fälligen Wechsel des Wadzekschen Betriebes aufkaufen, um den Gegner endgültig zur Aufgabe zu zwingen.

Doch geht hier das reale Geschehen schon in wahnhafte Vorstellungen über. Die Darstellung einer ökonomischen und sozialen Notlage mündet rasch ein in die Schilderung eines Falles von Paranoia. Die reale Bedrängnis des Titelhelden steigert sich bis zum Verfolgungswahn. Nach dem völligen Zusammenbruch und einer inneren Wandlung flieht Wadzek mit der Geliebten seines Konkurrenten nach Amerika.

Er selbst mißt seinem Fall exemplarische Bedeutung bei, interpretiert ihn großspurig als »Kampf des einzelnen gegen das Monopolwesen, gegen das Trustsystem«; oder auch, gegen die Polizei gewendet, als »Kampf des einzelnen gegen die Masse, die Macht (...), und wo steht die Polizei anders als auf seiten der Macht? Jeder Macht!« Der Leser könnte versucht sein, dem Interesse Döblins an dem psychopathologischen »Fall Wadzek« entsprechend kritische Absichten zu unterlegen, das dargestellte Leiden der Titelfigur als ein Leiden an den Wirtschafts- und Machtstrukturen der damaligen Gesellschaft zu interpretieren, als Anklage gegen sozialdarwinistisch legitimierte Formen eines ökonomischen Konkurrenzkampfes, der den Menschen entmenschlicht, zermürbt, psychisch krank macht.

In der Tat: Nicht nur Wadzek wird wahnsinnig, sondern auch sein Gegenspieler Rommel geht aus dem Kampf beschädigt hervor. Die Auseinandersetzung der beiden Kontrahenten weitet sich zu einem Kampf aller gegen alle aus, und alle (außer einer) erscheinen äußerlich und innerlich deformiert. Wadzeks pubertierende Tochter, deren Zunge auf einmal unkontrolliert schnalzt, deren Mund und Backe zucken, muß ins Sanatorium, und wenn Döblin die Geburtstagsfeier der naturwüchsigen Frau Wadzek mit ihren dümmlichen Freundinnen szenisch ausmalt, dann weiß man am Ende nicht, ob man es bei den Damen eher mit einer »Versammlung Besoffener« oder mit Verrückten zu tun hat. Kein Wunder, daß ein Rezensent »das wirre Tollhausgebaren« der handelnden Personen beanstandet, die »durchweg einen geistig minderwertigen Eindruck« machen.

Psychische Krankheiten als Konsequenz einer pathogenen Gesellschaftsform? Derartige Deutungen treffen allenfalls einen Randaspekt des Romans. Döblin geht es nicht so sehr um soziale und wirtschaftliche Verhältnisse, sondern vorrangig um einen bestimmten Menschentypus, um eine Mentalität und Verhaltensform, die er dem Leser nicht nur mit diesem Roman in immer neuen Variationen plastisch vor Augen führte.

In *Berlin Alexanderplatz*, Döblins einzigem großen Erfolg, wird Franz Biberkopf, so sagt es der Erzähler zu Beginn, »in einen regelrechten Kampf verwickelt mit etwas, das (...) wie ein Schicksal aussieht«. Er verliert ihn wie alle Figuren des Autors. Biberkopf wird schließlich in eine Irrenanstalt eingeliefert. – Eine Anklage gegen die soziale Realität der Großstadt? Wohl auch, aber nicht in erster Linie. »Es wird ihm

(Biberkopf) aufs deutlichste klargemacht, woran alles lag. Und zwar an ihm selbst«, kommentiert der Erzähler.

Immer wieder versucht Döblin deutlich zu machen: Seine gebrochenen Helden leiden vorrangig an sich selbst. Wadzeks Wahn resultiert auch aus einer maßlosen Überschätzung der eigenen Person. Er verkörpert die Mentalität jenes auf sich so stolzen Typs, den zur gleichen Zeit Heinrich und Thomas Mann sowie viele andere in den unterschiedlichsten Ausprägungen und mit gegensätzlicher Wertschätzung dargestellt haben: die Mentalität des »Bürgers«.

In der Version Döblins gilt für ihn: keine Schwäche zeigen, sich selbst niemals aufgeben, sich nicht überwältigen lassen von den eigenen Affekten und Bedürfnissen; kühle, überlegene Distanz bewahren gegenüber den anderen Menschen, den potentiellen Gegnern; seinen Prinzipien treu bleiben; Standhaftigkeit, Ehrbewußtsein und einen konsequenten Charakter zeigen; zum Kampf entschlossen sein gegen alles, was dem entgegensteht.

Vor allem in Döblins bekanntester und bester Erzählung, *Die Ermordung einer Butterblume*, ist Wadzek als Typus bereits deutlich vorgezeichnet. Der Kaufmann Michael Fischer, auch er ein pathologischer Fall, ist die Karikatur des wilhelminischen Bürgers, wie sie im satirischen Bilderbuch steht: hochkorrekt gekleidet, mit Hut und Spazierstock, auf Disziplin und Ordnung sich selbst und seiner Umwelt gegenüber bedacht. Den ins Unbewußte abgedrängten Ansprüchen seiner eigenen und der ihn umgebenden Natur, von denen er sich plötzlich bedroht sieht, begegnet er voller Angst (doch vergeblich) mit dem autoritären Gebaren eines stets um Überlegenheit bemühten Geschäftsmannes.

Die grelle Komik dieser Erzählung wie auch des *Wadzek* beruht darauf, daß Döblins Figuren ihre Lage in grotesker Weise verkennen: Sie nehmen einen Kampf auf, in dem sie keine Chance haben; wähnen sich stark, während sie in

Wirklichkeit Schwächlinge sind; sehen sich als tragische Helden und sind doch in Wahrheit nur lächerliche Marionetten. Schon ihre Physiognomie, die mit detaillierter Ausführlichkeit auszumalen der Erzähler nicht müde wird, spottet allen idealistischen Vorstellungen von menschlicher Würde und Größe: Als Wadzek auf einer Generalversammlung der Unternehmensinhaber redet, wird er wiederholt »von dem prustenden Gelächter eines Aktionärs unterbrochen, der auf zwei Stühlen saß, gemästet wie ein Schlächtermeister, den grünen Hut schief auf dem ratzekahlen Kopf, hinter mächtigen Kehlwampen mit ganz hoher Stimme laut und ungeniert um sich sprach«. Die Menschen in diesem Roman glucksen, schnüffeln, schwabbeln, näseln, knurren, winseln, grunzen oder blöken. Rommel »schmatzte mit den Lippen, pappelte wie eine alte Frau mit den Kiefern«, »beglotzte« mit seiner Brille auf der »dicken, pickligen Nase« sein Gegenüber. Und der, Wadzek, gibt auch keine vorteilhaftere Figur ab.

Ein Kabinettstück burlesken Witzes ist das zweite und längste der vier »Bücher« des Romans: »Die Belagerung von Reinickendorf«. Am Rande der Stadt verschanzt sich Wadzek mit der Familie und dem nicht immer hilfreichen Freund namens Schneemann in einem Wochenendhäuschen, baut es zur Festung aus, installiert Warnanlagen, schafft Wasser- und Essensvorräte herbei. Wadzeks Kampf mit der Dampfturbine beziehungsweise mit Rommel, der sie herstellt, entwickelt sich hier zum Kampf gegen Windmühlen, gegen bloß eingebildete Bedrohungen. Wadzek, den Döblin selbst einen Don Quichotte nannte, und sein Freund werden zu unfreiwilligen Clowns, die mit der Tücke der Objekte kämpfen: der eine schlägt sich mit seinem Mantel herum, der zu lang ist, oder mit kneifenden Unterhosen, aus dem Gewehr des anderen löst sich im entscheidenden Moment versehentlich ein Schuß. Oder in beiden kampfbereit ausharrenden Männern regt sich plötzlich die unwiderstehliche Lust auf eine »Weiße mit Himbeer«, für die man freilich einen tollkühnen Ausfall in die »Höhle des Löwen« wagen muß.

Wadzek sieht sich unbeirrt als Protagonist in einer historischen Mission. Seine Waffe werde man einmal in einem Kulturmuseum ausstellen, prophezeit er und spekuliert darüber, mit welchen Augen »spätere Jahrhunderte« seine Sache sehen werden. Aus seinem Verfolgungswahn bezieht er einen für ihn charakteristischen Krankheitsgewinn. Wer sich von allen gejagt fühlt, darf annehmen, daß er eine wichtige Persönlichkeit ist, die man ernst nimmt, die im Mittelpunkt des Interesses steht. Verfolgungs- und Größenwahn ergänzen sich trefflich. Völlig »zu Boden geschlagen und zerschmettert« ist Wadzek daher erst, als er merkt, daß Rommel ihn in Reinickendorf gar nicht verfolgt, sondern schlicht ignoriert hatte.

»Man lerne von der Psychiatrie«, hatte der Dichter und Arzt 1913 in seinem für die Theorie des modernen Romans wegweisenden *Berliner Programm* gefordert und damit eine epische Technik neutraler Beobachtung propagiert, die er auch als »Kinostil« bezeichnete. Der Erzähler solle auf psychologische Erklärungen verzichten, nicht analysierend in das Innere seiner Personen hineinblicken, sondern sich beschränken »auf die Notierung der Abläufe, Bewegungen – mit einem Kopfschütteln, Achselzucken für das Weitere und das ›Warum‹ und ›Wie‹«. Dem ganz entsprechend, findet sich der Leser des *Wadzek* vor allem in der Rolle eines Beobachters, der mit eigener Aufmerksamkeit und einiger Kombinationsfähigkeit die Zusammenhänge der geschilderten »Abläufe« selbst herstellen muß; der Erzähler enthält sich aller erläuternder Kommentare und Wertungen.

Wo die Beobachtung eine derartige Bedeutung hat, gewinnt der Körper an Wichtigkeit gegenüber dem rationalen Bewußtsein, auf dem der Stolz des aufgeklärten Bürgers grün-

det. Nicht in dem, was Döblins Personen denken und sagen, zeigen sie sich authentisch, sondern in ihrem körperlichen Ausdruck und ihrer sprachlichen Gestik.
Döblins physiologischer Blick ist freilich nicht von der Kälte und Mitleidlosigkeit, die kritische Geister schon damals der Psychiatrie nachsagten. Gewiß, seine pathologisch deformierten Figuren sind lächerlich, aber sie sind gleichzeitig auch als Leidende gekennzeichnet. Von ihrer Angst, ihrer »qualvollen Gehetztheit« ist häufig die Rede. Das Lachen des Lesers, so will es der Autor, geht immer wieder in mitleidende Sympathie über.
Döblins Einstellung zu psychisch Kranken, das mag zunächst paradox erscheinen, steht dem Bewußtsein heutiger Antipsychiatrie näher als dem der Psychiatrie. Während der Abschlußarbeiten an *Berlin Alexanderplatz* berichtete er über seine früheren psychiatrischen Erfahrungen als Assistenzarzt: »Unter diesen Kranken war mir immer sehr wohl. Damals bemerkte ich, daß ich nur zwei Kategorien Menschen ertragen kann neben Pflanzen, Tieren und Steinen: nämlich Kinder und Irre. Diese liebte ich immer wirklich. Und wenn man mich fragt, zu welcher Nation ich gehöre, so werde ich sagen: weder zu den Deutschen noch zu den Juden, sondern zu den Kindern und Irren.«
Der Wahnsinn ist in Döblins Werk sowohl die Konsequenz überzogener Individualitäts- und Autonomieansprüche als auch Durchgangsstadium zu einem anderen, besseren Bewußtsein. In der *Ermordung einer Butterblume* läßt der disziplinierte Kaufmann nach Ausbruch des Wahnsinns plötzlich Anzeichen der Menschlichkeit erkennen: »Da weinte der Verhärtete eines Morgens am Fenster auf, zum ersten Male seit seiner Kindheit.« Der Wahnsinn macht den Verhärteten weich, bringt in ihm unterdrücktes Leben zum Vorschein. Eine Wandlung macht auch der kranke Franz Biberkopf durch. Und ebenso Franz Wadzek: Er zerschlägt sein

Spiegelbild und damit sein altes Ich, er stirbt einen symbolischen Tod und schafft sich damit die Voraussetzung für ein neues Leben. Und wie der Mann nun, wenn auch nicht ohne Rückfälle, verändert zu denken und zu reden beginnt, da wird er zum Sprecher des Autors, der uns sein Persönlichkeitsideal entwirft: nicht hart sein wie Stahl, sondern weich wie das Wasser und der Wind; nicht standhaft sein wie tragische Helden (»Tragödien sich anzusehen ist eine Lächerlichkeit«), sondern biegsam und anpassungsfähig, wie die Vögel, wenn es Winter wird: »Sie fliegen einfach nach Süden.« Keinen geradlinigen »tragischen Charakter« beweisen wollen, denn: »Schlängeln ist viel wichtiger.«

Es stehe in dem Roman »Herrliches drin über die Tragödie«, schrieb Brecht in sein Tagebuch. Auch Döblins Verachtung des »starken Mannes« und des »dicken Heldentums« mußte Brecht, dem Bewunderer beweglicher List, zusagen. Im *Wadzek* konnte er, gewiß mit Vergnügen, die Sätze lesen: »Odysseus ist wichtiger als Achilles oder Herkules. Wenn Achilles nicht bei Troja gefallen wäre, wäre er unterwegs umgekommen, der Mann hätte nicht nach Hause gefunden wie Odysseus. Was nutzt Heldentum? Jiu-jitsu, jawohl. Ich möchte wissen, ob die Japaner eigentlich eine Tragödie haben.«

Den Tugenden einer Männergesellschaft entspricht das nicht. »Der patriarchalische Gesichtspunkt ist der richtige«, hatte der alte Wadzek noch erklärt, und nicht zufällig ist es eine Frau, die Geliebte Rommels, die der Erzähler zur positivsten Figur macht: ein »weiches Geschöpf«, eine »sanfte Person«, nachgiebig, anschmiegsam und »übergut zu allen«. Mit ihr zusammen verläßt der gewandelte Wadzek den alten Schauplatz des Kampfes. Und nun ist auch die neue Technologie nicht mehr sein Feind: Das Schiff, das die beiden nach Amerika bringt, wird von Dampfturbinen angetrieben.

Döblin selbst entsprach den eigenen Idealvorstellungen nur

zum Teil. Am ehesten noch im Akt des Schreibens. Hier rückte er in der Tat von den bürgerlichen Tugenden der Disziplin und Ordnung weit ab, ließ seiner ausschweifenden Phantasie, seiner Fabulierlust und seinem sprachlichen Erfindungsreichtum freien Lauf. Die einzigartige Lebendigkeit, Frische und Unkonventionalität seines Stils haben davon zweifellos profitiert, wenn der Leser dafür auch zahlreiche Ungereimtheiten, Mißgriffe und mitunter geschwätzig wirkende Längen in Kauf nehmen muß.

»Die Hegemonie des Autors ist zu brechen«, fordert er in der erwähnten Programmschrift von 1913 und sprach von seinem »Fanatismus der Selbstverleugnung«. Gemeint war damit die Unterordnung des Erzählers unter sein Material. Als Person jedoch hat sich Döblin nie untergeordnet, da zeigte er vielmehr ein nachgerade exzentrisches Ich-Bewußtsein.

Er, der den europäischen Individualismus vehement in Frage stellte, war fanatisch darauf bedacht, seine Individualität gegen alle Vereinnahmungen zu bewahren – zum Beispiel als er an Marinetti schrieb: »Pflegen Sie Ihren Futurismus. Ich pflege meinen Döblinismus«; oder als er gegenüber der expressionistischen Bewegung auf der »Freiheit eines Dichtermenschen« insistierte. Zu den Tugenden dieses Autors gehörte sicher nicht die flexible Anpassungsfähigkeit, die er unter anderem mit dem *Wadzek* als vorbildlich hinstellte. Er war weit mehr ein kampflustiger, wenn nicht streitsüchtiger Querulant, der zu Kompromissen kaum fähig war und es verstand, sich immer neue Feinde zu schaffen.

Die Widersprüche, unter denen er selbst litt und die zu den Voraussetzungen seiner Produktivität gehörten, offenbart nicht zuletzt auch ein Vergleich des Romans mit den politischen Essays aus derselben Zeit. *Wadzek*, in den Monaten gleich nach Beginn des Ersten Weltkrieges niedergeschrieben, bezieht zwar das politische Ereignis nirgends in die

Handlung ein, dennoch hat der Roman mit den ideologischen Voraussetzungen der damals das ganze deutsche Volk ergreifenden Begeisterung einiges zu tun. Denn zu den sozialdarwinistischen Rechtfertigungen und Verklärungen des Kampfes, die zu den »Ideen von 1914« gehörten, steht das Buch in völligem Gegensatz. Wadzek denkt und spricht immerzu in militärischen Begriffen und macht mit sich selbst auch diese lächerlich. Der Kampf ist in der Perspektive des Romans ein Auswuchs krankhaften Bewußtseins, und fern aller Verherrlichungen zeigt der Erzähler das Leiden derer, die in ihn verwickelt sind.

Reicher Untertan, armer Obertan

Rolf Schneider über Heinrich Mann:
Der Untertan (1918)

Die beiden großen Romanerfolge des Schriftstellers Heinrich Mann kamen, einer wie der andere, über Umwege zustande. Im Fall des *Professor Unrat* war dies eine Verfilmung der Berliner Produktionsgesellschaft Ufa, und der Erfolg war eigentlich ein solcher der Frau Dietrich, der Herren Zuckmayer, von Sternberg, Jannings und Hollaender gewesen, denen Heinrich Mann lediglich den Anlaß geliefert hatte: »Mein Kopf«, so der Autor selber, »und die Beine von Marlene...«

Allererste Kapitel des Romans *Der Untertan* hatte er in den Jahren 1911 und 1912 dem Münchener *Simplicissimus* zur Publikation überlassen; dort, zwischen den bösen Graphiken Thönys und Gulbranssons, waren sie richtig aufgehoben. Eine andere Münchener Zeitschrift, *Zeit im Bild*, wollte dann den gesamten Roman in Fortsetzungen drukken. Sie begann damit am 1. Januar 1914. Zu einem Abschluß gelangen konnte sie damit niemals, da im gleichen Jahr der Erste Weltkrieg ausbrach. *Zeit im Bild* teilte ihrem Autor mit, wieso sie den Abdruck des *Untertan* auszusetzen gedenke: »Im gegenwärtigen Augenblick kann ein großes öffentliches Organ nicht in satirischer Form an deutschen Verhältnissen Kritik üben...«

Heinrich Mann willigte ein. Die erste Buchausgabe des *Untertan* erschien dann auch nicht in Deutschland, auch nicht auf deutsch, vielmehr auf russisch und in Rußland und im Kriegsjahr 1916. Kurt Wolff, Heinrich Manns Verleger, hatte zunächst mit einer schweizerischen Edition geliebäugelt und es dann bei einem Privatdruck belassen, dessen

Exemplare, kaum mehr als zehn, an Leute wie Helene von Nostitz, Mechtild von Lichnowsky und Ernst Ludwig Großherzog von Hessen und bei Rhein gingen.
Der Zusammenbruch des deutschen Kaiserreichs im Herbst 1918 war die Stunde des *Untertan*. Kurt Wolff verkaufte innerhalb von vier Wochen achtzigtausend Exemplare. Heinrich Mann hatte sein Thema mittlerweile in die Dimensionen eines *roman fleuve* verfolgt; bereits 1917 war das komplementäre Buch *Die Armen* erschienen, 1925 würde *Der Kopf* vorliegen, wo Untertan Diederich Heßling als handelnde Person neuerlich auftrat, vergleichbar dem Emporkömmling Maske in Carl Sternheims dramatischem Zyklus auf das nämliche Thema der Zeitgeschichte.
Auch in ihrem kalt klirrenden paraexpressionistischen Stil waren diese beiden Autoren einander ähnlich und darin, daß sie in den ersten, den chaotischen Jahren der neuen deutschen Republik die Höhepunkte ihrer Wirkung zu Lebzeiten erfuhren. Für Heinrich Mann hieß das zugleich, daß er damit seinem berühmten jüngeren Bruder Thomas um ein kleines voraus war. Die Republik stabilisierte sich dann, insofern sich ihre Wirtschaft stabilisierte; Thomas Mann, der machtgeschützten Innerlichkeit vorsichtig entronnen, strebte mit *Zauberberg* und Nobelpreis dem endgültigen Weltruhm entgegen; um Heinrich Mann wurde es zusehends wieder still, und das führte dann mit Konsequenz in die Vereinsamung und Verarmung des kalifornischen Exils. Bloß die im deutschen Expressionismus debütierten, haben sich seiner immer dankbar erinnert, voran die aus jener Generation Berühmtesten. Bertolt Brecht bemüht große literaturgeschichtliche Vergleiche für ihn, und bei Gottfried Benn, der sich gleich mehrfach öffentlich über Heinrich Mann geäußert hat, heißt es 1949 lapidar: »Meine Götter geblieben sind immer noch Heinrich Mann, Nietzsche und Taine, an denen habe ich mich gebildet.«

»Wenn immer die Deutschen einen Krieg verlieren, drucken sie meinen *Untertan*«, schrieb Heinrich Mann nach dem Ende des Zweiten Weltkrieges. Die Feststellung ist richtig und falsch in einem, da es nicht alle Deutschen waren, die ihn diesmal sofort drucken oder gedruckt sehen wollten. Wer heute Zweifel an der Einheit der deutschen Kulturnation hat, dem bietet sich die unterschiedliche Wirkungsgeschichte verschiedener Künstler in den beiden Deutschländern als aussagekräftiges Exempel. Heinrich Mann, der in die DDR übersiedeln wollte, über dieser Absicht aber starb (sein Grab immerhin befindet sich auf dem Dorotheenstädtischen Friedhof in Ost-Berlin), wurde für Mecklenburg, Sachsen, Brandenburg, Thüringen zum Schulbuch-Autor, denn *Der Untertan* war und ist dort Pflichtlektüre im Deutschunterricht aller allgemeinbildenden Unterrichtsanstalten.

Solcher Umstand kann ein Buch und dessen Autor populär machen; er muß das nicht. Die hermeneutischen Zwänge schulischen Pflichtumganges mit der schönen Literatur haben schon manche Dichtung zugrunde gerichtet, in bester Absicht, dennoch unheilbar. Die offiziellen Unterweisungen für das Lehrpersonal in der DDR schreiben vor: »Die Schüler erleben an der Gestalt des Diederich Heßling, welche Folgen die Untertanenerziehung für die Entwicklung des einzelnen Bürgers hatte und welchem Zweck diese Erziehung diente. Sie erfassen, daß sich die Macht imperialistischer Staaten auf diesen Typ des Bürgers gründet, der durch bedenkenlose Unterordung zum willfährigen Objekt der Machtpolitik der Herrschenden wird.«

Dies alles hat gewiß seine sachliche Richtigkeit, ignoriert aber deutlich dies: daß es nicht erste Aufgabe von Belletristik ist, Magd der Geschichtswissenschaft zu sein, sondern ein Lesevergnügen zu erzeugen.

Meine erste Lektüre des Buches erfolgte, der ich Zögling

einer DDR-Schule war, im Alter von siebzehn Jahren. Die Lektüre erfolgte aus Pflicht. Der Text beeindruckte mich nicht übermäßig. Für meine Generation, eben mit heiler Haut und ein paar blauen Flecken der Hitlerei entkommen, war der Wilhelminismus eine ebenso ferne wie belanglosharmlose Epoche. Gegenüber den großen Schurken, über die man in Nürnberg zu Gericht saß, und den kleinen Schurken, die vor den örtlichen Spruchkammern auftraten, um sich entnazifizieren zu lassen, wirkten Heßling, Wulckow und Kumpane bloß als entwaffnend gutartige Beelzebuben. Daß es von diesen zu jenen eine historische Verbindung und Entwicklung gab, lernten wir dann äußerlich.

Ich selbst war beim Lesen gelegentlich hellwach geworden vor Szenerien, deren Direktheit wie gleißend, deren beschreibende Prosa von großer Klarheit und Schärfe war. Insgesamt fand ich es ermüdend, die graue Karriere eines Mieslings über mehrere hundert Seiten zu verfolgen. Die, wie mir schien, denunziatorische Beschreibung des Napoleon Fischer entsprach so völlig dem in der DDR verbreiteten Klischee vom opportunistischen Sozialdemokraten, daß es mich ärgerte. Gewisse literarische Slapstick-Effekte – wenn Diederich bei der ersten Begegnung mit seinem Kaiser prompt auf den Hintern und in den Schlamm fällt, wenn immer wieder auf Witze aus der Fäkalsphäre zurückgegriffen wird – kamen mir einfach degoutant vor.

Nämlich, ich war damals der feinen, aasigen Bosheit Thomas Manns verfallen. Erst über ihn wurde mir später sein älterer Bruder belangvoll. Ich fand Geschmack an einem Roman wie *Im Schlaraffenland*. Ich respektierte die Essayistik und das Bühnenstück *Madame Legros*. Ich bewunderte den aufrechten Republikanismus Heinrich Manns. Sein *Henri Quatre* ist ein großes Buch und der vermutlich einzige ganz geglückte Historien-Roman, den wir Deutschen besitzen. Um den *Untertan* machte ich einen Bogen: Ich war schulisch

traumatisiert. Ich habe ihn erst jetzt wieder gelesen und gemerkt: Es verhält sich doch alles sehr viel anders.
Ich will damit beginnen zu sagen, daß *Der Untertan* ein sehr gutes, ein in seinem Genre meisterhaftes Buch ist. Sofort erhebt sich die Frage, wie wir das Genre benennen wollen. Ich schlage den Begriff Gesellschaftsroman vor: jenes Sinnes, daß hier ein höchstmögliches Maß der Integration von Politik in Literatur geschieht, ohne das genuin Literarische dabei zu beschädigen.
Möglicherweise vermißt man ein Epitheton, das im Zusammenhang des *Untertan* regelmäßig verwendet wird, nämlich satirisch. Ohne mich auf einen umständlichen Definitionsstreit einzulassen, will ich zunächst sagen, daß ich den *Untertan* als satirischen Roman nicht empfinden kann; er ist keiner, und ich will im folgenden dartun wieso.
Einigen wir uns darauf, daß Satire die vergröbernde Überzeichnung von Verabscheuungswürdigem sei, enthält auch der *Untertan* satirische Details; sie sind eher sekundär, und manche sind nicht von der subtilen Art, vielmehr das, was wir weiter oben literarischen Slapstick nannten. Gleichwohl bin ich heute bereit, sie zu rechtfertigen, da sich in ihnen die gleichsam ungezügelte Wut des Autors mitteilt.
Sache der Satire ist selten das große epische Gebilde gewesen. Die Totalität eines ausgewachsenen Romans im immergleichen Ton der Schärfe führt zu Ermüdungen; das natürliche Feld der Satire ist darum die literarische Kurzform. *Der Untertan* ist, sagten wir, ein Gesellschaftsroman, und also darf gefragt werden, welche Gesellschaft literarisch besehen wird, auf welche Tendenzen hin.
Die Gesellschaft, die im *Untertan* besichtigt wird, ist die wilhelminische. Der Roman setzt nach dem Ende des deutsch-französischen Krieges, nach der Herstellung des deutschen Kaiserreiches ein und endet gegen 1900. Gesellschaft will hier durchaus in der quantitativen Vollständigkeit begriffen

werden; so sind denn, beginnend mit dem Hohenzollernkaiser, endend mit der Hure und dem ungelernten Arbeiter, alle sozialen Schichten des Reichs mit wenigstens einem deutlichen Repräsentanten vertreten. Im Zentrum dieser Sozioskopie bewegt sich jene Schicht, die dem Autor am belangvollsten vorkam, der er außerdem selber entstammte: das Bürgertum.

In der *kleinen Stadt*, in der von Heinrich Mann geliebten Romania, verkörpert dieses Bürgertum die Hoffnung aufs Voranschreiten von Demokratie und Güte. Im *Untertan* wird, Deutschland betreffend, die Vergeblichkeit von derlei Hoffnung einbekannt und nachgewiesen: in der Vergeblichkeit von Güte und im Scheitern der Demokratie.

Diederich Heßling, der Held, ist Sohn eines ehemaligen Militärs, der nach 1871 am allgemeinen Gründerboom teilhatte und es zu einem mittelständischen Unternehmen in der deutschen Provinz brachte; der Sohn will und wird das fortführen bis zum Großbetrieb. Das Gemeinwesen, wo dies abläuft, hat gewisse freisinnig-republikanische Traditionen und Bastionen; sich zu profilieren, muß Diederich schneidig national auftreten. Die – überwiegend selbstgemachten – Vorgaben des Skandals, der Intrige und der Korruption geben ihm immer andere Gelegenheit zu erfolgreicher Selbstdarstellung. Seine Gegner, Leute der Paulskirchenbewegung von einst, verhalten sich nicht prinzipiell anders als er. Opportunismus, Verfilzung und Betrugsgeschäfte gibt es bei ihnen auch. Sie sind nur, aus Saturiertheit, ein wenig nachsichtiger und nicht so gänzlich skrupellos, von daher also schwächer. Diese Gegenüberstellung erinnert deutlich an den Konflikt zwischen Buddenbrooks und Hageströms im berühmten Familienroman des Bruders, und sie endet mit eben demselben Resultat: Das junge aggressive Vermögen richtet die überkommene Bürgerlichkeit zugrunde.

Die identischen Erfahrungen der Brüder sind lokalisierbar,

im Ort ihrer Geburt. Netzig, die Stadt des Untertan, ist ein nur flüchtig kostümiertes Lübeck. Schriftsteller stellen sich ihre erfundenen Wirklichkeiten aus den selbst erlebten Wirklichkeiten her; dies begreift eine biographische Dimension mit ein.

Wenn Diederich Heßling seinen Pflichten als Einjährigen-Freiwilliger genügt, wird ihm der Kasernenhofdienst alsbald zur Qual. Um freizukommen, simuliert er ein Leiden; dies führt alsbald zum gewünschten Erfolg. Heinrich Mann war niemals Rekrut. Er lieh sich den Fall aus der Biographie des Bruders Thomas, man kann es im Epistolar der beiden nachlesen. In der Heßling-Vita ist die Simulationsgeschichte marginal. In dem fast gleichzeitig begonnenen, freilich erst viel später wieder aufgenommenen Prosaprojekt des Bruders um Felix Krull wird sie dann, als Musterungsszene, eine gewichtige Episode bringen.

Krull ist ein Hochstapler. In einer mißlichen Welt kommt er voran, indem er auf den allgemeinen Betrug seinen eigenen setzt. »Um von den großen Mächten, die er so sehr verehrte, nicht ganz erdrückt zu werden, mußte Diederich leise und listig zu Werke gehen.« Auch dies ist eine Hochstapler-Maxime, gemünzt auf den *Untertan*-Hochstapler, der den Charme des Virtuosen und das Charisma des schließlichen Erfolgs hat. Das gilt für Krull, wie es für Heßling gilt.

Der ist nämlich von Hause aus keine elende Knechtsseele; er ist es bis zum Ende nicht gänzlich, vielmehr »ein weiches Kind, das am liebsten träumte«. Zu den vielen Untaten seiner späteren Biographie muß er sich zwingen. Seine Verrenkungen rechtfertigt er vor sich selbst mit Idealen, die nicht zuerst solche des persönlichen, des materiellen Vorteils sind. Er leidet unter Demütigungen, wenn er sie empfängt, und ebenso, wenn er sie austeilt. Er durchläuft eine zarte Liebesgeschichte, deren Beschreibung mit großem Ernst vorgetragen wird: »Dann traten sie durch ein Tor, das wacklig aussah, in das Land hinaus. Die Felder wurden gemäht. Der Himmel war blau und schwer, die Schwalben schwammen darin wie in trägem Wasser. Die Bauernhäuser dort drüben waren eingetaucht in heißes Flimmern, und ein Wald stand schwarz, mit blauen Wegen. Agnes und Diederich faßten sich bei den Händen...« Satiren, wir wollen es noch einmal festhalten, klingen so nicht.

Wie soll nun aber einer werden, der mit einem solchen Sensorium ausgestattet ist? Heßlings Jugendfreund Wolfgang Buck geht angeekelt in die Bohème und verkommt dort. Man kann so werden oder eben der Untertan. Diederich Heßling ist ein deutscher Vetter der Sorel und Rastignac. (Daß *Der Untertan* Balzacschen Zuschnitt habe, sah als erster Kurt Wolff.) Die inständige Zuwendung zum Typus des energischen, ruchlosen Emporkömmlings zeigt Heinrich Mann in der Nachfolge von Nietzsche, von D'Annunzio, ein wenig auch von Gobineau; für Riesengestalten mit Renaissance-Dekor hatte er lebenslang eine Schwäche; noch der alte Heinrich Mann bejubelt deswegen Bismarck, Churchill und Stalin.

Wilhelm der Zweite, letzter Kaiser der Deutschen, ist vom Standpunkt des Jahres 1945 schwerlich als Riesengestalt zu rubrizieren. Heinrich Mann bringt ihm, statt Hohn und Verächtlichkeit, ein deutliches Bedauern entgegen, wenn er ihn den »armen Willi« nennt. Das macht: Auch darin dem Bruder ähnlich, galt ihm der junge Hohenzoller anfangs als Renaissance-Entwurf des hochfahrenden Herrschers mit populistischem Talent. Romanheld Diederich Heßling ist als Wilhelms Spiegelbild und Entsprechung konzipiert. Die Parallelen sind fast aufdringlich gehalten: durch die verschiedenen persönlichen Begegnungen von Obertan und Untertan, durch die Transposition von Personen und Affären des Berliner Hofes ins bürgerliche Netzig.

Heinrich Mann konnte, zum neidischen Erstaunen seines

Bruders, einen Roman auch einmal in sechs Monaten herunterschreiben. Am *Untertan* hat er lange gearbeitet, mehrere Jahre; es war dies zugleich die Zeit seiner entschiedenen politischen Wandlung zu einem linksbürgerlichen Demokraten. Der Untertan ist das belletristische Zeugnis dafür als »work in progress«. Es ist sehr genau in allen seinen Befunden. Es unterbreitet nicht die heile Welt des üblichen Konvertiten. Seine letzte Essenz ist die Trostlosigkeit.

Mit dem historischen Bewußtsein unserer Jahre gelesen, offenbart das Buch eine manchmal geradezu unheimliche Prophetie. Wenn, einer der Höhepunkte, ein Prozeß geführt wird, weil jemand in der Trunkenheit das deutsche Kaiserhaus verjudet nannte und der Chefankläger gegen diese Majestätsbeleidigung ein üblicher Deutsch-Chauvinist namens Jadassohn ist, werden schreckliche Schlagschatten aus dem Jahrzehnt Otto Weiningers geworfen auf künftige Jahrzehnte, und ich meine damit nicht nur das Jahrzehnt Adolf Eichmanns.

»Was ... stark machte, war der Beifall ringsum, die Menge, aus der heraus Arme ... halfen, die überwältigende Mehrheit drinnen und draußen ... Wie wohl man sich fühlte bei geteilter Verantwortlichkeit und einem Selbstbewußtsein, das kollektiv war!« Dies steht ganz am Anfang des Romans. Man darf das Buch als Probe auf dieses Axiom lesen. Wo ist heute eine Gegend, die solche düstere Wahrheit für sich bestreiten darf?

Alphabetisches Verzeichnis der Romanautoren mit Lebensdaten

Dauthendey, Max (1867–1918)
Raubmenschen
Döblin, Alfred (1878–1957)
Die drei Sprünge des Wang-Lun
Wadzeks Kampf mit der Dampfturbine
Frank, Leonhard (1882–1961)
Die Räuberbande
Franzos, Karl Emil (1848–1904)
Der Pojaz
Hauptmann, Gerhart (1862–1946)
Der Narr in Christo Emanuel Quint
Hermann, Georg (1871–1943)
Kubinke
Hesse, Hermann (1877–1962)
Unterm Rad
Hessel, Franz (1880–1941)
Kramladen des Glücks
Huch, Ricarda (1864–1947)
Der große Krieg in Deutschland
Kellermann, Bernhard (1879–1951)
Der Tunnel
Keyserling, Eduard Graf von (1855–1918)
Abendliche Häuser
Wellen
Kubin, Alfred (1877–1959)
Die andere Seite
Mann, Heinrich (1871–1950)
Der Untertan
Die kleine Stadt
Im Schlaraffenland
Professor Unrat oder Das Ende eines Tyrannen
Mann, Thomas (1875–1955)
Buddenbrooks
Der Tod in Venedig
Königliche Hoheit

May, Karl (1842–1912)
Ardistan und Dschinnistan
Meyrink, Gustav (1868–1932)
Der Golem
Musil, Robert (1880–1942)
Die Verwirrungen des Zöglings Törless
Nabl, Franz (1883–1974)
Ödhof
Rilke, Rainer Maria (1875–1926)
Aufzeichnungen des Malte Laurids Brigge
[Salten, Felix] (1869–1947)
Josefine Mutzenbacher
Schnitzler, Arthur (1862–1931)
Der Weg ins Freie
Frau Berta Garlan
Strauß, Emil (1866–1960)
Freund Hein
Walser, Robert (1878–1956)
Der Gehülfe
Jakob von Gunten
Wassermann, Jakob (1873–1934)
Das Gänsemännchen
Weiß, Ernst (1882–1940)
Die Galeere

Bibliographie

Genannt werden die Erstausgabe und die zur Zeit lieferbare Ausgabe

Dauthendey, Max: *Raubmenschen. Einer von Rennewarts Romanen*. München (A. Langen) 1911.

Döblin, Alfred: *Die drei Sprünge des Wang-Lun. Chinesischer Roman*. Berlin (S. Fischer) 1915. Ausgewählte Werke in Einzelbänden, Olten (Walter) 1960.

Wadzeks Kampf mit der Dampfturbine. Berlin (S. Fischer) 1918. Ausgewählte Werke in Einzelbänden, Olten (Walter) 1982.

Frank, Leonhard: *Die Räuberbande*. München (Georg Müller) 1914. München (Nymphenburger) 1987.

Franzos, Karl Emil: *Der Pojaz. Eine Geschichte aus dem Osten*. Stuttgart (J.G. Cotta Nf.) 1905. Frankfurt/Main (Athenäum) 1988.

Hauptmann, Gerhart: *Der Narr in Christo Emanuel Quint*. Berlin (S. Fischer) 1910. Das erzählerische Werk, Bd. 2, Berlin (Ullstein) 1981.

Hermann, Georg: *Kubinke*. Berlin (E. Fleischel) 1910. Frankfurt/Main (Fischer Taschenbuch Verlag) 1987.

Hesse, Hermann: *Unterm Rad*. Berlin (S. Fischer) 1906. Roman in der Urfassung, hg. v. Volker Michels, Frankfurt/Main (Suhrkamp) 1988.

Hessel, Franz: *Kramladen des Glücks*. Frankfurt/Main (Rütten & Loening) 1913. Frankfurt/Main (Suhrkamp) 1983.

Huch, Ricarda: *Der große Krieg in Deutschland*. 3 Bde, Leipzig (Insel) 1912–14. *Der Dreißigjährige Krieg*, 2 Bde, Frankfurt/Main (Insel) 1974.

Kellermann, Bernhard: *Der Tunnel*. Berlin (S. Fischer) 1913. Frankfurt/Main (Suhrkamp Taschenbuch Verlag) 1986.

Keyserling, Eduard von: *Abendliche Häuser*. Berlin (S. Fischer) 1914. Frankfurt/Main (Fischer Taschenbuch Verlag) 1982.

Wellen. Berlin (S. Fischer) 1911. Frankfurt/Main (Fischer Taschenbuch Verlag) 1982.

Kubin, Alfred: *Die andere Seite. Ein phantastischer Roman.* München (G. Müller) 1909. München (Ellermann) 1975.

Mann, Heinrich: *Der Untertan.* Leipzig (Kurt Wolff) 1918. München (Deutscher Taschenbuch Verlag) 1964.

Die kleine Stadt. Leipzig (Insel) 1909. Frankfurt/Main (Fischer Taschenbuch Verlag) 1987.

Im Schlaraffenland. Ein Roman unter feinen Leuten. München (A. Langen) 1901. Frankfurt/Main (Fischer Taschenbuch Verlag) 1988.

Professor Unrat oder Das Ende eines Tyrannen. München (A. Langen) 1905. Frankfurt/Main (Fischer Taschenbuch Verlag) 1989.

Mann, Thomas: *Buddenbrooks. Verfall einer Familie.* 2 Bde, Berlin (S. Fischer) 1901. Frankfurt/Main (Fischer Taschenbuch Verlag) 1987 und in: *Gesammelte Werke in Einzelbänden. Frankfurter Ausgabe,* hg. v. Peter de Mendelssohn, Frankfurt/Main (S. Fischer) 1981.

Der Tod in Venedig. Berlin (S. Fischer) 1913. Frankfurt/Main (Fischer Taschenbuch Verlag) 1988 und in: *Gesammelte Werke in Einzelbänden. Frankfurter Ausgabe,* hg. v. Peter de Mendelssohn, Frankfurt/Main (S. Fischer) 1984.

Königliche Hoheit. Berlin (S. Fischer) 1909. Frankfurt/Main (Fischer Taschenbuch) 1988 und in: *Gesammelte Werke in Einzelbänden. Frankfurter Ausgabe,* hg. v. Peter de Mendelssohn, Frankfurt/Main (S. Fischer) 1984.

May, Karl: *Ardistan und Dschinnistan.* 2 Bde, Freiburg/Brsg. (F. E. Fehsenfeld) 1909. Freiburger Erstausgaben. Faksimilierter Text, Standard-Ausgabe, 33 Bde, hg. v. Roland Schmid, Bd. 31 und 32, Bamberg (Karl May Verlag) 1984.

Meyrink, Gustav: *Der Golem.* Leipzig (Kurt Wolff) 1915. München (Langen-Müller) 1984.

Musil, Robert: *Die Verwirrungen des Zöglings Törless.* Wien (J. Singer) 1906. Reinbek (Rowohlt) 1983.

Nabl, Franz: *Ödhof. Bilder aus den Kreisen der Familie Arlet. Der Bilder 1. und 2. Reihe.* 2 Bde, Berlin (E. Fleischel) 1911. Graz (Styria) 1975.

Rilke, Rainer Maria: *Die Aufzeichnungen des Malte Laurids Brigge.* 2 Bde, Leipzig (Insel) 1910. *Sämtliche Werke.* 6 Bde, hg. v. Rilke-Archiv. Bd. 6, Frankfurt/Main (Insel) 1987.

[Salten, Felix]: *Josefine Mutzenbacher. Die Lebensgeschichte einer wienerischen Dirne, von ihr selbst erzählt.* Privatdruck 1905/06. Reinbek (Rowohlt Taschenbuch Verlag) 1978.

Schnitzler, Arthur: *Der Weg ins Freie.* Berlin (S. Fischer) 1908. *Gesammelte Werke in Einzelausgaben. Das erzählerische Werk,* Bd. 4, Frankfurt/Main (Fischer Taschenbuch Verlag) 1987.
Frau Berta Garlan. Berlin (S. Fischer) 1901. *Gesammelte Werke in Einzelausgaben. Das erzählerische Werk,* Bd. 2, Frankfurt/Main (Fischer Taschenbuch Verlag) 1987.

Strauß, Emil: *Freund Hein. Eine Lebensgeschichte.* Berlin (S. Fischer) 1902. München (Deutscher Taschenbuch Verlag) 1987.

Walser, Robert: *Der Gehülfe.* Berlin (B. Cassirer) 1908. Frankfurt/Main (Suhrkamp) 1988.

Weiß, Ernst: *Die Galeere.* Berlin (S. Fischer) 1913. Frankfurt/Main (Suhrkamp Taschenbuch Verlag) 1982.

Wassermann, Jakob: *Das Gänsemännchen.* Berlin (S. Fischer) 1915. Rastatt (Moewig) 1982.

Biographische Notizen zu den Interpreten

Anz, Thomas: Jahrgang 1948, lehrt Neuere Deutsche Literatur an der Universität München, lebt in Seefeld-Hechendorf bei München.

Bender, Hans: Jahrgang 1919, Erzähler und Anthologist, lebt in Köln.

Bieler, Manfred: Jahrgang 1934, Romancier und Novellist, lebt in München.

Bienek, Horst: Jahrgang 1930, Schriftsteller und Filmemacher, lebt in Ottobrunn bei München.

Bondy, François: Jahrgang 1915, Schweizer Journalist und Schriftsteller, lebt in Zürich.

Burger, Hermann: Jahrgang 1942, Schweizer Romancier, Lyriker und Literaturwissenschaftler, lebt in Küttigen.

Demetz, Peter: Jahrgang 1922, Professor für Germanistik und vergleichende Literaturwissenschaft an der Yale University in New Haven, lebt dort.

Fuld, Werner: Jahrgang 1947, Literaturwissenschaftler und Kritiker, lebt in Wörthsee/Steinebach.

Gregor-Dellin, Martin: (1926–1988), Romancier und Biograph.

Härtling, Peter: Jahrgang 1933, Erzähler und Lyriker, lebt in Mörfelden-Walldorf bei Frankfurt.

Heftrich, Eckhard: Jahrgang 1928, Professor für Neuere Deutsche Literatur und vergleichende Literaturwissenschaft an der Universität Münster, lebt in Horstmar bei Münster.

Hieber, Jochen: Jahrgang 1951, Literaturredakteur der F.A.Z., lebt im Vogelsberg.

Jens, Walter: Jahrgang 1923, Hochschullehrer, Schriftsteller, Literaturhistoriker und -kritiker, lebt in Tübingen.

Koeppen, Wolfgang: Jahrgang 1906, Romancier und Essayist, lebt in München.

Koopmann, Helmut: Jahrgang 1933, Professor für Neuere Deutsche Literaturwissenschaft an der Universität Augsburg, lebt dort.

Kunert, Günter: Jahrgang 1929, Lyriker und Essayist, lebt in Kaisborstel (Schleswig-Holstein).

Lenz, Siegfried: Jahrgang 1926, Romancier, Novellist und Essayist, lebt in Hamburg.

Leppmann, Wolfgang: Jahrgang 1922, Professor für Deutsche Literatur an der University of Oregon, lebt in Eugene/Oregon.

Mann, Golo: Jahrgang 1909, Historiker und Essayist, lebt in Ikking bei München und Zürich.

Matt, Peter von: Jahrgang 1937, Professor für Neuere Deutsche Literatur an der Universität Zürich, lebt in Dübendorf bei Zürich.

Ross, Werner: Jahrgang 1912, Honorar-Professor für vergleichende Literaturwissenschaft und Literaturkritik an der Universität München und freier Schriftsteller, lebt in München.

Schirrmacher, Frank: Jahrgang 1959, Kritiker und Leiter des Literaturteils der F.A.Z., lebt in Frankfurt.

Schneider, Rolf: Jahrgang 1932, Erzähler und Dramatiker, lebt in Ost-Berlin.

Schulz, Gerhard: Jahrgang 1928, Professor für Deutsche Sprache und Literatur an der University of Melbourne in Parkville/Victoria, lebt dort.

Schwarz, Egon: Jahrgang 1922, Professor für Deutsche Literatur an der Washington University in St. Louis/Missouri, lebt dort.

Ueding, Gert: Jahrgang 1942, Direktor des Seminars für Allgemeine Rhetorik an der Universität Tübingen, lebt dort.

Weinzierl, Ulrich: Jahrgang 1954, österreichischer Kritiker und Journalist, lebt in Wien.

Wohmann, Gabriele: Jahrgang 1932, Erzählerin, Novellistin und Kritikerin, lebt in Darmstadt.